はじめての
オペレーション経営

A TEXTBOOK OF VALUE CREATION MANAGEMENT

著・岩尾俊兵
　　秋池　篤
　　加藤木綿美

有斐閣ストゥディア

はしがき

　果たして「経営」は人に教えられるのでしょうか。

　大学において経営学を講じて生計を立てている著者一同が何度もぶつかり，悩んできた疑問です。もし経営が「本来的に他人に教えられないもの」なら，私たち3名の存在は詐欺的だとさえ思えます。

　多くの人を幸せにして世界を変えた名経営者たちに接すると，「特別な才能を持つごく一部の人だけが経営者になれるのでは」という思いも去来します。「経営者にしか経営はわからない」「経営学を勉強しても経営はできない」といった言説も巷にあふれています。

　でも，よく考えれば「経営者にしか経営はわからない」と「経営学を勉強しても経営はできない」は両立しません。前者の発言には「経営者の経験談は他人と共有できるし有用だ」という前提があり，経営学は「経営者が他者に共有した経験を，他者である経営学者が統合し直した知識体系」だからです。経営者の経験が他者の役に立つのならば，多数の経営者の経験の集合体である経営学もまた経営の役に立つはずでしょう。

　これさえ言葉遊びに過ぎないかもしれません。そこで，「経営は人に教えられるのか」という難問を解くヒントを探し，筆者それぞれが営利・非営利組織の経営にさまざまな形で携わってもみました。著者3名が関わった実務を集計すると，設立・起業した株式会社が2社，設立に関わった社団法人が1社，上場準備に関与した会社が5社，東京証券取引所上場に至った会社が1社，役員等として現在も関与している株式会社が7社，NPOが2法人……と多岐にわたります。その一部は事業不振から休眠会社となり，他社に買収され，また別の一部は成長し，多くの人の所得を生み，製品・サービスや納税を通じた社会貢献を肌で感じ，紆余曲折も少しは経験できたかもしれません。

　冒頭の問いへの答えも見えてきました。それは，「肩書や地位に関係なく，誰もが人生のさまざまな場面で経営に従事している」「とくに実行部分には普遍的な法則が多く，人に教えられる」というものです。

　経営という行為のうち，革新的なビジョンを示す段階には天性の才能も必要かもしれません。でも，ビジョンは実現しないと絵に描いた餅です。そして，ビジョン実現に向けて日々の地道な仕事を実行する段階，つまり「オペレー

i

ション」段階における技芸であれば，誰でも習得可能なはずでしょう。オペレーションの典型例である工場での生産活動を考えればわかるように，オペレーションは誰でも理解できるほど体系化されてはじめて意味があるためです。

　もちろん，ここでいうオペレーションは生産に限らず，営利・非営利問わず多様な業種の業務運営すべてを含みます。大企業の業務執行担当役員，ベンチャービジネスの最高執行責任者，工場長，病院の事務長，自営業者，飲食店の店長，職場のチームリーダー，プロジェクト責任者，ボランティア団体の運営責任者，部活動のキャプテン，ゼミ長に至るまで，業務を成り立たせること（＝オペレーションを担うこと）を仕事とするすべての人にとって，オペレーションの基礎知識は有意義なはずです。

　こうして，仕事の実行段階で利用可能な知識を集約する教科書が求められている，という思いからこの教科書が誕生しました。こうした性質から，本書で扱う理論や手法の数々は，経営学入門，ビジネスモデル論，生産管理論，プロジェクト・マネジメント論，サービス・マネジメント論を横断したものになっています。結果として，これら多様な科目の教科書・参考書としても活用できるはずです。本書の想定読者として，広義の「仕事の実行責任者およびその候補」となっている社会人や，そうした仕事に備えたい学生があげられます。

　ただし，「仕事の実行において使える知識を集約する」だけでは，学習者を知識の洪水で溺れさせることになってしまいかねません。そこで，ここでは細分化されたテーマごとに別々の理論・手法を寄せ集めるのではなく，ビジネスのオペレーションに関わるすべてのテーマを「手配」という1つの概念で統合していくという工夫をしています。

　ここでいう手配とは，「目的の実現に必要なものを過不足なく取り揃える」ということを指します。より具体的には，ビジネスに必須の「5M」（man, machine, material, method, money）を調達し，組み合わせ，システムとして成り立たせ，改善していくことを，オペレーションの柱に置きました。

　誰もが仕事という「経営の現場」を持っています。そして，そこにはある種の専門知が活用できるのです。この教科書が冒頭に示した岩尾・秋池・加藤の長年の苦悩を乗り越えるものになっているかどうか，読者の皆様の評価を待ちたいと思います。

　　2024 年 7 月

　　　　　　　　　　　　　　　　　　　　　　　著　者　一　同

著者紹介

岩尾　俊兵（いわお・しゅんぺい）

担当：第 **1，2，5，9，13** 章，文章校正（全章分）

東京大学大学院経済学研究科博士課程修了，博士（経営学）（東京大学）

現在，慶應義塾大学商学部准教授

主要著作　『世界は経営でできている』講談社現代新書，2024 年；『日本企業はなぜ「強み」を捨てるのか：増補改訂版「日本"式"経営の逆襲』』光文社新書，2023 年；『イノベーションを生む"改善"：自動車工場の改善活動と全社の組織設計』有斐閣，2019 年（第 73 回義塾賞，第 37 回組織学会高宮賞，第 22 回日本生産管理学会賞受賞）；Continuous improvement revisited: Organization design as the last step in gaining the full competitive advantage of Kaizen. *Management and Business Review, 2*(1), 56-61, 2022.

秋池　篤（あきいけ・あつし）

担当：第 **3，6，8，12，14** 章，参考文献一覧作成（全章分）

東京大学大学院経済学研究科博士課程修了，博士（経済学）（東京大学）

現在，東北大学大学院経済学研究科准教授

主要著作　「消費者知識とデザイン新奇性の関係：電気自動車の外観イメージ事例から」（勝又壮太郎氏との共著）『組織科学』*49*(3)，47-59 頁，2016 年；Quantitative analysis of the effects of dual integration on firm's competitiveness. （朴英元氏との共著）*International Journal of Business Information Systems, 18*(4), 406-421, 2015；「技術も生み出せるデザイナー，デザインも生み出せるエンジニア：デジタルカメラ分野におけるデザイン創出に対する効果の実証分析」（吉岡（小林）徹氏との共著）『一橋ビジネスレビュー』*62*(4)，64-78 頁，2015 年。

加藤　木綿美（かとう・ゆうみ）

担当：第 **4，7，10，11** 章，図表作成（全章分）

東京大学大学院経済学研究科博士課程単位取得退学，修士（経営学）（横浜国立大学）

現在，明治学院大学経済学部准教授

主要著作　*Industries and Disasters: Building Robust and Competitive Supply Chains.* （Fujimoto, T., & Heller, D., eds.，分担執筆）New York: Nova Science Publishers, 2017；『高校生のための経営学入門』（二松學舍大学国際政治経済学部編，分担執筆）戎光祥出版，2018 年；Bureaucracy versus creativity: A study of operational routines and meta-routines, in a Japanese firm. *Management Review: An International Journal, 11*(1), 40-69, 2016.

目　次

CHAPTER 1

人類とオペレーション経営　　　1

1　この教科書の視座 ……………………………………… 3

2　オペレーション経営を学ぶ意義 ……………………… 5

3　オペレーション経営の人類史 ………………………… 9

人類と手配（**9**）　定住革命と交易（**10**）　手配の複雑化・高度化とイノベーション（**11**）

4　人類の幸福とオペレーション経営　▐▶この教科書の構成 …… 13

オペレーション経営とビジネスモデル（**13**）　5 Mの手配という難所（**14**）　5M の手配の進化（**15**）

CHAPTER 2

ビジネスモデルとオペレーション経営　　　19

1　オペレーション経営の前提としてのビジネスモデル …… 21

企業業績を左右するビジネスモデル（**21**）　ビジネスモデル囲碁の考え方（**22**）　競争要因抽出のための思考（**24**）　ビジネスモデル囲碁を用いた競合分析（**25**）　ビジネスモデル創造のためのストーリー作り（**27**）

2　ビジネスモデル実現とシステム化 …………………… 28

ビジネスモデルとシステム思考（**28**）　目的・手段分析の活用（**30**）

3　ビジネスモデル成立の要件　▐▶経済的要件と社会的要件 …… 32

ビジネスモデル成立の経済的要件（**32**）　ビジネスモデル成立の社会的要件（**33**）

4　ビジネスモデルからオペレーション経営へ ………… 36

CHAPTER 3

経営戦略とオペレーション経営　39

1　戦略とオペレーションの関係性 ……………………………… 40

2　経営戦略の概要 ………………………………………………… 41

競争優位とは（41）　　内部要因と外部要因（42）

3　経営戦略と 5M の手配 ………………………………………… 45

経営戦略の階層性（45）　　コストリーダーシップ戦略と差別化戦略
（46）

4　経営戦略の実行と手配 ………………………………………… 50

戦略の実行と収益配分（50）　　環境・戦略に応じた手配（52）
手配と戦略の関係性の留意点：手配が戦略を制約する（54）

5　戦略と手配の関係を振り返る ………………………………… 56

CHAPTER 4

アイデアの小規模な実現とオペレーション経営　59

1　材料・部品（material）を揃える手配 …………………… 60

目的・手段連鎖と部品表（60）　　ストラクチャ型とサマリー型の部
品表（62）　　make or buy の意思決定（63）　　受入検査の実施
（64）

2　人（man）の手を借りる手配 ………………………………… 65

価値創造の仲間作り（65）　　インセンティブとモチベーション
（66）　　外発的動機づけ・内発的動機づけ（68）　　動機づけ・衛生
理論（69）

3　お金（money）を集める手配 ………………………………… 71

資金調達の方法（71）　　出資方法の多様化（73）　　価格決定の判
断材料（74）　　レベニュー・マネジメント（76）

目　次　● v

CHAPTER 5 プロジェクトとオペレーション経営　79

1 プロジェクトとプログラムのオペレーション …………… 80
オペレーションにおける複雑性と不確実性（80）　複雑性を縮減するプロジェクト・マネジメント（81）

2 プロジェクトの最終目的の明確化と手段への分解 ………… 83
プロジェクトのゴールを定める（83）　ゴールに至る道筋と出発点を明らかにする（84）

3 プロジェクトの品質マネジメント ………………………… 87
人員と時間の在庫を融通する（87）　リスク要因を洗い出しておく（89）　フィードバック・ループを素早く回す（90）

4 プロジェクトチームの組織化 ……………………………… 91
プロジェクトにおけるリーダーシップ（91）　プロジェクトにおける人事（93）

CHAPTER 6 ビジネスの規模拡大とオペレーション経営　97

1 オペレーションにおける知識と情報（method）………… 99
企業における情報的資源の役割（99）　情報の伝達方法（100）　知識の特性：暗黙知と形式知（100）　ノウハウや技術をいかに伝達するか（102）　暗黙知と形式知のメリット・デメリット（103）

2 人間の作業と機械化（machine）………………………… 103
機械の種類（105）　機械化の効果（106）　機械化の課題（108）　機械の汎用性向上の方法（109）

3 人と機械の融合 ……………………………………………… 110

CHAPTER 7 反復的価値創造とオペレーション経営　　113

1. 学習志向のオペレーション経営 …………………… 114
   分業の3つの利点（114）　段取り替え削減による正味作業時間増加（115）　熟練形成の効率化と知識の専門化（116）　機械の発明と機能的分業の強化（116）

2. オペレーション経営における属人性脱却 ……………… 117
   ルーティンとマニュアル（117）　マニュアルの改訂（118）

3. オペレーション経営のための組織デザイン …………… 119
   組織の必要性（119）　組織デザイン（121）　機能別組織（121）　事業部制組織（123）　ハイブリッド構造（126）

CHAPTER 8 パフォーマンス測定とオペレーション経営　　129

1. なぜパフォーマンスを測定するのか ………………… 130
2. 手配の結果，何が得られるのか ……………………… 131
3. 現場レベルのオペレーションのパフォーマンス ……… 132
   品質（quality）（132）　コスト（cost）（134）　デリバリー（delivery）（135）　柔軟性（flexibility）（136）　従業員満足度（137）
4. 顧客価値 …………………………………………… 138
   4つのPとオペレーション（138）　顧客満足度（139）
5. 企業の業績を判断するための指標とは ……………… 139
6. パフォーマンスの設定に伴う注意点 ………………… 140
   現場のパフォーマンス指標相互の関係性（140）　パフォーマンスの指標自体の妥当性（141）　変化への対応（142）

CHAPTER 9 高品質化・高効率化とオペレーション経営　145

1. オペレーション改善の本質 …………………………………… 146
   過大な手段の適正化（146）　部分最適と全体最適（148）

2. オペレーション改善と品質 …………………………………… 151
   オペレーション改善の2方向（151）　さまざまな品質概念（152）
   機能設計の改善（153）　過剰品質という罠（154）　構造設計の改善（155）

3. 製造におけるオペレーション改善 …………………………… 156
   オペレーション改善と検査（156）　製造品質の作り込み（157）
   バラツキの縮小と品質管理（159）

4. オペレーション改善の考え方 ………………………………… 161

CHAPTER 10 サプライチェーン拡大とオペレーション経営　165

1. サプライチェーン・マネジメントにおける2つの視点 … 166
   機会損失と廃棄損失（166）　機会損失と廃棄損失のトレードオフ（168）

2. 3つの注文方式 ………………………………………………… 169
   3つの注文方式の使い分け（169）　予測方式（169）　ボーダーライン方式（170）　ダブルビン方式（170）

3. デカップリング・ポイント …………………………………… 171
   販売網全体での在庫管理（171）　デカップリング・ポイントと生産手法（171）

4. ブルウィップ効果 ……………………………………………… 173

5. 最終消費者の動向をつかむ …………………………………… 175
   ITの活用（175）　こまめな輸送・発注（176）　最終消費者に直接売る（179）

CHAPTER 11 グローバル化とオペレーション経営　　181

1 国家間の隔たり ……………………………………… 182
国境を越えた企業活動に生じる障壁（**182**）　　CAGE フレームワーク（**184**）　　真のグローバル企業の定義（**185**）

2 グローバルな統合と現地への適応のトレードオフ関係 … 186

3 企業がグローバル化していく過程 ………………………… 188
輸出（**188**）　　現地生産（**189**）　　海外直接投資（**189**）

4 最適拠点配置 ……………………………………………… 191
多対多の手配へ（**191**）　　最適拠点配置において考慮するべき要素（**192**）

CHAPTER 12 イノベーションとオペレーション経営　　197

1 イノベーションとは ……………………………………… 198
イノベーションの定義・特徴（**198**）　　イノベーションのプロセス（**201**）

2 イノベーションを手配する必要性と困難 ………………… 202
イノベーション・プロジェクトの課題（**203**）　　資源動員の重要性（**205**）　　イノベーション・プロジェクトにおける man の手配（**205**）　　アイデアの源泉としてのヒト（**206**）　　イノベーション・プロジェクト実行に向けた組織作り（**207**）　　既存事業との関係性（**208**）

3 イノベーション実現に向けた手配 ……………………… 208
イノベーション・プロジェクトにおける material の手配（**208**）イノベーション・プロジェクトにおける machine の手配（**209**）イノベーション・プロジェクトにおける money の手配（**210**）　資金の調達・配分方法（**211**）　　イノベーション・プロジェクトにおける method の手配（**211**）

目　次　● ix

CHAPTER 13 危機管理とオペレーション経営 215

1 危機対応の類型 217
多様に想定できる危機（217）　危機のカテゴライズ（218）　危機予防策のカテゴライズ（220）

2 危機対応のオペレーション経営手法 221
危機における 5M の手配（221）　単線×ハード面での危機対応（223）　単線×ソフト面での危機対応（225）　複線×ハード面での危機対応（226）　複線×ソフト面での危機対応（227）

3 地経学時代の危機対応 228
グローバル化の終焉（228）　オペレーション経営の地政学・地経学（229）

CHAPTER 14 社会・自然の持続可能性とオペレーション経営 233

1 社会と自然に優しい 5M の手配 234

2 持続可能な社会への関心の高まり 235

3 持続可能なオペレーション 237

4 持続可能なオペレーションを実現するための包括的な仕組み
.... 239
トレーサビリティ（240）　ライフサイクル・アセスメント（241）　認証制度の活用（242）

5 持続可能なオペレーションの導入時の課題と対応 244

6 おわりに ▶すべての人がオペレーション経営の「現場」を持つ
.... 247

参考文献　249

索　引　261

CHAPTER

第 1 章

人類と
オペレーション経営

SHORT STORY 誰もが「経営の現場」を持っている……。そう言われて，あなたはどう思うだろう。「まあ，生きていくためにお金を稼がないといけないし」とため息をつくかもしれない。でも，たとえばおいしい料理を作るとき，友人と旅行の計画を立てるとき，キャンプでテントを設営するとき，本当は誰もが経営をおこなっていると気付いているだろうか。もちろん，そこには巧拙の差がある。では，その差はどこから生まれるのだろう……。

CHART 図表 1.1 手配の一例としての「料理」

出所：筆者ら作成。

　昆虫，たとえばアリから見た地球について，少し考えてみましょう。アリからすれば，きっと何万年も前から，地球の景色は大きく変わってはいないでしょう。われわれからしたら大事なデータが入っているパソコンも，アリからみればその辺りに落ちている石と大きくは変わらず，われわれでいう岩か山のようなものでしょう。

　人間にとってパソコンがパソコンたりうるのは，潰してしまえばただの金属と石油（プラスチック）の塊になる素材を，さまざまな**機能**が発揮できるように一定の形で組み合わせているからです。このように，人類は，地球上の資源の総量を変えずに，資源から機能を取り出し，その機能の組み合わせ方を変えることで別の機能を創り出し，さまざまな技術や価値を生み出してきました。[1]

　上記の活動によって，人間は人間にとって価値のあるものを創造してきたわけです。こうした**価値創造**を通じて，疫病や飢餓といったさまざまな問題が解決され，人間にとっての幸福の増大がもたらされました。[2] ただし，たとえばオムライスを作る際には，キッチンに卵とご飯とケチャップを用意（手配）しておく必要があるように，何かと何かを組み合わせるには，その「何か」を同時に一定の場所に一定の方法で取り揃える＝**手配**する必要があるでしょう（**図表 1.1**）。

　このとき，手配の対象は有形物に限らないことに注意が必要です。典型的には，料理においてはレシピや調理技術のような知識，ビジネスにおいては特許やブランドなども手配する必要があります。そして，この「手配についての考

---

note

1　Arthur（2009）参照。
2　岩尾（2024a）参照。

え方」「手配の方法」のことを本書では「オペレーション経営」と呼んでいます。この点について次に見ていきましょう。

1 この教科書の視座

この教科書は，日常生活におけるちょっとした行動から大企業の経営まで，「何かをなす」際に必須の，オペレーション経営について学ぶために書かれたものです。

この教科書の読者には，専門学校・高等専門学校・大学・大学院などに在籍する経営学の初学者，業務のオペレーションについて学ぶ必要がある社会人などが主に想定されています。また，すでにベンチャー企業の最高執行責任者（chief operating officer, COO）を長年務めていたり，工場の生産管理責任者として経験を積んでいたり，病院をはじめとする非営利組織の事務長をこなしてきたという方々にとっても，「細切れの業務知識を手配概念から本質的・統一的に把握する」ために役立つ内容だと思います。

ただし，ここでいう「オペレーション経営」という単語は，筆者らがこの教科書のために新たに作り出したものですので，少し説明が必要かもしれません。

読者のみなさんにとっても身近だと思われる「料理を作る」という例で考えてみましょう。料理は最も小規模なオペレーションの1つです。ここで，みなさんは，ふと，スパイスから作る本格的なインドカレーを作りたいと思ったとします。やる気はばっちりですし，趣味のインドカレー店めぐりのおかげで，舌も肥えています。あなたには，味見をしながらであれば，きっとおいしいインドカレーの方向性を示せる，という自信があります。

しかし，やる気や自信があっても，それだけではどうしようもないことにすぐに気が付くでしょう。まず，そもそも作り方がよくわかりません。「何が／どれがおいしいインドカレーか」はわかっても，「どうすればそれを作れるのか」はわかりません。そこで，インターネットで「スパイスから作る　インドカレー　おいしい　レシピ」などと検索してみても，それで一件落着……とはなりません。

タマネギ，ニンジン，肉，ニンニク，ショウガくらいまでならまだわかりますが，クミン，コリアンダー，シナモン，クローブ，ナツメグ，オールスパイ

1 この教科書の視座　● 3

ス，ローレル，カイエンペッパー，ブラックペッパー，ターメリック，ガラムマサラ，サフラン，アジョワン……と続くのを見たら，そっと画面を閉じることでしょう。そもそもアジョワンなんてどこに売っているのでしょうか。しかも，スパイスをすりつぶす道具も揃えないといけません。これらを買い集めるためにお店を探して回るだけでも日が暮れそうです。

このように，何かのアイデアを実現するには，材料や道具などが必要なだけ揃っている（手配されている）必要があります。個人にやる気や自信，能力やアイデアがあっても，そこに必要なものが揃っていなければ，その人は何もできずに終わってしまいます。この教科書は，オペレーション経営の本質が，ビジネスに必要なさまざまな要素をこうして「手配」するところにあると考えます。

振り返ってみれば，われわれの生活には常にオペレーション経営が付きものだったと気が付くことでしょう。料理において食材を手配する例に限らず，部活動やゼミ・研究室の行事の計画においてホテルやバスを予約（手配）するのも，アルバイトで飲食物を配達するのも，会社員として工場の生産管理を任されるのも，ベンチャー企業の COO としてさまざまな書類を用意して上場に備えるのも，業種・職種や規模は違えども，それぞれ有形・無形の何らかの手配をおこなうオペレーションといえます。

こうしたオペレーションを効果的・効率的に経営・管理するための知識体系を構築してきたのが，オペレーションズ・リサーチ，オペレーションズ・マネジメント，プロダクション・マネジメント，プロジェクト・マネジメント，サービス・マネジメント，生産管理，経営工学，生産工学などの，広義の経営学に含まれる小分野の数々でした。ただし，これらの各小分野は相互に密接に関連する問題意識を持っているにもかかわらず，これらを統合するような教科書は，筆者らが調査した限りではこれまで世界中どこにも存在していません。

筆者らは，オペレーションを統一的に扱う教科書が出てこなかった理由の 1 つは，製造業からサービス業までのすべての業種のオペレーションに共通する要素が明確に指摘されなかったことにあるのではないかと考えました。

そこで，この教科書は，あらゆる業種のオペレーションに共通する本質は，「価値創造という目的のために，必要なヒト・モノ・カネ・情報（手法）・人工物（機械）などを取り揃える＝手配すること」だという仮定を出発点として，これまでのオペレーションについての知見の統合を目指しました。

すなわち，手配という概念から，経営戦略論，経営組織論，ビジネスモデル

4 ● CHAPTER 1 人類とオペレーション経営

論，マーケティング，オペレーションズ・リサーチ，オペレーションズ・マネジメント，プロダクション・マネジメント，プロジェクト・マネジメント，サービス・マネジメント，生産管理，経営工学，生産工学などを横断していき，「オペレーション経営」としてまとめることにしたわけです。なお，オペレーション経営は，**業務管理**の方法を数理的・実証的に分析することが中心的な関心となっているオペレーションズ・マネジメントとは，上記の通り適用範囲の広さの点で区別されます。

　改めて，ここでいう手配とは，「価値創造を実現するために，必要なものを，必要なときに，必要なだけ取り揃えること」を指します。「取り揃える」とは，単に何かを集めて用意するだけではなく，それらを狙った通りの製品・サービスにまとめ上げることも含みます。

　さらに，この教科書は，手配の対象となる 5 つの**経営資源**＝ヒト・モノ・カネ・情報（手法）・人工物（機械）のことを，それぞれの英単語の頭文字を取って 5M（man, machine, material, method, money）と呼んでいます[3]。つまり，もう一度整理すると，オペレーション経営とは「価値創造というゴールを実現するための 5M の手配を効果的・効率的におこなう知識体系」だというわけです。そして，その知識体系を習得することこそが，この教科書の目的だということになります。

② オペレーション経営を学ぶ意義

　当然ながら，この 5M の手配のやり方には，巧拙の差が生まれます。たとえば，同じものを手配するならば，素早く，安く，安全に手配したほうがよいでしょう。かといって，必要のないほどの量の 5M を事前に手配してしまうと，5M という貴重な資源を腐らせてしまったり，他のことに使えるはずの 5M を無駄に寝かしてしまったり，5M を保管・管理するための無駄な費用が追加でかかったりするかもしれません。つまり，5M の手配は早すぎても遅すぎてもいけないと考えられます。

　さらに，5M の手配は，ほんの少しやり方を変えるだけで劇的に効率化でき

3　佐々木・糸久（2010）参照。彼らは 7M＋R&D アプローチを提唱しています。

CHART 図表1.2 手配の効率化実験

1	A	あ
2	B	い
3	C	う
⋮	⋮	⋮
10	J	こ

出所：筆者ら作成。

ることがあります。たとえば，プロ用の食材がすべて揃った巨大スーパーにおいてカレーの材料を手配するときに，①アルファベット順にアジョワン（ajwain）→牛肉（beef）→ニンジン（carrot）……と手配する場合と，②種類ごとにスパイス→肉類→野菜類……と手配する場合では，後者のほうが圧倒的に効率的でしょう。

　あるいは，次のような実験はどうでしょう。[4]

　みなさん，手元に紙と鉛筆やペンを用意してください。そして，紙を三つ折りにするか，縦線を引いて，紙を3分割してみましょう。これから，数字の「1～10」，アルファベットの「A～J」，五十音の「あ～こ」を3列に並べて取り揃える（＝手配する）という仕事をおこないます。要するに，数字，アルファベット，五十音をそれぞれ縦に10個ずつ書くという仕事です（**図表1.2**）。

　この仕事にはいくつかの進め方があります。1つは，「1，A，あ，2，B，い……」というように数字・アルファベット・五十音をそれぞれ平等に埋めていくやり方です。仕事の完成までにどれだけの時間がかかるか，測ってみるのも面白いでしょう。実際に，こうしたやり方で手配をおこなうと，非常に時間がかかるうえに，ミスも多くなることがわかるでしょう。

　それでは，次に，この仕事をより素早く，より正確に進められる方法を考えます。おそらく誰でも気が付くと思いますが，「1……10」「A……J」「あ……

---

4 この実験の前半は Goldratt & Cox（1984）を嚆矢とする制約条件の理論（theory of constrain, TOC）の考え方に基づいています。

6 ● **CHAPTER 1** 人類とオペレーション経営

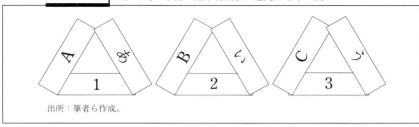

CHART 図表1.3 手配の効率化実験が適用できない例

出所：筆者ら作成。

こ」というように数字・アルファベット・五十音に優先度を付けて集中して取り組む方法がありえます。実際にこの方法で仕事を進めてみれば，どれだけ仕事が素早く正確に終えられるかは一目瞭然です。

この仕事では，暗黙裡に①より素早く，②より正確に，仕事を終えられるほうが「いい仕事のやり方だ」という仮定を置きました。しかし，実際の仕事においては，何がよりよい仕事なのかは広義のお客さんの要望やさまざまな条件から決まります。

たとえば，この仕事において，「1・A・あ」「2・B・い」……という数字・アルファベット・五十音の一揃いごとに製品・サービスができ上がり，製品・サービスが1個でき上がるたびに顧客が料金を支払うという仮定を置きましょう。

さらに，この一揃いの製品・サービスは積み木のようなもので，手で押さえているうちは崩れないが，ひとたび仕事の手を止めると，数字・アルファベット・五十音が揃っていない部分は崩れてしまうとしましょう（図表1.3）。たとえば，仕事中に電話がかかってきたり，誰かから話しかけられたり，突然の腹痛でトイレに行きたくなったりした場合には，仕事の手が止まってしまいます。この仕事を長時間継続しておこなうときは，こうした中断のおそれが高まるでしょう。

このような場合には，数字・アルファベット・五十音ごとにまとめて仕事をせずに，「1・A・あ」などの小さな塊を素早く作っていくほうが有利となります。積み木の場合は，そうした作り方をしないと，そもそもオペレーションの実行すら難しいでしょう。

なぜならば，まとめて仕事をするやり方では，中断が起こるたびに，まとめていた分のすべてが無駄になってしまうためです。それに，顧客からお金が支払われるタイミングも，まとめて仕事をする方法は小さい仕事の塊をこなして

いく方法と比べて遅れてしまうため，その間の運転資金が必要になってきます。

　このように，オペレーションにおいては，「どのような手配がよい手配なのか」という視点を常に忘れずに，そのうえで，オペレーション経営のための具体的な手法の数々を学ぶことで，よりよい経営が可能になると考えられます。こうした視点から生まれたのがこの教科書です。つまり，この教科書で学ぶのは，オペレーションに関するさまざまな分野において提案されてきた手法の数々を，オペレーションの本質である 5M の手配の観点からまとめていく思考法なのです。

　なお，オペレーションについての研究には，効果的・効率的な手配の手法を提案するものから，手配を上手くおこなっている企業の事例を記述したり統計解析するもの，手配をコンピュータ・シミュレーションで仮想実験するもの，高度な数学を用いて手配の数理最適化を目指すものまであります。これらの研究はそれぞれに高度な発展を遂げていますが，この教科書ではこれらの高度な研究手法の数々や，統計学，応用数理などは扱いません。

　この教科書の目的は，あくまでも，文系でも理系でも必須なオペレーション経営についての全般的な理解に留まります。そのため，より高度な手配の手法や技術，最先端のオペレーション研究を知りたいという方は，適宜参考文献を付していますので，そちらを参照してみてください。

　また，企業人であれば，この教科書でオペレーション経営についての統合的な視点を得た後の個別具体的なオペレーション手法については，現場での学習（on the job training, OJT）から学ぶという手もあるでしょう。

　この教科書の上述のような目的を踏まえたうえで，次に，人類の発展とオペレーションの高度化・複雑化の歴史について見ていきましょう。

5　Simon（1969）はこうした状況を，Hora と Tempus という 2 人の時計職人についての架空の例を用いて，準分解可能性という視点から論じています。

3 オペレーション経営の人類史

人類と手配

　人類の歴史は，オペレーション経営とともにあったといえます。なぜならば，人類は，自らの生存と幸福を目的として，その手段として自然を利用し，**人工物**を創造し，環境を変化させるために常に何かを「手配」してきたからです[6]。

　この教科書における手配とは，ある目的を実現するために必要なさまざまなものを取り揃えることを指します。たとえば，生存に必要な栄養素を摂取するために，木の実や野菜や果物を取り揃えるのも一種の手配だと考えられるでしょう。あるいは，雨風をしのげる洞窟を見つけて棲みつくのも，自然を利用してより快適な生活を実現した例です。その洞窟に，たくさんの木の枝を持ってきてベッドを作るのは，人工物を創造してさらなる快適さを求めた例といえるでしょう。これらすべてが手配を必要とします。

　このように考えると，人類の歴史には常に手配＝オペレーション経営が付きまとうことになり，人類史を「手配の複雑化の歴史」として見ることもできるのです。

　現生人類が誕生してからの約30万年の歴史のうち，そのほとんどの期間を，人類は狩猟採集生活に充ててきました。すなわち人類は，生存という目的のために，必要な食物・衣類・住居・石器などを移動しながら手配する，取り揃える，放浪生活を送ってきたのです。その時代では，食物が豊富にある場所を探して，人類は世界各地を転々としてきたと考えられます。

　やがて，人類には**定住革命**[7]ともいうべき変化が訪れます。すなわち，人類の多くは放浪生活を止めて，特定の場所に住む（定住する）ようになりました。

　定住革命が起こった理由の考察については，本書の範疇を超えるため，詳細については専門書に譲ります。たとえば，人類が地上の食料と比べて圧倒的に豊富な海産物を食料として重視するようになった結果として，定置網などの移

6　人類史における価値創造とその障害の克服については，岩尾（2024a）参照。
7　西田（1986）参照。

動に適さない道具が必要となり，その結果として移動しない生活を選んだという説もありえます。あるいは，そもそも人類の数が一定以上になったことから，地球上を自由に移動した場合に別の家族・部族と出会って争いに発展する確率が高まり，移動よりも定住のほうを選ぶ場合に生存確率が高くなったという説もありえるでしょう。

いずれにしても，人類が，人生の大部分を1カ所に定住して過ごすという生活様式を採用したのは，人類が誕生してから現在までの長い歴史のなかでは，比較的最近のことだといえます。人類は，生物としての本来のあり方としては，定住に適さないとさえいえるかもしれません。

定住革命と交易

その1つの証左として，生まれたばかりの人間や，人間と一緒に暮らす動物（ペット）が最初に訓練されるのは，トイレの使い方です。子どものときに，おねしょをして怒られるという経験は誰でも持っているでしょう。

もし人類が定住をしないならば，好きなところで排泄をしても，どうせすぐに移動するわけですから何の問題にもなりません。ところが，ひとたび定住生活をおこなうと，排泄物やゴミの処理は，大きな問題となります。つまり，定住生活を送るために，必ず決まった場所で排泄をするという訓練が必要になるわけです。

人類が定住生活を送るようになった結果，人類が生存するための資源（5M）の手配は複雑化・高度化の道をたどることになります。放浪生活においては，個人・家族・部族は自らの生存に必要なものを手配するために地球上を歩き回ればよかったわけですが，定住生活においてはそうはいきません。定住生活においては，生活に必要なものを必要なときに必要なだけ集めるために，他の個人・家族・部族との交渉が不可欠になるためです。

たとえば，山間部に定住する場合と平野部に定住する場合で，手に入りやすい資源には違いがあります。一方で，人類が満足に生きていくには，木材から食料まで幅広い資源が必要です。この2つの事情から，定住生活においては必然的に交易が発生することになります。[8]

具体的には，山間部に定住する個人・家族・部族は，木材や木の実や食肉な

---

8 大塚（2021）参照。

どを集め，そのうち自分たちだけでは消費できない分を，平野部に定住する個人・家族・部族が集めた穀物や海産物等と交換するといった状況です。そして，こうした交易をスムーズにおこなうためには，貨幣や交通網や市場といった基盤が整備される必要が生まれるでしょう。

　さらに，このようにしてさまざまな種類の 5M を手配するための基盤が整備されると，地球上のあらゆるものを 1 カ所に集めることが可能になります。それによって，それらの資源の組み合わせの数も飛躍的に多くなっていきます。このことを，本書において何度も登場する料理の例から考えてみましょう。

　以前は，日本の一般家庭において，クミン，カルダモン，シナモン，クローブ，フェンネル，ローレル，ベイリーフ，コリアンダー，カイエンペッパーといったカレーによく使われる香辛料の数々を独自に手配することは困難でした。だからこそ，日本の家庭料理としてのカレーライスといえば，最初からこうした香辛料を配合してあるカレー粉や固形のカレールウを使って，野菜やジャガイモ，牛肉・豚肉・鶏肉などを煮込む料理のことを指していました。この意味で，日本の家庭のカレーライスにおける工夫の余地は，複数のカレールウを調合するとか，具材を変えてみるとか，チョコレート，コーヒー，ケチャップ，醬油などの隠し味を足すことくらいだったでしょう。

　しかし，現在では，数十種類ものスパイスを扱う通販サイトも存在しています。そのため，日本の家庭においても，こうしたスパイスの数々を組み合わせて多様な味のカレーを作り出せるようになりました。そして，そうした組み合わせのなかから，これまで発見されていなかった未知の味が生まれるかもしれません。これはまさにイノベーションです。

手配の複雑化・高度化とイノベーション

　実際に，グローバルな手配が可能になった結果として生まれたイノベーションの 1 つに，キムチがあります。多くの人がご存知の通り，キムチとは白菜などの野菜を，唐辛子などを混ぜ合わせた漬け汁で味付けした漬物です。朝鮮半島で生まれたキムチは，いまや日本の漬物市場でも大きな地位を占めます。しかし，このキムチの原材料となる唐辛子は，朝鮮半島に自生していたものではありません。

　唐辛子は，もともと中南米にしか存在しなかった香辛料であり，長らくアメリカ大陸から外に出ることはなかったとされています。唐辛子がアメリカ大陸

から世界に広がったのは，コロンブスに始まる大航海時代以降なのです。つまり，世界中を結ぶ航路ができ上がるなかで，料理の具材の手配網が広がり，唐辛子と白菜と漬物の調理法が出会ってキムチが生まれたわけです。[9]

　そもそも，人間が新技術を生み出して発展していく過程は，宇宙に存在する5Mの新しい組み合わせを発見し，新たな機能を創り出していく過程なのだともいえます。[10]そして，こうしたイノベーションが創出され，それが社会に受け入れられることで，イノベーションの結果生まれた新製品・新サービスを構成する5Mへの需要が増加していきます。これによって，手配の複雑化・高度化はますます進んでいくでしょう。

　先ほどのカレーライスの例でいえば，複数の香辛料のなかで，とくにナツメグの皮の部分を使った「メース」と呼ばれるスパイスを多用し，そこに日本古来の出汁と，日本の海産物と白米とを組み合わせたらとんでもなくおいしくなったとします（架空の例ですので，本当においしい保証はありません）。

　このカレーライス，すなわち「日本式メースカレー」は人気を博し，このカレーを趣味で発明した人が，メースカレー・レストランを開業したとしましょう。そして，日本中のメースカレー・レストランには連日行列が途絶えないとします。そうすると，メースカレー・レストランにとって次に問題となるのは，インド，インドネシア，ネパール，スリランカといった国々からメースを安定的に手配できるかどうかです。

　たまの休みに趣味でメースカレーを作るだけならば使用量に問題は生じないでしょうが，海外から毎日大量のメースを途切れないように手配するとなればこれは至難のわざです。場合によっては，日本においてメースを自社栽培する手段を考えるかもしれません。といっても，こうした料理の手配はまだ単純なほうです。

　さまざまなものが1カ所に手配できるようになった結果として，資源の新たな組み合わせ（イノベーション）が可能になるわけですが，こうしたイノベーションのなかには**産業用機械**のような「機械を生産する機械」「製品を生む製品」ともいえる人工物が含まれます。また，そのなかには，別の機械の部品として使用されることを念頭に置いたものも生まれます。

9　唐辛子の歴史については，たとえば山本（2016）が参考になります。
10　Schumpeter（1934）および Arthur（2009）参照。

12 ● CHAPTER 1　人類とオペレーション経営

こうした高度で複雑な人工物を作るためには，大学などで特殊な知的訓練を受けたヒト，高度な機械，多額のカネなどの5Mを世界中から特定の地域に集める必要があります。そして，これらの製品は，特定の地域において集中的に作られた後，その利用価値の高さから今度は逆に世界中に輸出され，世界中に複雑に散らばっていくようになります。これが産業革命以降，現在まで続く手配の姿です。現代の大企業は，こうした手配の主役となっています。

これまで見てきたように，人類は，定住革命，大航海時代，産業革命を経るにつれて，5Mの手配を複雑化・高度化させていったといえるでしょう。

４ 人類の幸福とオペレーション経営
⠀⠀⠀⠀⠀⠀⠀⠀⠀⠀⠀⠀⠀⠀⠀⠀⠀⠀⠀⠀⠀⠀⠀⠀⠀⠀⠀⠀⠀⠀⠀⠀⠀ Ⅲ▶ この教科書の構成

オペレーション経営とビジネスモデル

この章で見てきた通り，オペレーション経営とは「人類にとって価値のあるものを創り上げるために必要なものを取り揃え，man, machine, material, method, money を手配すること」を指しています。そのため，オペレーション経営は，当然のこととして，価値創造を通じて人類の幸福を増進していくことを目指しています。こうした観点から，本書の構成をあらかじめ確認しておきましょう（**図表 1.4**）。

実際の価値創造活動には，さまざまな障害が生じます。だからこそ，そうした障害を乗り越えていくために，オペレーション経営の考え方が必要なのです。人類の幸福を増進するような価値創造を実現するためには，オペレーション経営の考え方が不可欠だということです。

価値創造にあたっての最初の障害は，自分・自社が新たな価値創造のアイデアを思い付けないという障害です。そこで，この教科書の第**2**章において価値創造のアイデアを思い付くための「ビジネスモデル囲碁」という考え方を取り上げます。この手法は，従来ありがちだった田んぼの田の字を書くやり方，すなわち「適当に2軸を決めて，4象限を書いて，空白の市場を明らかにする」手法の限界を克服できるものです。もちろん，ビジネスモデル囲碁はただの思考の補助に過ぎません。価値創造の方向性を次々と思い付くという人にはこう

⠀⠀⠀⠀⠀⠀⠀⠀⠀⠀⠀⠀⠀⠀⠀⠀⠀⠀⠀⠀⠀⠀⠀⠀⠀ ４ 人類の幸福とオペレーション経営 ● 13

CHART	図表1.4　各章の位置付け

第1章　人類とオペレーション経営	価値創造を実現するための手配
第2章　ビジネスモデルとオペレーション経営	価値創造のアイデアを考える
第3章　経営戦略とオペレーション経営	価値創造の方向性を定める
第4章　アイデアの小規模な実現とオペレーション経営	最も単純な手配
第5章　プロジェクトとオペレーション経営	複雑化した手配
第6章　ビジネスの規模拡大とオペレーション経営	個人の限界を超えた手配
第7章　反復的価値創造とオペレーション経営	高度な機械と技術の手配
第8章　パフォーマンス測定とオペレーション経営	手配の効果測定
第9章　高品質化・高効率化とオペレーション経営	手配の高品質化・効率化
第10章　サプライチェーン拡大とオペレーション経営	広い地域での手配
第11章　グローバル化とオペレーション経営	国境を越えた手配
第12章　イノベーションとオペレーション経営	社内での新たな価値創造の障害を取り除く
第13章　危機管理とオペレーション経営	手配が滞らないようにするために
第14章　社会・自然の持続可能性とオペレーション経営	自然環境や社会環境に配慮した手配

出所：筆者ら作成。

した手法は不要でしょう。

　こうして価値創造のアイデアを思い付いたならば，次に立ちはだかるのは，そもそも自分・自社が取り組みたいと考えている価値創造には他者から見ても価値があるのか，自分・自社が提供する価値を顧客が理解・同意してくれるのかという障害です。価値創造は，顧客が評価してくれて，はじめて成立します。

　もちろん，顧客を説得する，顧客に情報を提供するような活動は必要ですが，そもそも潜在的な顧客がいないようなビジネスを思い付くこともあります。潜在的な顧客がいないのに必死で5Mの手配をしても，それはすべて無駄になってしまいます。そこで，**第3章**では経営戦略とオペレーション経営の関係について学んでいきます。

　こうして，価値創造の方向性が決まり，顧客を創造する新たなビジネスモデルが見つかったとしましょう。それでもまだまだ障害は山積みです。

5Mの手配という難所

　たとえば，明らかに人類が待ち望んでいる価値創造の方向性を考えてみましょう。これまで不治の病とされていた病気への特効薬などはその一例です。こうした価値創造ならば，前述したような，価値創造の方向性を思い付けないという障害や，価値創造を顧客に理解されないといった障害は起こりません。それでは「○○の特効薬を作る」というのは簡単でしょうか。もちろんそんな

わけがないのは，まだまだ数多くの不治の病が存在していることからも明らかでしょう。

　実際には，「○○の特効薬を作る」という，明らかに人類の幸福を増進する価値創造の目標が見つかったとしても，その実現には多くの困難が想像できます。まず，「○○の特効薬を作る」ことは1人の知識では不可能です。さまざまな分野の知見を総動員し，さまざまな物質が持つ機能を組み合わせ，○○の治療に有効な成分を探し出さねばなりません。つまり，価値創造の方向性が定まっても，次に5Mの手配についての障害が待ち受けているのです。そこで，5Mの手配方法について，第4章以降で具体的に学んでいきます。まず，どのような価値創造をおこなうにも，材料（material），人手（man），資金（money）が必要になるでしょう。そこで，これらの手配という障害を乗り越えるための手法を学んでいくのが第4章です。この章では，自宅で料理を作るような，最も単純な目的を成り立たせる手配について考えてみます。

　自宅でおこなう料理のような，非常に単純なビジネスや製品やサービスであれば，自分1人が中心になって，materialやmoneyの手配だけを考えていればよいでしょう。しかし，提供したいビジネス・製品・サービスがさまざまな理由で大規模化・複雑化してくると，もはや自分1人では実現不可能になっていきます。つまり，個人が頑張るだけではどうしようもないという障害が立ちはだかるのです。そこで，目標，期間，予算を決めてプロジェクトを立ち上げ，必要な人材（man）を手配し，価値創造の実現のために必要な仕事を洗い出し，その仕事に順序を付けなければいけません。こうしたプロジェクト・マネジメントの手法を学ぶのが第5章です。

　こうして価値創造が実現できると，当初は一過性のプロジェクトという側面が強かった価値創造に対して，顧客からプロダクション（生産）の要望が出てきます。すなわち，顧客が増えるとともに，ビジネスに求められる製品・サービスの量は大規模化し，もはや人手でおこなっていた作業を機械に置き換えるしかなくなります。それとともに，機械のハード面（machine）や加工技術などのソフト面（method）の手配が必要になります。こうした障害を乗り越えるさまざまな手法を学ぶのが第6章です。

5Mの手配の進化

　価値創造が上手くいくと，同じものを手配して，同じものをアウトプットし

続けないといけなくなります。こうした繰り返しのオペレーションを実行するなかで，堅牢な組織作りと学習の視点が重要になってくるでしょう。これについて学んでいくのが**第7章**です。さらに，オペレーションの巧拙を把握する必要も出てくるでしょう。そこで，**第8章**では5Mの手配がどのような指標で測定されるのかについて確認していきます。

　そのうちに，手配自体を高品質化・高効率化する必要が出てくるでしょう。価値創造には，常に競合他社が存在します。そのため，手配の高品質化・高効率化に取り組まなければ，たとえイノベーターといえども競合他社に敗れ去ってしまいます。そこで，アウトプットの品質を向上させる手法，またアウトプットの品質を一定に保ったまま，手配のやり方を変えることでコストを削減する手法について**第9章**で学んでいきます。

　高品質・高効率な手配が可能になると，ある製品・サービスを提供するビジネスへの評価はより高まり，ビジネスの地理的拡大のチャンスに恵まれるでしょう。すなわち，製品・サービスが全国で売れるようになり，全国に販売店を置くようになったり，全国に支店を置くようになったりすることが考えられます。それとともに，ビジネスへのインプットもより広い地域から手配するようになるでしょう。こうした場面において考えるべきことをまとめたのが**第10章**です。

　さらに，ビジネスが順調に拡大すると，やがて手配の範囲は国境を越えていくと考えられます。すなわち，世界中から設計・材料・人材など5Mを手配し，アウトプットを世界中に売り出していくという段階がやってくるわけです。そうすると，ビジネスにおける価値創造には，今度は国境という障害が生まれます。たとえば，最適拠点配置や国際マーケティング，国家ごとの政策や政情の考慮など，これまでになかった手配の工夫が必要になるでしょう。これらについては**第11章**で学んでいきましょう。

　こうしてグローバル企業に成長したとしても，新製品や新技術，新生産工程を生み出し続けなければ，やがて企業は死に至ります。現代のグローバル企業は激しいグローバル開発競争の真っ只中にあるといえるのです。こうしたなかで必要なのは，もはや巨大企業と化した社内のリソース（5M）を手配しながら，次なる価値創造のためにイノベーションを創出していくマネジメントでしょう。ただし，もはや巨大企業と化した社内のリソースを手配するには，高度なコミュニケーション，コンフリクト解決，交渉力によって，社内での新た

な価値創造の障害を取り除く必要が生まれます。これについて学ぶのが第**12**章です。

　現代のグローバル企業が直面しているのは，グローバル開発競争だけではありません。グローバル企業においては，世界中のどこかで起こった事件・事故や災害が，複雑な取引関係を通じて，一見関係がないかに見える自社のビジネスを脅かします。そこで，さまざまな災害に対して，「手配」が滞ってしまわないようにマネジメントする必要が出てくるでしょう。これについて考えるのが第**13**章です。

　また，近年，企業を取り巻く社会の目は厳しさを増しており，自然環境や社会環境に配慮した手配が求められています。これからの企業には，自社の5Mの手配によって自然・社会がどのような影響を被るのかについて，常に批判的・反省的に振り返る姿勢が必要となります。そこで，本書の最終章である第**14**章において，未来の5Mの手配のあり方について考えていきます。

　それでは，これから一緒にオペレーション経営を学ぶ旅に出かけましょう。

KEYWORD

機能　　価値創造　　手配　　オペレーション経営　　業務管理　　経営資源　　5M　　人工物　　定住革命　　イノベーション　　産業用機械

EXERCISE

① みなさんが朝起きてから出かけるまでの「身支度のオペレーションの手順」を書き出してみましょう。
② 身支度のオペレーションが遅れてしまう理由には，どんなもの（障害）が考えられますか。考えてみましょう。
③ 身支度のオペレーションを手早く済ませるために，前夜にあらかじめ手配できそうなものはあるでしょうか。考えてみましょう。

CHAPTER

第2章

ビジネスモデルとオペレーション経営

SHORT STORY 　誰も食べたことがない料理，誰も味わったことがない体験。そんなものを思い付けるのは一握りの天才だけだと思うかもしれない。でも，本当にそうだろうか。よくよく考えてみれば，世の中のすべての「価値あるもの」を生み出したのは人間だ。身長10m超の人間も，コンピュータ以上に頭のよい人間もいない。世の中で価値あるすべてのものは，万能の神様からみれば誤差でしかない，等しく凡庸な能力の人間がなんとか頭をひねって創造したのである。ただ，そこには「コツ」があるだけだ……。

前章において「人類はこれまで無限と思えるほどの価値創造を実現し続けてきた」という視点を提示しました。ただし，価値創造にはさまざまな障害もまた，存在しています。

たとえば，価値創造のアイデアは浮かんでいるのに，それを実現するためのman（人手），machine（機械），material（材料），method（手法），money（資金）を必要なときに，必要なだけ，必要な場所に手配することができないという障害がありえます。まさにこの障害を乗り越えるために，これら 5M の手配の方法を学んでいくのが，本書の主な目的でした。

ただし，ここで「価値創造のアイデアは浮かんでいるのに」という留保が付いた通り，そもそも手配の前提として，企業には**ビジネスモデル**がなければいけません。すなわち，手配をおこなう前に「自分・自社は何をなすべきか」「それは顧客にとって価値があることなのか」を確認しておく必要があります。[1]顧客から見ても価値があるビジネスモデルを思い付けるかどうかという点は，価値創造の最初の障害となりえます。

そのうえで，あるビジネスモデルを成り立たせるために，どんな種類の 5M がそれぞれどれだけ必要で，それらをどのように組み合わせて，どのような相乗効果を狙っていくか，そのためにはどのように「システム」を作り込めばいいのかについて，企業内で合意を得なければいけません。

もちろん，医療機関のような非営利組織においてワクチン接種担当者に任命される場合のように，「何をなすべきか」があらかじめ明確なプロジェクトのオペレーションを任されることもあります。また，歴史のある営利企業において長年取り組んできたビジネスモデルの手配の効率化を任される場合もあるでしょう。

反対に，これから起業アイデアを練る，つまりビジネスモデルを 1 から作らないといけないという場合や，既存企業のビジネスモデルの練り直しを求められる場合もあるかもしれません。いずれにしても，手配の前提にはビジネスモデルがあるという認識は必要でしょう。

そこで本章では，本書で中心的に学んでいく 5M の手配の「前提」として，ビジネスモデルの構築と再点検についての手法を学んでいきます。いわば，オペレーション経営のはじめの一歩「以前」，オペレーション経営の手前段階に

note ●————————————————————————————
　1　國領（1999）および井上（2019）参照。

ついて学ぶわけです。その後，ビジネスモデルと 5M の手配の関係について考えていきます。

1 オペレーション経営の前提としての ビジネスモデル

企業業績を左右するビジネスモデル

この世にビジネスモデルがない企業は存在するでしょうか。

この問いに対し，本書は，多少なりとも実際に経済活動をおこなっていて，合法的な売上が上がっている企業であれば，「すべての企業にビジネスモデルがある」と考えます（ただし，そのビジネスモデルの巧拙は問いません）。なぜならば，企業にビジネスモデルがまったく存在しないならば，企業はただのヒト・モノ・カネといった資源のバラバラな寄せ集めに過ぎなくなるからです。

企業をこうした「資源の寄せ集め以上の何か」にしているのは，「誰が，何を使って，どのように仕事をして，誰に対して，どのような価値を創造し提供するか」といったシステムの存在です。こうしたシステムは，ペーパーカンパニーや休眠会社ではないすべての企業において，ルールや暗黙の合意といった形で存在しています。そして，この価値創造のシステムのことを，本書は「ビジネスモデル」と呼んでいます。

ただし，「合法的な売上を生み出しているすべての企業にビジネスモデルが存在する」とはいっても，ビジネスモデルには「上手いビジネスモデル」と「下手なビジネスモデル」が存在することもまた確かです。

たとえば，世界で最も上手くいったビジネスモデルといわれるものの 1 つに，Amazon のような電子商取引プラットフォーマーがあります。現在では，店舗を持たないにもかかわらず，Amazon は世界で一番大きなショッピングセンターになりました。2022 年の時点で，シェアリング・エコノミー企業の Uber と Airbnb の時価総額の合計が，アメリカ最大の自動車メーカーとホテルチェーンの時価総額の合計よりも大きくなっています。[2]

---

2 Iwao et al.（2022）参照。

このように，現代のビジネス環境においては，「上手いビジネスモデルを構築できるかどうか」が経営上も非常に重要になってきています。そこで，この教科書では，ビジネスモデル構築・再点検の手法として「**ビジネスモデル囲碁**」を紹介します。

なお，ビジネスモデル構築・再点検のための手法は，これ以外にもさまざまなものが提案されていますので，興味のある方はそちらも参考にしてみてください。たとえば，こうした手法のうち代表的なものとして，**ビジネスモデル・ジェネレーション**や**ビジネスモデル・ナビゲーター**などもあります[3]。ただし，筆者はこうした手法の数々は，どちらかといえば現存するビジネスモデルを説明するという目的に適していたり，ターゲット顧客が決まった後にビジネスモデルをより洗練させるという目的に適していたりすると考えます。

それに対して，「まだこの世に存在していないビジネスモデルを生み出すための手法」を紹介したいと思います。

ある分野においてまだ世の中にないビジネスモデルを考えることができれば，そのビジネスモデルに取り組むことができるばかりか，既存のビジネスモデルと新規のビジネスモデルを比較してみることで，既存事業の再定義をおこなうこともできます。そのため，こうした手法は，これから起業する人にとっても，すでに長年成功してきたビジネスモデルを持つ企業で働く人にとっても役立つでしょう。

ビジネスモデル囲碁の考え方

筆者は，この手法のことを「ビジネスモデル囲碁」と呼んでいます[4]。

ビジネスモデル囲碁は，いまだに競争が激しくない市場を見つける，**ブルーオーシャン戦略**[5]の考え方と手法を，東洋で古くから親しまれている囲碁から発想を得て発展させた手法です（**図表 2.1**）。ビジネスモデル囲碁によって，ターゲット市場やターゲット顧客がまだ明確でない状態から，新たなビジネスモデルを考案することもできるでしょう。

ここでは，ファストフード業界を例にしながら，ビジネスモデル囲碁を体験的に学んでいくことにします。

---

3 Osterwalder & Pigneur（2010）および Gassmann et al.（2014）参照。
4 岩尾（2024b）参照。
5 Kim & Mauborgne（2015）参照。

22 ● CHAPTER **2** ビジネスモデルとオペレーション経営

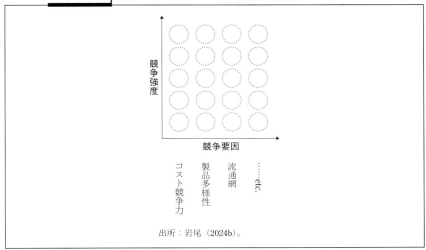

図表 2.1　ビジネスモデル囲碁の概念図

出所：岩尾（2024b）。

　まず，ビジネスモデル囲碁を用いるための第一歩として，ビジネスをおこなう領域を決めてみましょう。ただし，これはターゲット市場といえるほど厳密なものでなくてよく，大まかな産業や事業といったレベルでかまいません。

　たとえば，飲食業であるとか，自動車産業であるとか，教育産業であるとか，そういった大きなレベルで，これから新規ビジネスモデルを構築したい領域を選びます。本書の例では，多くの人が消費者として身近に関わったことがあると考えられるファストフード業界を選びました。

　次に，その領域において，既存企業の多くがどのような競争要因に注力しているかについて，個人またはグループでブレインストーミングをおこなっていきましょう。たとえば，コストや価格面での競争に力を入れている，製品の多様性に力を入れている，幅広い流通網の構築に力を入れているなどといった具合です。その他にも，アフターサービス，保証，修理の容易性，デザインなど，さまざまな競争要因が考えられます。

　要するに，「既存企業が顧客に対してどのような点をアピールし合っているのか」を明らかにするわけです。

　たとえば，ファストフード業界においては，コスト競争力，メニューの豊富さ，満腹度，ヘルシーさ，食べ放題，提供スピード，ドライブスルーの有無，座席の快適さ，店舗の広さなどでしょうか。この他にも，さまざまな競争要因が考えられますので，個人で考えてみたり，グループで討議したりするのもよ

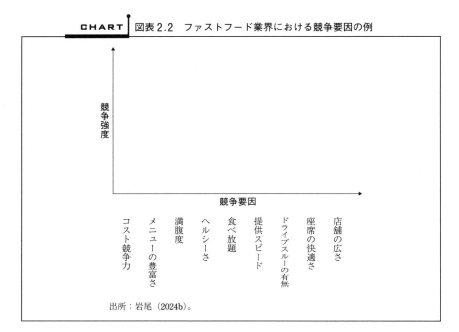

図表 2.2 ファストフード業界における競争要因の例

出所：岩尾（2024b）。

いでしょう。

こうした競争要因を図表2.2のように横軸に列挙していきます。

競争要因抽出のための思考

競争要因をリストアップする際に役立つのが，古典的なマーケティング4P[6]などの考え方です。すなわち product（製品），price（価格），place（流通チャネル），promotion（広告および販促）といった分野ごとに競争要因を考えてみる方法が有効でしょう。

また，複数人でグループを作って，チームのメンバーがそれぞれ顧客になりきり，既存企業の具体的な製品・サービスを思い浮かべながら，自分たちの課題（ジョブ）をその製品がどのように解決してくれるのかシミュレーションしてみるという手もあります。すなわち，競争要因を抽出する際に「自分がその業界・産業における顧客ならどんなことを重視して製品を買うか」を想像してみるわけです。

ブレインストーミングの最中は，各メンバーはあまり深く考えすぎずに，な

---

6 Massa & Tucci（2013）参照。

るべく多くの競争要因をリストアップしていくように心がけてください。

　そして，多数の競争要因を書き出した後は，グループディスカッションによって，似たような競争要因を1つにまとめたり，あまり重要でないと判断した競争要因を削除したりして，当該事業領域における競争要因を「5以上9以下」までに絞りましょう。

　この5以上9以下という数字に明確な根拠はありませんが，筆者がいくつかの企業で実際にビジネスモデル囲碁を使ってもらうなかで，このくらいの数の競争要因を扱う場合に最も成果が出ていたという体感に基づいています。人間は，一度に扱える要因の限界が7±2くらいだといわれているため，この程度の競争要因を扱うのが集中して思考する際の限界なのかもしれません。

ビジネスモデル囲碁を用いた競合分析

　次に，こうして競争要因をリストアップした後は，その業界における平均的な企業や最も巨大な企業を思い浮かべてください。

　そして，それらの企業がそれぞれの競争要因にどれくらい注力しているのか議論し，この「注力度合い」「競争度合い」を5段階で評価します。その競争要因に非常に注力しているならば5，比較的注力しているならば4，どちらともいえないならば3，あまり注力していないならば2，まったく注力していないならば1です。

　そして，それらを図のなかで，黒丸によって塗り潰していきます。もし，黒と白の碁石やオセロを持っている場合には，それらを使ったほうがより議論がしやすくなります。ファストフード業界においては，たとえば**図表2.3**のようになるのではないでしょうか。もちろん，これには異論があってもいっこうにかまいません。

　いま，この黒丸は競争要因ごとに5が最大値になっています。そこで，今度は縦軸の丸の数がそれぞれ「合計：6」になるように，白丸を足していきましょう（**図表2.4**）。たとえば，黒丸が1つしかない競争要因には白丸を5つ足します。反対に，黒丸が5つの競争要因には白丸を1つだけ足します。そして，今度は黒丸をすべて消していきます。碁石を使っている場合には，黒い碁石を取り除けばよいですし，紙上でビジネスモデル囲碁をおこなっている場合には，新たに囲碁の盤面を書き直します。

　このとき，左から白丸の数が多い順に並べ替えていきます（**図表2.5**）。する

$\mathbb{1}$　オペレーション経営の前提としてのビジネスモデル　● 25

CHART 図表2.3 ファストフード業界における各競争要因の競争強度

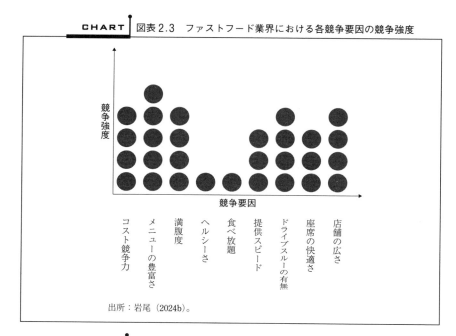

出所：岩尾（2024b）。

CHART 図表2.4 ファストフード業界におけるビジネスモデル囲碁の活用

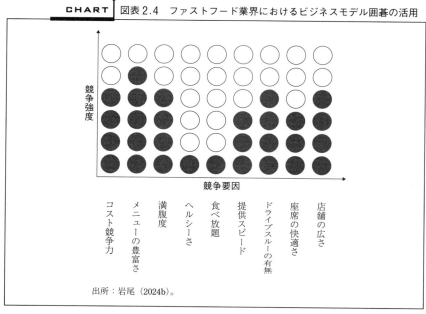

出所：岩尾（2024b）。

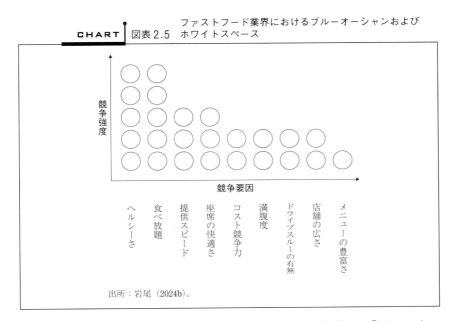

図表2.5 ファストフード業界におけるブルーオーシャンおよびホワイトスペース

出所：岩尾（2024b）。

と，白丸の領域が明確になっていきます。この白丸の領域が，「ブルーオーシャン」もしくは「ホワイトスペース」といわれる，「既存企業があまり競争していない領域」です。[7]

ビジネスモデル創造のためのストーリー作り

そこで次に，この白丸の領域を眺めながら，この領域のすべてを満たすようなビジネスのストーリーを考えてみます。[8]

ストーリー作りで大事なのは，顧客と企業の2通りにおいてそれぞれ5W1H（いつ，どこで，だれが，だれの，なにを，どのように）を意識することです。つまり，どのような顧客が，いつ，どんな場面で，どのように製品・サービスを購買するのか想像してみます。また，企業は，いつ，どんな場面で，どのような従業員が，どのような場所で，どのように製品・サービスを提供するのか考えていきます。

ファストフード業界の例でいえば，ヘルシーで，食べ放題，それでいて提供スピードはある程度速く，座席もある程度快適，でもドライブスルーはほとん

---

7 Kim & Mauborgne（2015）および Johnson（2010）参照。
8 楠木（2010）参照。

1 オペレーション経営の前提としてのビジネスモデル ● 27

ど実施しておらず，店舗も狭く，コスト競争力は低い（価格が高い），満腹にもならず，メニューは乏しい，ということになります。

これを顧客側から見てみると，ヘルシーな食べ放題ということで，サラダバーが思い浮かぶかもしれません。たとえば，綺麗だけれどカウンター席しかないところで，飲み物はミネラルウォーター，1回の利用が1000円といったファストフードにしては高い値段で，メニューはサラダバーのみといった具合です。健康志向の顧客からすれば，これまでなかった待望のお店かもしれません。

これを提供者側から見直してみると，小さい店舗であってもサラダバーには調理はほとんど必要ないためにキッチンスペースを節約できる，従業員はサラダを補充し食器を片付ける1名のみで運営可能，料金は入り口で1000円を券売機に入れてもらう，こうして設備費や人件費を抑えることで浮いた分のお金で質の高い野菜を提供することに力を注ぐ，といったことを考え付くかもしれません。

もちろん同じビジネスモデル囲碁から，別のストーリーが生まれることもあります。というよりも，同じビジネスモデル囲碁の結果からいくつものストーリーが生まれるほうが普通です。

最後に，こうしたストーリーに名前を付けます。ファストフードの例でいえば，「24時間営業の駅前サラダバー」などです。これが，ビジネスモデル囲碁を活用したビジネスモデル考案の例でした。ただし，こうして新たに考案されたビジネスモデルのプランを実行し，実際のビジネスとして実現するには，さらに考えなければいけないことがあります。この点を，次節で学んでいきましょう。

 ビジネスモデル実現とシステム化

ビジネスモデルとシステム思考

前節で，われわれはビジネスモデルの作り方を学びました。

もちろん，現実には，どのようなビジネスやプロジェクトに取り組むかについて読者の裁量が及ばないという場合も多いでしょう。たとえば，はじめから

目標が決まっているプロジェクトの実施責任者になった場合や，どのような事業をおこなうかについて株主と CEO（chief executive officer, 最高経営責任者）の間で以前から合意が取れており，読者はそれを実現する COO として雇われたに過ぎないといった場合などです。

　こうしたことにも，既存のビジネスモデルの見直しにビジネスモデル囲碁が役立つことはすでに説明しました。

　いずれにしても，徐々にビジネスモデルのプランが固まってきたり，はじめからビジネスモデルのプランを与えられたりした場合，次に考えるべきことは「ビジネスモデルの実現のためのシステム作り」です。ここでシステム作りとは，「全体を構成する部分や部品を集めて，それらの間で**相互作用**を作り出し，全体を部分の集合以上にすること」を指します。[9]

　たとえば，ビジネスの実現に必要な人材を集め，それぞれがどのように仕事をすればよいかの指示を与えるというのも，システム作りの例と考えてよいでしょう。

　オーケストラの例を考えてみましょう。オーケストラは，楽器演奏者をバラバラに集めてきて，それぞれが自分の好きな曲を自由気ままに演奏するだけでは，雑音・騒音しか出せません。しかし，指揮者がいて 1 つの曲を演奏する場合，演奏者全員が指揮に合わせてそれぞれ担当楽器をタイミングよく演奏することで，素晴らしい音楽を奏でることができます。オーケストラに指揮者が必要なのも，こうしたシステム作りのためといえるでしょう。

　それでは，ビジネスモデルがシステムとして動き出すようになるには，何が必要でしょうか。繰り返しになりますが，システム作りとは「部分の集合以上の全体を作ること」です。そして，全体を部分の集合以上にするには，そこに「部分同士の相互作用」がないといけません。この相互作用こそが，部分に付け足されたものなのです。

　つまり，ビジネスモデルのシステム作りにおいて大事なのは，①ビジネスモデルを構成する部分を明らかにすることと，②そうした部分同士の相互作用を考えることの，2 つです。

9　Simon（1969）および加護野・井上（2004）参照。

2　ビジネスモデル実現とシステム化　● 29

| CHART | 図表 2.6　目的・手段分析

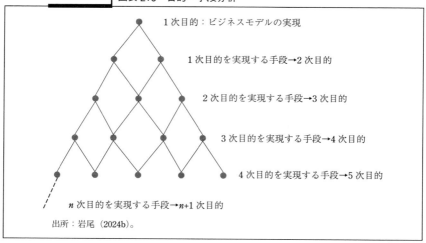

出所：岩尾（2024b）。

目的・手段分析の活用

　そこで，まずはビジネスモデルの実現に必要な部分を列挙してみましょう。ここで役立つのが，**活動システム・マッピング**，**ワーク・ブレイクダウン・ストラクチャ**（WBS）といった手法です。この教科書では，これらの手法の簡便法である**目的・手段分析**を紹介します[10]（図表 2.6）。

　この目的・手段分析では，目的と手段の階層（ピラミッド）構造を扱います。

　まず，最終目的はビジネスモデルの実現です。そして，その最終目的（1次目的）を実現するためにはどんな要素が必要かについて，まずはあいまいなものでもよいので，書き出していきます。こうして書き出していった要素は，1次目的に対する手段となります。しかし，今度はこの手段が2次的な目的となり，この2次目的を実現するために何が必要かについて，先ほどと同じように書き出していきます。

　こうして，3次，4次，……，n次，n+1次というように具体的に手配の準備が可能なヒト・モノ・カネ・情報といった資源に至るまで，これを繰り返していきます。こうして，あるビジネスモデルを実現するための目的と手段の階層が描き出されます。

10　岩尾（2024b）でも詳しく触れています。

先ほどの 24 時間営業の駅前サラダバーの例で考えてみましょう。これは，駅前で 24 時間営業する，カウンター席のみ，野菜食べ放題のサラダバーを運営するというアイデアでした。牛丼の吉野家くらいの大きさの店舗に，綺麗なテーブルと椅子が置いてあり，野菜とドレッシングとトッピングが置いてあるようなイメージです。これを実現するには何が必要でしょうか。大きくいえば，店舗，人材，野菜，ドレッシング，食器……などになるかもしれません。これが 2 次目的です。

　実際には，野菜 1 つを見ても，何種類の野菜を納品してもらうのか決める必要があります。定期的に野菜を補充してくれる業者を選定する必要もあるでしょう。ドレッシングについても，どんなドレッシングを何種類置くべきか，ドレッシングは外部から買うのか自社で作る（内製する）のか決める必要もあるでしょう。これは 3 次目的です。さらに，ドレッシングを買うとすればどこから買うか，内製するとすればどこからどんなレシピを用意するか，4 次目的も考えないといけません。

　他にも，店舗には野菜が悪くならないような置き場，野菜を盛り付けるためのお皿とトング，コップ，ウォーターサーバー，電気，内装，椅子，テーブル……などを揃える必要があります。店員についても，1 人が 8 時間働いたとしても 3 交代勤務が必要です。つまり，どんなに少なくとも 3 名の従業員が不可欠になります。店舗の確保についてなど，まだまだ考えることは山ほどあります。

　このように，目的・手段分析を用いながら，ビジネスの実現のために必要なものを列挙していくわけです。そのうちに，いらないものがわかったり，最初から用意しなくてもよいものがわかったりするかもしれません。

　計画が終わった後，実際に 5M の手配をおこなうにあたっては，こうして列挙した順番とは逆に手配していきます。内装，椅子，テーブル……が揃ってはじめて店舗については完了，複数種類の野菜の購入契約が済んではじめて野菜については完了ということになるわけです。

　こうして，ビジネスモデルの実現のために具体的に手配すべき 5M が明らかになりました。ただし，5M は闇雲に手配していけばよいわけではありません。次に考えなければならないのは，5M を「どのような順番で手配していけば最も効果的か」という点です。この点については，プロジェクト・マネジメントを取り上げる第 5 章で学んでいきましょう。

2　ビジネスモデル実現とシステム化　● 31

3 ビジネスモデル成立の要件

▶ 経済的要件と社会的要件

ビジネスモデル成立の経済的要件

ここまでで，顧客にとっての価値創造をおこなうようなビジネスモデルを考案する方法と，こうして考案したビジネスモデルを実現するために必要な 5M を列挙して**システム化のための計画**を立てる方法を学びました。

次に必要なのは，ここで計画されたビジネスモデルを実現した場合に，社会に付加価値を提供し終わるまでの期間，存続できるのかについてテストすることです。もともと無理があるビジネスモデルを，ごく短期間の間だけ強引に成立させても，社会にとって付加価値を創造・提供したことにはなりません。最近では，ある一定の目的を達成したと判断された際には解散することをあらかじめ決めた組織形態も見られるようにはなってきましたが，基本的には会社・企業は永続を前提としています。むしろ，会社・企業が永続を前提としてさまざまな制度設計をおこなうからこそ，1人の人間の寿命という限界を超えて価値創造を続けることができるのです。

このとき，企業・会社その他の組織が提供するビジネスモデルは，社会にとっての価値があると認められることで存在を許されます。そこで，ビジネスモデルは大きく分けて，**経済的要件**と**社会的要件**の2つのテストに合格する必要があります。[11]

経済的要件に関するテストとは，「そのビジネスモデルのコスト見積もりと予算設定が現実的か」を問うものです。たとえば第**13**章で登場する**損益分岐点分析**はその代表的なものです。そのビジネスモデルの固定費と変動費はどの程度か（固定費・変動費の考え方については第**4**章でも学習します），売価から変動費を抜いた「貢献利益」で固定費を除することでどれくらい製品・サービスが売れれば利益が出る（損益分岐点を超える）のか，がわかります。このとき，たとえば損益分岐点を超えるためには製品・サービス購入者が2億人を超えない

11　Magretta（2002）参照。

32 ● CHAPTER 2　ビジネスモデルとオペレーション経営

といけないと判明した場合には，日本市場向けの製品においては経済的要件を満たしていないことになります。

　また，ここで固定費と考えていたものが実際には変動費であると判明したり，逆に変動費と考えていたものが実は固定費だったことが判明したりすることもあります。たとえば，ウェブサービスにおけるサーバーのレンタル代などは，自社のウェブサービスの利用者が増えるにつれて変動的にコストが高まったりコストは増えず固定費として扱える場合もあります。

　さらに，ここまでの分析においてビジネスモデルが経済的要件を満たしていたとしても，競合他社の存在を忘れてはいけません。競合他社といかに差別化するか，そのためにどのような追加コストが必要か，価格競争に巻き込まれた場合には，これまでの想定はどう変わるのかについても考えてみる必要があります。

　このように，損益分岐点分析をおこない，どれだけの人数の顧客が1人当たりどれだけ購買してくれればよいのかを明らかにし，固定費と変動費の想定が変化した場合の影響と競合他社との競争の影響を考えてはじめて，そのビジネスモデルは経済的要件を満たしたことになります。ただし，経済的要件を満たさないからといって，そのビジネスモデルをあきらめる必要はありません。むしろ，経済的要件を満たすために，ビジネスモデルのどの部分を変更すればよいか再考するほうが常道でしょう。

ビジネスモデル成立の社会的要件

　次に，ビジネスモデルが経済的要件を満たしたとしても，今度はそのビジネスモデルが社会的要件を満たすかどうかについても考えてみる必要があります。もちろん，あるビジネスモデルが社会正義に反している場合，反社会的な場合は論外です。それらはそもそも価値創造をおこなっていないため，ビジネスモデルと呼ぶことすらできません。

　ビジネスモデルの社会的要件に関するテストとは「そのビジネスモデルが実現し存続するにあたって，利害関係者（ステークホルダー）から協力を得られるか」についてのものです。ここでいう利害関係者とは株主や債権者といった狭い意味ではなく，社会において当該ビジネスモデルに潜在的な利害を持つ主体のすべてを指す広い意味での利害関係者です。[12]

　上記の質問に答えるために，まずはビジネスモデルをめぐる利害関係者を列

挙してみる必要があるでしょう。すなわち，**利害関係者一覧表**を作るわけです。利害関係者一覧表には，顧客，市民，供給業者，販売業者，他企業，政府，自治体，非営利団体など，団体の場合には具体的な名称まで列挙していきましょう。

　利害関係者一覧表には決まった様式があるわけではありませんが，利害関係者の名称，自社のビジネスモデルへの賛否の予測，影響度，懸念点などをあげていくとよいでしょう。このとき，必ず，利害関係者側から見た利害を列挙することが大切です。場合によっては，こうした利害関係者に対してヒアリングしてみるのも1つの手でしょう。

　このようにして利害関係者一覧表が完成すると，自社が提供したいと思っているビジネスモデルの成立がそもそも可能かどうか，可能だとしても成立にあたって事前に説得すべき相手がいるかどうか，事前に説得すべき相手がいるとすればどの順番でどのように説得すればよいか，が少しずつ見えてくるようになります。

　ビジネスモデルの成立のためには，当該ビジネスモデルの成立に反対する利害関係者がいないことが理想です。もちろん，すべての利害関係者が，当該ビジネスモデルの成立に賛成してくれる状況はまれでしょう。そのため，目指すべきは，影響度が大きい最も重要な利害関係者の1人以上が賛成しているうえで，次に重要度が高い利害関係者のすべてがビジネスモデルの成立に賛成もしくは無関心という状況を作り出すことです。

　そこで，ビジネスモデルの成立に反対することが予測されるか，現に反対している重要な利害関係者に対しては，①ビジネスモデルの成立に賛成してもらえる条件を探るか，②自社への影響力を弱めるための施策を打つかのどちらかが必要になります。

　この2つの施策の両方に使えるのが，「**問題解決の三角形**」という思考法です[13]（**図表2.7**）。この思考法では，さまざまな問題を2つの対立する考えに分解します。ここでの問題とは，ビジネスモデルの不成立です。これに対して，対立する2つの考えとは，①の場合は「利害関係者が自社のビジネスモデル成立に協力する／しない」，②の場合は「自社が利害関係者の力を借りる／借りな

---

[12] Fassin（2009）参照。
[13] 岩尾（2023）参照。

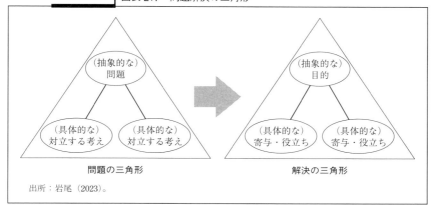

図表2.7 問題解決の三角形

出所：岩尾（2023）。

い」などとなります。これが「問題の三角形」です。

次に，解決の三角形に移って，利害関係者の目的や自社の目的を考えます。①においては「利害関係者の利益」を目的にしてもよいでしょう。そのうえで，①の場合は，利害関係者が自社のビジネスモデルに協力することでなぜ利害関係者の利益になるのか，反対に利害関係者が自社のビジネスモデルに協力しない（反対する）ことでなぜ利害関係者の利益になるのかについて，考えます。②の場合は，自社が利害関係者の力を借りることでビジネスモデルが成立しやすい理由と，反対に利害関係者の力を借りないことでビジネスモデルが成立しやすい理由について，同様に考えていきます。これが「解決の三角形」です。

そして，この結果を解決の三角形における「目的への寄与・役立ち」に書き込んでいきます。こうして完成した解決の三角形は，対立していた考えからなる問題の三角形と違って，考えようによっては両立可能なものになっているはずです。そこで，この解決の三角形を眺めながら，重要な利害関係者を仲間にするための方策や，重要な利害関係者の重要性を低下させる方策を考えていくわけです。

このようにして，1つのビジネスモデルが経済的要件と社会的要件の両方を満たせるようになったとき，このビジネスモデルの実現可能性は高まります。もちろん，実際のビジネスモデル構築過程においては，思い付きで始めたものが最初からこの両方のテストを通過することはほとんどないでしょう。そのため，試行錯誤を通じて，ビジネスモデルをブラッシュアップしていく必要があるわけです。

3 ビジネスモデル成立の要件

4. ビジネスモデルからオペレーション経営へ

　本章は，価値創造の前提となるビジネスモデルの構築について考えてきました。オペレーション経営の教科書において，一見遠回りしながらビジネスモデルについて学ぶ理由は，よいビジネスモデルが思い浮かばないことが価値創造における初期の障害の1つになりえたためです。そこで，本章の最後に，よいビジネスモデルを思い付いた後に，いかにオペレーション経営が必要となるのかについて再確認しておきましょう。

　大企業からベンチャー企業まで，自動車産業から飲食業まで，営利企業から病院や学校などの非営利企業まで，規模や業種問わず，優れたビジネスモデルを思い付いたとしても，それを実現するには，man（人的資源），machine（機械），material（原材料），method（手法），money（資金）を「必要なときに，必要なだけ，必要な場所に手配すること」が必要です。これが，この教科書の中心をなす「5M の手配」です。

　どんなに素晴らしいビジネスモデルがあっても，一緒に働いてくれる人が見つからなかったり，必要な機械を用意できなかったり，原材料を調達できなかったり，機械の動かし方や作業のやり方といった手法を理解していなかったり，そして，それらすべてに必要なだけの資金を調達できなければ，すなわちこれらの障害を乗り越えることができなければ，ビジネスは成り立ちません。

　すなわち，オペレーション経営はビジネスモデルの実現のために必要となるということです。ビジネスモデルの構築が計画段階に重点を置くとすれば，オペレーション経営はその実行段階に重点を置いているわけです。なお，ビジネスモデルの計画とオペレーションの実行をつなぐ役割として，続く**第3章**では経営戦略の視点から手配の意義を確認します。

　このようにビジネスモデルと経営戦略とオペレーション経営を接合して考えれば，オペレーション経営の発想法は製造大企業に限らず，すべての企業に必須だということになります。これは，プロジェクト形態を用いて単発で取り組むビジネスモデルであっても，プロダクション（生産）のように繰り返し取り組むビジネスモデルであっても同じことです。たとえば，「手配の繰り返し度合い」という，プロジェクトとプロダクションの違いを押さえれば，プロジェ

36 ● CHAPTER **2** ビジネスモデルとオペレーション経営

クトからプロダクションまでさまざまな業務のオペレーションを，価値創造の障害を乗り越えるための手配という概念を中心にして統一できる可能性があります。

　そうすれば，オペレーションズ・マネジメント，プロダクション・マネジメント，サービス・マネジメント，プロジェクト・マネジメントなどさまざまな分野で蓄積されてきた知見を相互に補完しながら，ビジネスモデルの実現を効果的・効率的に進めることもできるでしょう。こうした領域の知見については第4章以降で学んでいくことにします。

KEYWORD

ビジネスモデル　　電子商取引プラットフォーマー　　ビジネスモデル囲碁　ビジネスモデル・ジェネレーション　　ビジネスモデル・ナビゲーター　ブルーオーシャン戦略　　相互作用　　活動システム・マッピング　　ワーク・ブレイクダウン・ストラクチャ　　目的・手段分析　　システム化　経済的要件　　社会的要件　　損益分岐点分析　　利害関係者一覧表　　問題解決の三角形

EXERCISE

① 　マクドナルドとモスバーガーが所属している業界・産業において，彼らがどのような競争要因で勝負しているのか列挙してみましょう。そのうえで，2社のそれぞれが，それらの競争要因にそれぞれどれくらい力を入れているのか，2社のビジネスモデル囲碁を描いてみましょう。

② 　ビジネスモデルの経済的要件と社会的要件の両方を上手く満たしている例を調べてみましょう。

CHAPTER

第 3 章

経営戦略と
オペレーション経営

SHORT STORY 　社会にとって価値あるものを創造しても，それを奪おうとする人によって台無しにされることもある。誰もが「価値は無限に創造できる」という考え方を持てるようになるまでは，有限の価値の奪い合いを仕掛けてくる相手と対峙しないといけない。社会にとって価値あるものを提供していくオペレーションを持続させるには，守りとしての戦略思考も必要となる。でも，どうやって……。

この教科書では，第**1**章で人類史における価値創造と手配の関係，第**2**章で手配の前提として価値創造をおこなうためのビジネスモデル思考の理論と実践を学んできました。この章までに，価値創造をおこなう土台を築いたといえるでしょう。

　しかし，この土台は2つの意味でまだ十分ではありません。それは，①顧客（市場）・競合企業・新規参入者・代替品・売り手／買い手といかに対峙するかという視点が不十分であること，②経営戦略の要諦となる「何をしないかを決める」という視点から「何をどう手配して，何をどう手配しないか」についての意思決定の余地が残っていること，です。

　もちろん，価値創造をおこなうことで，市場や顧客そのものを新規に創り出すこともできます。価値創造によって新たな産業が生まれる可能性も十分にあるでしょう。こうした段階では，本来は利益を奪い合う相手（敵）だと思っていた企業を味方にしてしまうことさえ可能です[1]。とはいえ，現実のオペレーション経営においては，他企業・他組織が自社の価値創造に対して敵対的な施策を打ってくることが往々にしてありえます。そのため，そうした施策への防衛策として，経営戦略的な視点を押さえておく必要があります。

　そこで本章では，オペレーション経営の前段階にあたる，価値創造のためのビジネスモデル構築の仕上げとして，ビジネスモデルを経営戦略的な視点から再点検していく視点を学んでいきます。また，こうした視点がオペレーションにいかなる影響を与えるのかについても同時に学びます。

1 戦略とオペレーションの関係性

　前章までに，みなさんは企業が価値創造する必要性を学んできました。ただし，そのための手配の方法に絶対的な正解があるわけではありません。企業は，自身が顧客に提供しようとする価値を実現させるための戦略を立てる必要があります。そして，企業はその戦略に合わせて手配のあり方を変化させる必要もあるのです。

　たとえば，ベンチャー企業のように小回りが利き，常に戦略が流動的に変化

note ●
　1　岩尾（2024b）参照。

しているような企業においては，機械化した大規模な工場での生産は合理的ではないでしょう。なぜならば，こうした生産のやり方は多額の投資を必要とするため（投資の一塊性）[2]，多額な投資金額を回収するのに長期間戦略を据え置く必要性があるからです。

また，高級レストランにおいては，冷凍食品を積極的に採用はしないでしょう。高級レストランは，コースに含まれる料理をお酒などと合わせたり，旬の素材を活かしたりして，最高の味の料理を提供するためには標準化された冷凍食品では難しいといった理由があります。

一方で，大企業においては，工場に機械を大量に導入し，一貫した生産をおこないますし，ファミリーレストランチェーンにおいては，冷凍した食材なども積極的に活用します。それはファミリーレストランチェーンにおいては，栄養価が高くおいしいものを，なるべく安価で，どこの店舗でも同じ味で提供する必要があるためです。こうした目的においては，工場で標準化された冷凍食品を集中的に大量生産して各店舗に配るほうが，手段として適している場合があるからです。

このように，企業は自社が置かれている環境や戦略に合わせて自社の5Mの手配を検討する必要があるのです。まさにこれは，企業が価値創造の方向性に合わせて「何をどう手配して，何をどう手配しないか」という戦略を策定した具体例だといえるでしょう。

そこで，本章では，はじめに経営戦略論やマーケティングの考え方をもとに，顧客と競合について分析する方法を学習した後，5Mの手配との関わりについて，コンティンジェンシー理論の観点から学んでいきます。最後に，両者の関わりに関する課題について学習します。

経営戦略の概要

競争優位とは

経営戦略と「手配」の関係性について検討する前に，まず**経営戦略**の概要に

---

2 藤本（2001）参照。

ついて検討していきましょう。なお，この教科書の目的はオペレーション経営について学習することであり，この章における経営戦略に関する記述はあくまで概略に過ぎません。この章を学習して経営戦略について理解を深めたいという方は，本章で参照されている教科書を読んだりすることで，さらなる知識を得るとよいでしょう。

　経営戦略は読んで字のごとく，企業の長期的な方向性を定め，そのための方略を検討するものです。より具体的には「何をすべきか」「何をあえてしないか」を決めるものだといえます。[3] すなわち，企業の長期的な目的を実現するための筋道を考え，他社に対する競争優位を確立することが目標となります。

　ここでいう競争優位とは，他社よりも高いパフォーマンスを上げることができるような状態のことを指します。[4] 長期的な視点から整合的であると考えられる取り組みを構築していき，他社よりも優れたパフォーマンスを達成できるようにすることが経営戦略の目的です。このような視点がなければ，せっかく実現できた価値創造も，必要な利益を確保することができず，持続不可能になってしまいます。

内部要因と外部要因

　競争優位を達成するためには，企業の外の要因（外部要因）と企業のなかの要因（内部要因）という2つの視点から自社の戦略を考えることが一般的です。外部要因の分析において検討すべき要素としては，自社を取り巻く環境について政情や制度や環境問題など非常にマクロなものから，自社が競争している業界内における競争の状況まで幅広く検討します。[5] このような幅広い視点で捉えることで，自社が新たに対処すべき課題やニーズをつかみ，対応策を検討することが可能となります。

　競合を分析するための手法として（産業・業界）構造分析という考え方があります。これは産業全体の競合関係を把握するものです。産業内の競合企業，代替品，買い手，売り手，潜在的新規参入者という5つの視点から競合を把握します（図表3.1）。競合を正しく把握することで，他の企業と差別化して独自のサービスを提供したりすることが可能となります。

3　Porter（1996）参照。
4　網倉・新宅（2011）参照。
5　Grant（2013）参照。

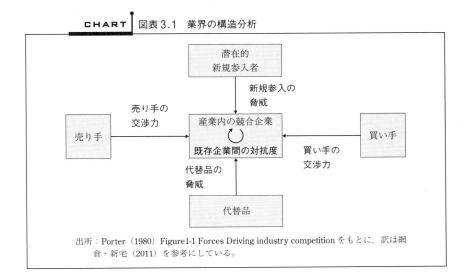

図表3.1 業界の構造分析

出所：Porter (1980) Figure1-1 Forces Driving industry competition をもとに，訳は網倉・新宅 (2011) を参考にしている。

　たとえば，自分がレストランを運営しているとしましょう。産業内の競合企業には，他のレストランが該当します。とくに自社のレストランの近隣に位置するレストランは競合企業として重要な存在でしょう。売り手はレストランにものを売ってくれる食料品メーカーや農家などが該当します。潜在的新規参入者は，その業界に入ってくるレストランを新たに始めようとする人になるでしょう。代替品は同じようなニーズを異なった方法で実現するような存在です。ご飯を食べるという意味では，コンビニエンスストアで買って食べることなども代替品となるでしょう。そして，買い手はその産業の製品・サービスを利用してくれる存在を指します。レストラン産業でいえば一般消費者となるでしょう。

　この5つの存在が，自社の産業，ひいては自社の収益性に影響を与えてきます。近くにレストランが多く存在すれば，値引き競争なども過熱しやすくなります。一方で，あえて近隣に競合が多く存在するところに打って出るという考え方もあります。スイーツの激戦区であれば，スイーツ好きが集まりやすくなるため，そこに出店することで注目を集めるという手法もあります。

　売り手が・買い手が少数で購入額が大きければ，それらの存在の影響力も大きくなります。また，いくら現在魅力的な立地であったとしても，その後レストランが大量に建設されれば，競争の激化につながります。コンビニエンスストアなどの代替品も同様です。このような多様な視点から競合を見出すことが，

競争を進めていくのには有用となります。

　内部要因の分析において検討すべき要素としては，この教科書における 5M（man, machine, material, method, money）などの「自社の資源や能力」が該当します[6]。たとえば，優秀な人材を採用できていれば（man），それだけでよい製品・サービスが提供できたり開発できたりするでしょう。また，高度な技術（method）があれば，美しいデザインや高い機能性を持った製品を開発できるでしょう。

　これらの資源や能力がその企業にとって，本当に有用かどうかについては，その企業にしか存在しないものか（稀少か），他社がそのようなものを獲得することが難しいか（模倣困難か），といった観点を考慮します。もし優秀な人材が自社に在籍していたとしても，他社に同等の人材がいたとすれば，それは，強みとはなりえません。また，高度な技術があったとしても，人材の引き抜きなどによって簡単に他社が同等のサービスを実現できるとすれば，すぐに自社の強みが失われてしまいます。

　なお，この内部要因・外部要因を考えるためのフレームワークとして著名なのが SWOT 分析と呼ばれる考え方です。これは自社の内部要因と外部要因各々に対して，ポジティブな影響を自社に与えるのか，それともネガティブな影響を自社に与えるのかで整理していくフレームワークです（図表 3.2）。この SWOT 分析の名称は強み（strength）と弱み（weakness），機会（opportunity）と脅威（threat）の頭文字から取られています[7]。

　そして，この SWOT 分析で導出された内部要因と外部要因を TOWS マトリクスによって組み合わせることで，企業は自らの戦略を検討していくことになります（図表 3.3）。たとえば，SWOT 分析の結果として，新鮮な魚の調達能力という強みと健康ブームという機会を得られたとすれば，生魚を活かしたメニューを中心にしたヘルシーなレストランを展開していくという戦略が得られるでしょう。

6　Barney（2002）参照。
7　沼上（2009）参照。

44 ● CHAPTER 3 経営戦略とオペレーション経営

CHART 図表3.2 SWOT分析

	外　部	内　部
機会と強み	機　会	強　み
脅威と弱み	脅　威	弱　み

出所：沼上（2009）29頁，図2-4。

CHART 図表3.3 TOWSマトリクス

	内部強み（S）	内部弱み（W）
外部機会 （O）	SO：双方とも最大化する戦略	WO：弱みは最小化しつつ機会は最大化する戦略
外部脅威 （T）	ST：強みは最大化しつつ脅威は最小化する戦略	WT：双方とも最小化する戦略

出所：Weihrich（1982）p. 60, Figure2 Process of corporate strategy and the TOWS analysis を修正・簡素化し，本文記述を参考に一部追加して作成。

③　経営戦略と5Mの手配

経営戦略の階層性

　ここまで経営戦略の概要について記載してきました。この節からは，より具体的に手配との関連について学習していきたいと思います。企業の戦略は企業の構造に合わせて，全社戦略，事業戦略，機能戦略と分けることができます。[8]

　全社戦略においては，主に経営陣（取締役など）が企業全体の資源配分やそもそもどのような事業を実施するのかというテーマを検討します。たとえば，自分でお店を始めるとなった場合，ラーメン屋をやるのか，カフェをやるのか，スイーツ店をやるのか，ということを考える必要があります。ラーメン屋とカフェを両方始めるという場合，どちらにどれだけお金や人員を配置するのか，といったことを検討する必要があります。

　事業戦略においては，各事業レベルでいかに自社事業が他社の類似事業と競

8　網倉・新宅（2011）参照。

争し，競争優位を獲得すればよいのかという点に焦点が当てられます。たとえば，スイーツ店を始めることにした場合，他のスイーツ店とどのようにして競争していくのかを考える必要があります。大人向けに，高品質の小豆や抹茶，フルーツを使ったパンケーキ店を始める，といったように，他のスイーツ店，他のパンケーキ店とどのように違いを見出していくのかを検討する必要があります。

　そして，**機能戦略**においては，各機能（開発機能，製造機能など）における戦略（どのような技術開発を進めていくのかなど）を考えます。この教科書で学習している「何をいかに手配して，何をあえて手配しないか」という戦略的思考は，この機能戦略に主に該当するといえるでしょう。たとえば，大人向けのパンケーキ店を実現・維持していくために，どのようなメニューを開発していくか，どのように製造して，どのように宣伝していくのか，といったことを検討する必要があります。

┃ コストリーダーシップ戦略と差別化戦略

　ここで，事業戦略についてより詳細に紹介していきます。先ほども紹介したように，事業戦略においては，いかに自社事業が他社の類似事業と競争し，競争優位を獲得すればよいのかという点に焦点が当てられます。競争優位を獲得するために，企業が取るべき戦略は，大きくは差別化戦略およびコストリーダーシップ戦略という2つに分けることができます（**図表3.4**）。

　まず，**コストリーダーシップ戦略**は，コスト面で有利な立場に立つことで，競争優位を獲得することを目的とする戦略です。コスト面で他社より有利に立つことで競合企業と同じ価格で製品・サービスを提供したとしても，高い利益を上げることができます。また，他社よりも低い価格で製品・サービスを提供し，自社のシェアを高めることも可能となります。このように競争相手よりも低いコストでものを提供できるということはそれだけでも競争を有利に進めることにつながります。

　伝統的に「低コストを実現するための代表的な方法」とされてきたのが大量生産です（ただしこの教科書の第4章以降で見ていくように，これには異論もあります）。大量に製品を製造することによって，規模の経済性や経験曲線効果（経験効果）を働かせることができるとされてきたためです。

　生産の経験を積んでいくことで，作業のミスが減ったり，同じ作業を早くこ

46 ● CHAPTER **3** 経営戦略とオペレーション経営

CHART 図表 3.4　3 つの戦略

戦略の有利性

		顧客から特異性が 認められる	低コスト地位
戦略ターゲット	業界全体	差別化	コストのリーダシップ
	特定 セグメント だけ	集　中	

出所：Porter（1980）邦訳版 6 頁　図表 2-1。

なすことができるようになります。経験を積み，作業が効率化されれば，結果としてコストが下がっていくことも期待できます（経験曲線効果，**図表 3.5**）。

　当初は高価なものでも，経験を積んでいくなかでコスト低下が期待できるため，生産量を他社よりも早く増やすために，あえて当初は赤字覚悟の価格で製品を提供するという浸透価格戦略という考え方も存在します。プレイステーションのような家庭用ゲーム機器は，ハード（本体）の普及がその後のソフトの売上に強く影響するため，あえてハードは赤字覚悟で製品提供している事例もしばしば見られます。[9]

　コストリーダーシップ戦略は，顧客にとって機能や品質面での差があまりないような商材（コモディティ化した商材）においてとくに有効な戦略です。たとえば，ティッシュやトイレットペーパーなどの日用品は，「絶対にこのメーカーのティッシュがよい」という顧客もなかには存在しますが，「安ければ何でもよい」と考える顧客が多いため，低コストにより低価格を実現できれば有利に競争を進めやすくなります。[10]

　一方で，**差別化戦略**では，顧客に機能やデザインが優れている，特別なサービスがあるなど，他社と異なった独自の製品やサービスを感じてもらうことが目的となります（**図表 3.6**）。たとえば，ファッション業界におけるハイブラン

9　和田（2007）参照。
10　網倉・新宅（2011）参照。

3　経営戦略と 5M の手配　● 47

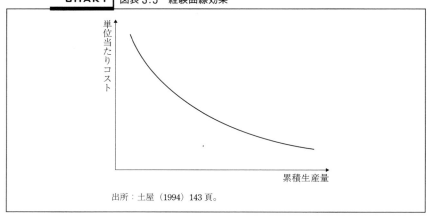

図表 3.5　経験曲線効果

出所：土屋（1994）143 頁。

ド製品などが該当するでしょう。差別化された商品の場合，顧客は商品に違いを見出しているので，競合他社よりも高い価格であっても売上を伸ばせる可能性があります。顧客に価値を感じてもらえる差別化を実現できれば，客単価の向上やリピート購買も見込みやすくなり，有利に競争を進めることができます。

　差別化の実行のためには，顧客の視点が何より重要となります。そのため，マーケティング戦略を活用することが有用です。**マーケティング戦略**は，市場にどのような顧客層が存在するか検討するセグメンテーション，どの顧客層を狙いとするか決定するターゲティング，他社製品との位置付けを把握するポジショニング，実際の戦術を検討するマーケティング・ミックスを通じて実行されます[12]。

　マーケティング・ミックスは 4P と呼ばれることがあります。これは，product，price，place，promotion の頭文字を取ったものです[13]。product では，製品やサービスをどのようなものにするのかを検討します。この際重要なのは，自社の製品やサービスの本質的な価値を見極めることです。一般的な飲食店において求められるのは「おいしさ」ですが，マクドナルドがおいしさを追求した結果，価格が高くなったり，待ち時間が長くなったりした場合，むしろ客足は遠のくことが予想されます。マクドナルドの本質的な価値は，「それなりにおいしいハンバーガーを，すぐに，安価に提供できること」であって，顧客は

---

[11] 池尾ほか（2010）参照。
[12] 網倉・新宅（2011）参照。
[13] 網倉・新宅（2011）参照。

図表3.6 消費者から見たコストリーダーシップ戦略と差別化戦略

出所：網倉・新宅（2011）の考え方をもとに筆者ら作成。

マクドナルドに対して「世界一おいしいハンバーガー」を求めてはいないからです。

price では，製品・サービスの価格を決定します（価格の決定については，第4章で後述しています）。place においては，その製品・サービスを販売（提供）するための流通経路・販売（提供）場所などを考慮します。たとえば化粧品を販売するとなった場合，デパートで売るのか，ドラッグストアで売るのか，コンビニで売るのか，通信販売で売るのか，自社ECサイトで売るのか，それぞれにメリットとデメリットがあり，自社の目的に合わせた流通経路を選定する必要があります。

そして，promotion においては，これらの製品・サービスの広報・広告活動を考えます。2021年にはインターネット広告費がマスコミ4媒体（テレビ・新聞・ラジオ・雑誌）広告費の合計を上回り[14]，インターネット広告が注目を浴びています。テレビCMと比較して，インターネット広告には，①少額の費用から始められること，②細かいターゲティングが可能なこと（ユーザーの属性や行動履歴などを利用し，特定の相手に特定の広告を表示することが可能），③効果測定がしやすいこと（広告の閲覧数やクリック数，広告を経由して商品が購入された回数などをデータで取得できる），④出稿期間中にクリエイティブ・ターゲティングの変更が可能なこと，などのメリットがあります。また，テレビCMやイン[15]

14　電通（2022）ウェブサイト参照。
15　Bala & Verma（2018）など参照。

3　経営戦略と5Mの手配　● 49

ターネット広告などの広告の他にも宣伝の方法は多種多様です。近年ではSNSの影響力が強くなったことにより，自社でSNSのアカウントを運用し，直接顧客とコミュニケーションを取る企業も増えています。企業としては，このような観点が整合的につながるように組み合わせて，差別化戦略を実施していきます。

4. 経営戦略の実行と手配

戦略の実行と収益配分

　ここまでコストリーダーシップ戦略や差別化戦略について紹介してきましたが，次に，5Mの手配との関連に注目していきましょう。企業の経営戦略は計画の立案だけでなく，実行まで考慮する必要があります。その戦略を実行するために生じる障害を手配によって取り除いていくのがオペレーション経営の役割です。

　そのような戦略と実行の組み合わせを検討する方法として，ここではバランスト・スコアカード（balanced scorecard）というフレームワークに基づいた取り組みを紹介します。バランスト・スコアカードは，ビジョンと戦略に対して，財務的な視点のみならず，顧客の視点や，社内の事業プロセス，学習と成長という4つから検討しようというものです（図表3.7）。単に売上など財務的な結果が出ればよいと考えて戦略を実行しても，短期的には上手くいくかもしれません。しかしながら，その基盤となる顧客の評価，そして，それを生み出すシステムを整備しなければ，長期的な成長を望むことは難しいでしょう。

　売上を高めるために利益度外視で値下げをしても，次の設備投資ができず成長が望めないでしょうし，利益を重視しすぎて研究開発投資をおこなわなければ，いずれ競合の新製品・新サービスに対して遅れを取ってしまうでしょう。

　このように，バランスト・スコアカードは，5Mのよい手配によって，優れた財務的結果の前提となる基盤として戦略を再整理するものです。そのうえで，バランスト・スコアカードは，上記4つの各視点に対して目標と業績評価指標を設定し，管理をしていきます。このシステムは，単に過去の実績を評価するのではなく，戦略を方向付けるために利用されます。評価指標については，自

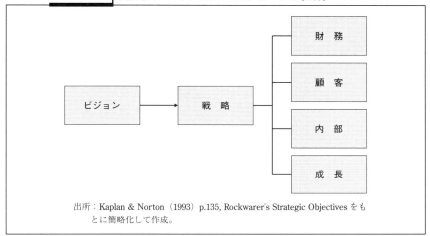

図表3.7 バランスト・スコアカードの考え方

出所：Kaplan & Norton（1993）p.135, Rockwarer's Strategic Objectives をもとに簡略化して作成。

社の戦略に合わせて各社独自に設定し，測定していきます[17]。

近年ではKPI（key performance indicators，重要業績評価指標）という言葉も注目されています[18]。KPIの考え方では，バランスト・スコアカードの有する，視点間のバランスや目標共有によって社内の行動基準になるという特徴は失われてしまっていますが，単に売上を見るのではなく，評価基準を定めておこうという点は共通しています。

インターネット広告を運用する際には，さまざまなKPIの指標を活用して，意思決定をおこなうことができます。たとえば，自社の冷凍ハンバーグをインターネット広告で宣伝する場合に，A，B，Cの3パターンの広告を用意して試し，それぞれ2万円ずつ，合計6万円の広告費用で広告を配信してみます。その後，一定の期間試したうえで「よかった」広告に，追加で4万円の広告費用を投下する場合を考えてみましょう。何を「よい」広告として評価するのかには，さまざまな考え方があります。

「まずは自社のことを知ってもらう，うちのハンバーグのことを知ってもらうためには，広告を見て認知してもらうことが重要だ」と考えるかもしれませ

---

16 「バランス」と名付けられている理由には，この4つのプロセスのバランスを管理することや，業績評価基準とのバランスを取ることなど，さまざまな意味があるようです。
17 Kaplan & Norton（1996）参照。
18 『コトバンク』ウェブサイト参照。

ん。この場合，KPI としては，インプレッション＝表示された回数が多い広告が，「よい」広告と判断することができます。

　一方で，「1 枚の広告を見ただけでは，うちのハンバーグのよさは伝わらないから，広告を見ただけではなく，広告をクリックして自社のウェブサイトを見てもらうことが重要だ」と考えるかもしれません。この場合，表示回数が多くても，クリックされていない広告は「よい」広告とはいえません。顧客に「このハンバーグについて詳しく知りたい」と思ってもらえる広告が「よい」広告といえるわけです。この場合，KPI として重要になるのはクリック率（クリック数÷表示回数）となります。

　今度は，「実際に広告を見て自社のウェブサイトを見てもらっても，買ってもらえなければ意味がない」と考えるようになるかもしれません。この場合，KPI として重要になるのは CPA（cost per action，顧客獲得単価〔コスト÷コンバージョン数〕）や，ROAS（return on advertising spend，広告費用対効果〔広告経由の売上額÷広告費×100〕）となるかもしれません。[19] 以上のように，広告による自社の宣伝という 1 つの企業行動であっても，さまざまな KPI が存在します。自社の現在の課題や目的に合わせた KPI を設定したうえで，意思決定をおこなっていく必要があるでしょう。

　ただし，KPI は相当に練られたものでない限り，無意味どころか問題を生じかねません。[20] 教師を「生徒の○○大学合格率」で測ると，高評価を得るために「もとから優秀な生徒以外は相手にしない教師」が出てくるかもしれません。医師を「患者の治癒率」で測ると，「難病患者を門前払いする医師」が高評価される可能性があります。営業パーソンを「売上金額」で測ると，「違法行為に手を染めて巨額売上を達成する営業パーソン」が暗躍することも考えられます。このように，KPI はともすれば悪影響を及ぼすと肝に命じておく必要があります。

▌環境・戦略に応じた手配▐

　ここまでで，戦略における実行において手配の概念が適用可能であることを学びました。それでは，戦略を実行するうえで，実際の手配のやり方はどのよ

19　Rautela（2018）参照。
20　Deming（1986）参照。

うに影響を受けるでしょうか。

　たとえば，コストリーダーシップ戦略と差別化戦略という 2 つの競争戦略を実行するうえで，手配の方法は同じでよいのでしょうか。このような問題に対して，私たちはすべてを解決してくれる明解な答えを求めがちです。しかし，そのような方程式は残念ながら存在しません。自社が置かれている環境や，その環境に基づいて策定される戦略に合わせて取るべき手配の方法は変更されます。

　環境に合わせて，組織の対応を変化させることでパフォーマンスを発揮できるという考え方は，**コンティンジェンシー理論**と呼ばれます。この理論は，企業・組織の対応が，ニーズや技術の不確実性の高い環境とそうでないときで変わることを指摘しています[21]。

　加えて，戦略によって組織のあり方が規定され[22]，その実行のための組織体制を整えることがカギとなります[23]。予算策定やインセンティブ・システム，組織構造の分権化の程度，マネージャーの特性などを検討する必要性が指摘されています。たとえば，コストリーダーシップ戦略においては，リーダーによる集権型の組織が効果的とされます（機械型組織と呼ばれることもあります）。一方で，差別化戦略においては，分権化されて柔軟な組織が効果的であるといわれています（有機型組織と呼ばれることもあります）[24]。

　そして，環境，戦略，組織の要素がオペレーションに関連してきます。たとえば，柔軟性の高い自働化の導入の程度は，企業の戦略や組織体制，そもそもの社会経済環境によって影響を受けています[25]。ある研究では，オペレーションに影響を与える要因として，国の状況や文化の要因，企業の規模，戦略の要因，その他の組織的要因という 4 つがあげられています[26]。

　複数の研究によって，企業のオペレーション経営に影響を与える要因としては，大きく，国の状況や文化の要因，企業の規模，戦略の要因，その他の組織的要因という 4 つがあげられることも指摘されています。

　1 つ目について，雇用の流動性が高い国においては，日本の製造大企業がこ

21　野中（2014）および Woodward（1965）参照。
22　Chandler（1990）参照。
23　Govindarajan（1988）参照。
24　Burns & Stalker（1961）および Hitt et al.（2014）参照。
25　Parthasarthy & Sethi（1992）参照。
26　Sousa & Voss（2008）参照。

れまで培ってきたような,「長期に勤務してもらって,育てていく」という方法が通用しない可能性があります。2つ目の企業の規模について,小規模な工場であれば,そもそもの生産量が少ないため,同じものを大量に生産するための生産機械は必要ではないでしょう。3つ目の戦略要因については本章第3節に記載の通りです。差別化戦略で高級感を生むためには,製造方法にも一部手作業を盛り込むなど工夫する必要性があります。4つ目についてですが,組織内で自由に仕事を変更することが認められていなかったりすると,柔軟な対応ができず,多能工化などの施策が難しくなります。手配は,その企業が置かれている環境やそれをもとに立案・構築された戦略や組織によって,影響を受けるのです。

　より具体的な例として腕時計の事例で考えてみましょう。現在,腕時計業界は二極化しています。セイコー社の製品でも,クオーツ式時計であれば,安価なものがある一方で,機械式腕時計「グランドセイコー」では,何十万円もするものが存在します。前者の低価格なクオーツ式腕時計を重視するのであれば,コストリーダーシップ戦略がカギとなりますが,後者の高級な機械式時計を重視するのであれば,差別化戦略を採用する必要があるでしょう。現在,「グランドセイコー」については,製造は職人の手作業によってなされています[27]。そのためには,製造機械ではなく,熟練職人の手配が重要となります。

手配と戦略の関係性の留意点：手配が戦略を制約する

　ここまで自社の経営戦略に合わせて,手配の方法を決める必要があることを学習し,いくつかのフレームワークも紹介しました。自社の置かれている環境,戦略に合わせて,5つのMの手配をする必要性も学びました。この章の最後に,手配をする際の注意点を述べていきます。それは,取り組んだ手配自体が戦略変化に悪影響を及ぼす可能性です。

　自社の取るべき戦略は企業を取り巻く環境に伴い,変化することがあります[28]。そして,取るべき戦略が変化すれば,ここまで学習したように手配も変更する必要があります。ただし,これは口でいうことはたやすいですが,実際には困難なことが多いです。

27　Grand Seiko ウェブサイト参照。
28　Teece et al. (1997) 参照。

54 ● CHAPTER 3　経営戦略とオペレーション経営

企業はこれまで自分たちが採用した手配自体に戦略がとらわれてしまう恐れがあることを常に認識しなければなりません。たとえば，一度，コストリーダーシップ戦略を採用し，低コスト化に舵を切った後に，差別化戦略に切り替えることは難しいでしょう。このような現象を生産性のジレンマと呼びます。

　かつて，自動車産業における世界初の大量生産車であるＴ型フォードは，その圧倒的な生産台数で，非常に低コストでの生産が可能になりました。しかしながら，これにより密閉型ボディへの対応の遅れを招いてしまったのです。[29] これは生産性のジレンマにはまり込んでしまった例だといえるでしょう。

　この現象が生じる背景には経験効果があります。経験効果を働かせるために，企業はその製品の生産方法を洗練させ，無駄がないものにしていきます。たとえば，人による生産から専門の生産機械への導入に変えたりすることがあげられます。ただし，そのような生産方法はその製品に特化したものであり，もし作るもの自体が変化すると，転用できず無駄になってしまう恐れがあります。

　このような問題は，１回限りのプロジェクトにおいても生じる恐れがあります。ドラマや映画，ゲームなどで一度成功した作品をもとにしたシリーズものが投入されることがその代表としてあげられます。失敗を恐れるあまりこれまでと変わりばえのないプロジェクトが立ち上げられていくようになってしまうのです。[30]

　戦略が組織を規定すると同時に，組織が戦略を規定することも指摘されています。[31] 企業の強みは組織内のオペレーションにおいて形成されます。戦略を構築する際には，その強みをもとにリーダーは戦略を立てるわけですが，そうすると，戦略を変化させることがどんどん難しくなっていきます。先の生産性のジレンマがそれにあたります。もしある製品を他の企業より低コストで品質よく作れるのであれば，その製品を重視するということは当然のこととして受け止められます。

　このように強みを活かそうとすればするほど，変化が難しくなってしまうような状態は，「戦略硬直化のスパイラル」と呼ばれることもあります。[32] シャープは液晶の強みを活かそうとしていくなかで，液晶以外の選択肢がなくなって

29　Abernathy（1978）参照。
30　生稲（2012）参照。
31　延岡（2006）など参照。
32　中川（2019）参照。

いってしまったのです。一度このスパイラルにはまってしまうと，脱却は困難です。そのため，5Mの手配を考えるうえでは，戦略とのフィットを考えると同時に，それがもたらす硬直性も認識する必要があるのです。

　もちろん，手配をすべて変えていかねばならないというわけではありません。実際，本来残すべき事業を早期にあきらめ，新事業に移行して上手くいかなかったという「早すぎる移行」問題も指摘されています[33]。ただし，変化が本当に望まれているタイミングで変化できないということは，望ましい状況ではありません。そのため，企業としては常に，変化ができるように備えておくということが重要となります。

⑤　戦略と手配の関係を振り返る

　本章では，経営戦略と手配の関係性に着目しました。経営戦略は実行されなければ意味がありません。その意味で，オペレーション経営は戦略の根幹となります。また，オペレーション経営においても「何をどう手配して，あえて何を手配しないのか」という意思決定が重要となります。その意味で，経営戦略に適合するようなオペレーションの実行が競争優位実現のカギとなります。また，オペレーションは，状況の変化に合わせて変化させることが重要ですが，オペレーション自体が戦略の変化を阻害するという罠も存在します。

　持続的な価値創造のためには，防御術として，経営戦略的思考が必要となります。また，企業は価値創造に向けた戦略を実現するために，最善の手配の組み合わせを模索していかなければいけません。このように，戦略と手配とは切っても切れない関係にあるのです。

　ただし，よりよい手配をおこなっていくためには，具体的な手配の手法を学んでおく必要があります。そこで次章からは，具体的な手配のあり方について学んでいきます。

---

33 Ogami（2015）参照。

KEYWORD

経営戦略　SWOT分析　外部要因　内部要因　全社戦略　事業
戦略　機能戦略　コストリーダーシップ戦略　差別化戦略　マーケ
ティング戦略　コンティンジェンシー理論　生産性のジレンマ

EXERCISE

① 業界（産業）構造分析の考え方を用いて，吉野家にとっての競合を整理してみ
ましょう。

② 個人経営のレストランと全国的にチェーン展開しているファミリーレストラン
の，戦略とオペレーションの違いを列挙してみましょう。

CHAPTER

第 **4** 章

アイデアの小規模な実現とオペレーション経営

SHORT STORY あなたの得意料理を1つ思い浮かべてみよう。今日これからその料理を作るとしたら、まずは何をするだろうか。必要な材料を列挙して、冷蔵庫の中身を確認して、足りない食材を仕入れるために買い物に出かける必要があるかもしれない。買い物に出かける前に、財布の中身も確認しておく必要がある。まさに、材料と資金の手配をしているわけだ。それでは、その料理を友人に振る舞う場合はどうだろう。考えるべきことは増えるだろうか……。

この教科書は「経営の究極の目標は価値創造にある」ことを出発点に，価値創造にあたって，さまざまな障害を乗り越えるための方策を学びます。第**2**章では，そもそもの価値創造のアイデアを思い付けないという障害，第**3**章では，思い付いた価値創造のアイデアが顧客にとって価値がなかったり，競合他社との競争に負けてしまって価値創造を継続できないという障害を扱いました。

　本章からは，顧客から見ても競合他社との比較においても魅力ある価値創造を実際におこなう際に生じる，「5Mの手配に関する障害」を乗り越える方法を学んでいきましょう。まずは，身近にある価値創造活動について，この教科書においてたびたび登場している料理の例から考えてみましょう。

　たとえば，いまこの教科書を読んでいるみなさんは，牛丼を作ることができるでしょうか。料理が苦手な人であっても，レシピを参考にしながらであれば，それなりにおいしい牛丼を調理できるはずです。しかしながら，これで価値創造のためのすべての障害が取り除かれたといえるでしょうか。そんなことはありません。レシピはまさに「絵に描いた餅」でしかなく，実際に牛丼を作るにあたっては，牛肉，タマネギ，お米，調味料などが必要になります。どんなに素晴らしいレシピがあっても材料なしには料理はできないように，価値創造の実現のためには，「適切な材料を集める」という次なる障害があるのです。

　また，材料が揃っても，自分1人で調理する場合を含め，実際に料理を作る人がいなければ料理は完成しません。そのため，材料だけではなく，人の手配をおこなう必要もあるでしょう。これらについて，この章では学んでいきましょう。

1　材料・部品（material）を揃える手配

目的・手段連鎖と部品表

　材料・部品の手配について料理を作る状況をもとに考えてみましょう。たとえば，自宅でのパーティーや学園祭などで，「おいしい焼きそばを作る」という価値創造の目的を定めたとします。「おいしい焼きそばを作る」という目的にはすでに一定の需要があることは明らかだとしましょう。その場合は，第**2**章のビジネスモデル囲碁や第**3**章の競争戦略などの分析はあまり必要ないで

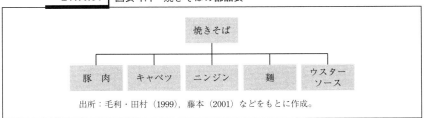

CHART 図表4.1 焼きそばの部品表

出所:毛利・田村(1999),藤本(2001)などをもとに作成。

しょう。

そこで,次に問題となるのは「実際においしい焼きそばを作れるか」ということです。ここまでの章で見てきたように,実際においしい焼きそばを作るためには,目的・手段分析をおこなって価値創造に必要な要素を分解するわけです。その結果として,必要な材料(material)の一覧ができることになります。

こうして,価値創造にとっての次なる障害は,「実際に必要な部品・材料を揃えられるか」という点に移ります。料理の例でいえば,まずは買い物リストを作ることになります。焼きそばを作るならば,必要な材料として豚肉,キャベツ,ニンジン,中華麺が記載されます。もちろん,この程度であれば,買い物リストを作らなくても,スーパーで思い出しながら買い物ができるかもしれません。

こうした買い物リストのことを,**部品表**または**部品展開表**(BOM:bill of materials)といいます[1](図表4.1)。部品表は,第**2**章で扱った目的・手段分析を,材料についてのみおこなったものだと思えばいいでしょう。なお,部品表を考えるにあたっては,実際には,部品はいくらでも分解することができます。たとえばウスターソースであれば,野菜エキス,塩,砂糖,酢,スパイスなどに分解でき,野菜エキスとスパイスは個別の野菜やスパイスなどさらに小さな部分に分解できます。

ここで重要なのは,部品表はあくまでも価値創造の実現のための手段であり,自分たちが購買する単位まで分解すれば十分だということです。つまり,焼きそばを作るという目的に対しては,実際に購買する単位であるウスターソースまでしか分解する必要はないということです。もちろん,ウスターソースを自作するつもりならば,ウスターソースをさらに分解する必要があります。また,

---
• **note**

1 毛利・田村(1999),藤本(2001)など参照。

カレーを作る場合を想像してみれば，市販のカレールウを利用する場合とスパイスからカレーを作る場合とで，必要な部品表の複雑さは異なることがわかるでしょう。

このように部品表の複雑さは「どこまで内製し，どこからは外製する（外注品に頼る）か」（make or buy の意思決定）に影響されることになります[2]。ここまで読んで，第3章の内容を思い出した方も多いでしょう。そう，まさに「何を（どう）手配して，あえて何を手配しないのか」という意思決定と同じです。

ストラクチャ型とサマリー型の部品表

このように，必要となる部品・材料の構成が一目でわかるようにしたものを部品表（BOM）と呼びましたが，この部品表にはストラクチャ型とサマリー型という2つのタイプがあることも覚えておきましょう[3]。

このうちストラクチャ型は，部品の親子関係を表したもので，目的・手段分析をそのまま適用したものです。一方のサマリー型は，最終製品を1つ作るのに必要な部品を1つの階層にまとめたものです。最終製品の階層が単純な場合には，サマリー型を用いたほうが調達対象の品物の種類と数がわかりやすいですが，複雑な製品であれば，まずはストラクチャ型の部品表を作ったほうがわかりやすいこともあります。

では，生姜焼き，きんぴらごぼう，豚汁から構成される生姜焼き定食を作る場合について考えてみましょう。生姜焼き，きんぴらごぼう，豚汁の3つの料理それぞれについて必要な材料を示すと図表4.2のようになります。

この部品表には「ごぼうやニンジンが2カ所に書き込まれている」ことに気が付くでしょうか。こうすることで5Mの手配における抜け漏れは少なくなるでしょう。このように，目的・手段分析に近い形で作る部品表のことを「ストラクチャ型」といいます。ただし，ストラクチャ型の部品表には重複ができることから，間違って材料を余分に手配してしまう可能性があります。

そこで，実際に調達すべき部品・材料について「何がいくつ必要なのか」をよりわかりやすくするためには，図表4.3のように示したほうがよいかもしれません。これを「サマリー型」の部品表と呼びます。

2　Walker & Weber（1987）参照。
3　毛利・田村（1999），田島（2017）など参照。

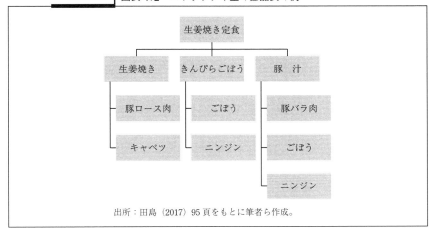
図表 4.2　ストラクチャ型の部品表の例
出所：田島（2017）95 頁をもとに筆者ら作成。

図表 4.3　サマリー型の部品表の例
出所：田島（2017）95 頁をもとに筆者ら作成。

　ストラクチャ型とサマリー型のいずれを用いるべきなのかについては，ケースバイケースです。両者の差異に限らず，オペレーション経営において利用できる手法の数々にはメリット／デメリットが必ず存在します。そのため，こうした手法はあくまでも価値創造という目的を達成するための「手段に過ぎない」と考えて取捨選択をおこないましょう。必要な材料を満遍なく把握したいという目的であれば，ストラクチャ型を用いることが有効でしょうし，過不足なく材料を調達したいということであれば，サマリー型が有効でしょう。場合によっては，オペレーション経営のための手法を自作する必要がある場面もありうるでしょう。

make or buy の意思決定

　ここまで見てきた部品表の複雑さは，make or buy の意思決定によって影響を受けると述べました。この点について少しだけ補足しておきます。

少ない種類の材料を少量ずつ手配するだけで済む，焼きそばのような料理1つをとっても，（ウスターソースを自作する例のように）部品表はいくらでも分解して内製することができます。カレーを作る場合でも，ルウの内製にこだわればこだわるほど，必要なスパイスの種類は増えていき，部品表は複雑になっていきます。

ましてや，多種類の材料が大量に必要な製品の場合は，make or buy の意思決定は経営上大きな影響を持ちます。たとえば，自動車の部品は約3万点以上に及ぶといわれています。シート，タイヤ，ハンドル，窓ガラス，ヘッドランプ，メーターなど，3万点の部品が1つでも欠けると，自動車は完成しないのです。このとき，3万個の部品のすべてを自社で内製すると，企業の規模はあまりにも巨大になってしまいます。もちろん，それでも，すべてを自社で内製するという選択肢もあり，実際に，初期のフォード社（アメリカの自動車メーカー）はそれに近いことをおこなっていたともいわれています。[4]

しかし，企業の規模があまりにも巨大になると，経営の効率は落ちていきます。これを規模の不経済（↔規模の経済）といいます。第**3**章にも登場する「投資の一塊性」（増産のための投資はまとまった単位でしかおこなえないこと）が存在することで，部品単位で見た場合の規模の経済が得られないことや，増えすぎた人員を上手くまとめるまでに時間と費用を要するといった事情によって，規模の不経済が生じます。

その場合には，タイヤはタイヤを作るのが得意な会社（タイヤメーカー等の部品専業メーカー），窓ガラスはガラスを作るのが得意な会社に任せたほうが，品質（付加価値÷コストの値が大きい）のよい製品・サービスができ上がるかもしれません。

このように，品質という観点から，自社で製作するのか（make＝内製）／部品メーカー（サプライヤー）から購入するのか（buy＝外製）という make or buy の意思決定は，企業の最適規模にも影響を与えることになります。

受入検査の実施

必要な材料がわかったからといってすぐに料理が始められるわけではなく，次に材料を実際に手配する必要があります。そして，材料を手配する際には，

---

4 和田（2009）参照。

材料の検査が必要になります。たとえば，自宅の冷蔵庫にあった余りものの野菜を使って料理する場合，多くの人は実際に料理する前に，野菜が変色していたり変なにおいがしていないかなどを確認するでしょう。こうした日常の何気ない行動もまた，材料の検査・点検作業の一種だといえます。

スーパーで材料を買い揃える場合にも，事前に野菜に傷みがないかなどを確認しながら買い物をする人が多いのではないでしょうか。また，仮にスーパーで不良品を購入してしまった場合でも，料理の直前に再度材料を確認し，問題のある部分を取り除いたり，傷み具合がひどい場合は材料そのものを変更したりするでしょう。材料が腐っていたら，どんなにレシピと事前の計画が素晴らしくても，おいしい料理はできないからです。

このように，外部（ここではスーパー）から調達した材料の品質を使用する前に確認することを，製造業の現場では「受入検査」と呼びます。受入検査には，外観検査（見た目に目立った問題がないか）や寸法検査（サイズは適正か）などの種類があります[5]。このようにして部品や材料といったmaterialを手配していくことで，価値創造という究極の目的に対する障害がまた1つ取り除かれるわけです。

人（man）の手を借りる手配

価値創造の仲間作り

個人が素晴らしい価値創造のアイデアを思い付いたとしても，そのアイデアを最後までたった1人で実現に導くことは至難の業でしょう。どんなに優秀な人間も，すべての知識に通じた万能の神のような存在にはなれません。

そのため，価値創造を実現するには，個人が思い付いたアイデアに共感してくれて，個人にはない技能を提供してくれる仲間が必要になります。そもそも，第2章・第3章で学んだように，価値創造においては，顧客さえも，自分や自社の製品・サービスを認めてくれた仲間です。そして，顧客に認められない製品・サービスは価値創造とはいえませんでした。そうした意味でも，価値創造

5　永田・川瀬（1972）参照。

においては仲間作りが必須になります。

たとえば，ファストファッション・ブランド「ユニクロ」を展開するファーストリテイリング社は，「服を変え，常識を変え，世界を変えていく」というビジョンを掲げています。[6] このとき，仮にユニクロ創業者の柳井正氏がこうした素晴らしいアイデアを思い付いたとしても，1人で服のデザインを考え，1人で服を縫って，1人で手売りしていたら，このように大きな目標を叶えるのは不可能でしょう。ビジネスをおこなうにあたっては，そのアイデアを実現するために協力してくれる人の助けが必要になるのです。こうした点について，次に確認していきましょう。

インセンティブとモチベーション

非常に単純なオペレーションの場合，材料の手配ができれば，1人でも実行することができるようになります。料理の例で示したように，料理するための鍋・フライパンや道具を揃えて，材料を切らさないようにすれば，料理を完成させるというオペレーションをいつでも完遂できるはずです。

では5Mのうち材料（material）以外のMはどのような場合に必要になるのでしょうか。たとえば，Aさんのレストランが評判になり，お店が繁盛してお客さんがたくさん来るようになったときのことを考えてみましょう。Aさんが1人で作れる料理の数には限界があるので，お客さんが増えすぎてしまうと，せっかくの料理を全員に提供できなくなってしまい，料理を楽しみにしていたお客さんをがっかりさせてしまいます。

すると，Aさん以外の「人」（man）が必要になるでしょう。Aさん以外の人が仲間として価値創造を手伝うことで，より大きな価値を提供できるようになるのです。ホールのアルバイトを雇って，お客さんの注文を聞いたり，料理を運んだり，使ったお皿を下げたり，お会計をしたりといった仕事をAさんの代わりにやってもらうことができれば，Aさんは料理という仕事だけに集中することができ，よりたくさんの人に価値を提供できるようになります。

さらに，キッチンのアルバイトを雇って野菜を切ったり，下茹でしたりといった仕事をAさんの代わりにやってもらうことができれば，Aさんは味付けなどの重要な仕事だけに集中することができます。

---

6 ファーストリテイリング・ウェブサイト参照。

また，お願いしたい仕事ができる能力がある人を見つけてくることだけが，人の手配ではありません。人の手配をより広義に捉えると，雇用した人にいかに気持ちよく働いてもらうか，貢献意欲を持って働いてもらうかということも重要です。

　たとえば，みなさんが友人から引っ越しの手伝いをお願いされた場合について考えてみましょう。「引っ越し手伝ってもらえない？　学食でランチ1回分の食券を渡すから！」といわれたら，あなたは手伝うでしょうか。すごく仲のよい友人であれば，手伝うかもしれません。しかし，多くの人は「ちょっとなあ……」と思うのではないでしょうか。

　引っ越しは，重たい荷物を持って何度も行ったり来たりしなければいけませんし，1日仕事になりそうです。それに対してせいぜい500～600円の学食1回分では割に合わないなあ，と思うかもしれません。一方，「引っ越し手伝ってもらえない？　きちんと業務委託の形を取って6万円支払うから！」といわれたらどうでしょうか。それなら喜んで手伝う，という人も多いかもしれません。

　このように，個人のやる気に対しては，意図的に影響を与えることもできます。こうした「やる気を引き出すもの」を**インセンティブ**と呼びます（ただし，金銭以外にも「やりがい」「仕事の面白さ」「名声」など，インセンティブになりうるものはたくさん存在します。むしろ，ある種の仕事には金銭以外のインセンティブのほうが重要ですらあります）[7]。1日仕事をする対価として，500円を提示されてもやる気は起きないでしょうが，6万円を提示すれば，やりたいと思う人は多くなります。人は，自分が投入する努力よりも得られるものが大きいと思ったときに行動します。

　先ほどは，500円の食券と6万円の業務委託費の例を用いました。しかしこれが，「1人500円の学食を2人で食べる」という提案と「6万円の業務委託費」であれば，事情は異なるでしょう。この場合，相手への感情（尊敬など）によっては，「1人500円の学食を2人で食べる」ほうがうれしいということは十分ありえます。また，引っ越しの仕事は，爽快であり，また筋肉トレーニングにもなるので，好きでたまらないという人がいる可能性もあります。その場合には，どれだけ面白そうな引っ越しか（たとえば，議員宿舎から首相公邸への

7　Sorauren（2000）参照。

引っ越しなどは，政治に興味があって番記者を目指している人などには興味深いかもしれません）が一番大きなインセンティブになるかもしれません。

インセンティブにはプラスのインセンティブだけではなく，マイナスのインセンティブも存在します。意地の悪い例ですが，いつも気前よく期末試験前に勉強を教えてくれる友人が「引っ越しを手伝ってくれないなら，もう勉強教えてあげないよ！」といったら，あなたはしぶしぶ引っ越しを手伝うかもしれません。単位を落としてしまいそうだ，となれば背に腹は代えられません。

このように，何らかの要因によって生じる，「ある行動をとる際のやる気」のことを動機づけ（モチベーション）といいます。[8]複数店舗あるレストランの例で考えてみましょう。モチベーションが低いA店の店長はマニュアル通りの対応を最低限こなしています。モチベーションが高いB店の店長は，常連のお客さんと積極的にコミュニケーションを取って，「最近寒くなってきたから鍋料理が食べたいというお客さんが増えた」「外国人客が増えてきたから，メニューに写真を付けたほうがリピートしてもらいやすいのではないか」など意見をあげてくれ，アルバイトの育成も積極的におこなっています。

モチベーションが低い場合，人は指示された仕事のなかで，最低限こなさなければいけない仕事のみをおこない，誰も見ていないところでは仕事をさぼったりしてしまいます。モチベーションが高い場合は，指示された仕事のなかでも自分なりに創意工夫してより効率的におこなう方法を考えたり実践したりするため，価値の創造に貢献することができます。

┃ 外発的動機づけ・内発的動機づけ ┃

では，お店で雇った人のモチベーションを高めるには，どうしたらよいでしょうか。最初に思い付くことは，高い給料を払う，ということかもしれません。たくさんお金を払えば一生懸命働いてくれるだろう，というものです。

金銭報酬に代表されるように，仕事をおこなう当事者から見て，他者から与えられる報酬を外的報酬と呼びます。他者から与えられる外的報酬に突き動かされることを**外発的動機づけ**といい，この考え方を前提とした理論を，外発的動機づけ理論といいます。

しかし，実は外的報酬は，モチベーションにはつながりにくいことがわかっ

---

8 Deci（1975），Deci & Ryan（1985）など参照。

ています。外的報酬を与えることによって，指示した仕事をこなしてもらうことはできますが，価値の創造に貢献してもらうことは難しいのです。

　自分の外側に報酬を求める外発的動機づけとは反対に，他者から与えられる報酬ではなく自分の心の内部から生まれる報酬（内的報酬）に突き動かされるのが**内発的動機づけ**です。何かを達成できたときに満足感をえたり，より高い目標に挑戦するモチベーションが上がった経験は誰しも覚えがあるのではないでしょうか。野球やサッカーの地区大会で優勝できたら，今度は県大会でよい成績を残したい，というようなものです。

　そうした大会に優勝できたからといって，賞金が出るわけでもなければ，試合中に時給が発生しているわけでもありませんが，達成感そのものが報酬となり，何年もの間練習に励んできた人は多いはずです。このように従業員に長期的にモチベーション高く働いてもらうためには，内発的な動機づけが重要になります。こうした考え方を内発的動機づけ理論といいます。[9]

動機づけ・衛生理論

　それでは，どうすれば従業員の内発的なモチベーションを高めることができるのでしょうか。これを明らかにしたのがハーズバーグの**動機づけ・衛生理論**です[10]（図表 4.4）。

　この理論のもとになった研究において，ハーズバーグは，アメリカのペンシルバニア州ピッツバーグ市に位置する企業 9 社の従業員約 200 人を対象としたインタビュー調査を実施しています。この調査において，仕事をするうえでよい感情を持つときと，悪い感情を持つときについて詳しくヒアリングすることで，ハーズバーグは「仕事の満足に関する要因と，仕事の不満足に関する要因は分離した別個のものである」ということを導き出しました。

　たとえば，ここで見出された満足要因は，①達成，②承認，③仕事そのもの，④責任，⑤昇進です[11]。これらの要因は動機づけにつながると考えられ，動機づけ要因とも呼ばれます。一方の不満足要因は，①会社の政策と管理，②監督技術，③給与，④対人関係・上役，⑤作業条件です[12]。これらの要因は衛生要因と

9　以上，Deci（1975），Deci & Ryan（1985）など参照。
10　Herzberg（1966），Herzberg et al.（1993）など参照。
11　Herzberg（1966），Herzberg et al.（1993）など参照，邦訳は藤田（2009）を参照。
12　Herzberg（1966），Herzberg et al.（1993）など参照，邦訳は藤田（2009）を参照。

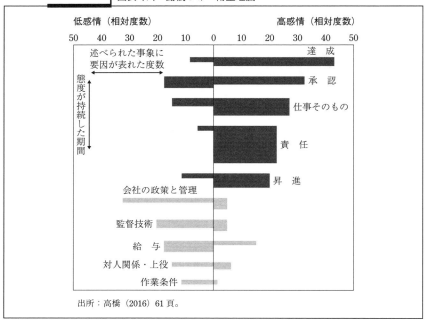

図表4.4 動機づけ・衛生理論

出所：高橋（2016）61頁。

も呼ばれ，衛生要因をいくら整備しても，動機づけにはつながらないと考えられました。

　給与が動機づけにはつながらない，という点に疑問を持つ人もいるかもしれません。そこで，極端な例を考えてみましょう。たとえば，意味もわからないままバナナの皮をひたすらむいていくというアルバイトが，時給1500円だったとします。「飲食店のアルバイトが時給1200円くらいのなかで，バナナの皮をむくだけでお金がもらえるなら，いいじゃないか」と思うかもしれません。しかし，1週間もすれば，仕事が単調すぎて辞めたいと思う人が増えてくることが予想されます。

　その際，もし「時給を1800円に増やすから，続けてくれませんか」といわれたらみなさんはどう思いますか。「とりあえずもう1週間だけ続けてみよう」と思う人はいるかもしれません。しかし，「時給がアップしたから，もっと頑張ってたくさん皮をむこう！　より早くたくさん皮をむけるような方法を考えよう！」とはなりにくいでしょう。結局のところ，仕事そのものが単調でつまらない，自分の成長が感じられないような仕事内容であれば，人は一生懸命働

こうとは思わないものだという点を，ハーズバーグは明らかにしたわけです。

一方で，衛生要因は欠勤・離職や，参加の意思決定には効果があることがわかっています。上記の例でも，時給を1800円に増やしてくれるなら，離職しないでもう少し続けようかな，という人も出てくるでしょう。また，他のアルバイトと比べて時給が高いとなると，そのアルバイトをしたいと思う人が増えるように，就職や転職の際，給与が高いことはよい人材の応募を増加させる効果があることがわかっています。

つまり，従業員・仕事仲間にモチベーション高く働いてもらうためには，動機づけ要因を中心に考えながらも，衛生要因にも気を配る必要があるということです。このように聞くと，「それは当たり前のことではないか」と思うかもしれません。しかし，いざ会社を経営していると，従業員の声に耳を傾けている経営者ほど，不満足要因の解消に目が行きがちなことがあります。たとえば従業員が「キッチンが寒い」というので，暖房器具を追加する。「調理機器が古くて使いにくい」というので，新しいものを購入するといった具合で従業員の要望には応えているし，お金もかけているのに，イマイチ従業員のやる気が出ないなあ，という状態です。

このような場合，本当に必要なことは，暖房器具や新しい調理機器ではなく，従業員に自らメニューを考案してもらったり，部下の教育を任せてみたり，副店長を新店舗の店長に抜擢したりなどすることかもしれません。

 お金（money）を集める手配

資金調達の方法

材料や人を手配するにあたって，忘れてはならないのがお金（money）です。資本主義社会においては，あらゆる手配において，お金の手配が前提となります。ただし，お金は経営における必要十分条件ではなく，あくまでも経営のための手段の1つに過ぎない点には注意が必要です。

繰り返しますが，お金はオペレーション経営の5つの手段の1つに過ぎず，お金（利益）はオペレーション経営の目的ではありません。ただし，お金を事業の外部から調達するか（個人として自分が出資する場合も含みます），利益確保

を通じて事業の内部から調達するかしなければ，事業としての価値創造を持続することはできません。たとえ天使が経営をおこなう場合であっても，お金の手配は不可欠です[13]。お金は企業という生命にとっての血液のようなものだといえるでしょう。

　もしも，Ａさんが「よし，レストランを始めるぞ」と思った場合，店舗のための物件を借りる賃料や光熱費，まっさらな物件にキッチンを付けて，カウンターを付けて，お客さんのための席を作って「そのお店らしい」姿にするための店舗改装・リフォーム費用がかかります。さらに，アルバイトなどを雇うのであれば，そこで働く人に給料を払うための人件費など，たくさんのお金が必要になります。新しく開業する際の開業費の平均は 989 万円といわれています[14]。

　このように，価値のあるビジネスを思い付いて実行しようとした際に，実際に必要なお金を準備＝手配できるのかという点が障害になることがあります。開業のためのお金を手配する方法は複数考えられます。まずは自己資金です。Ａさんがそれまでサラリーマンとして受け取っていた給料の一部を貯金していて，まとまった金額がある場合は，そのお金を開業資金に充てることができます。

　開業費の調達方法として自己資金の次に多くあげられているのが融資です[15]。自己資金だけでは開業資金が不足しているという場合，事業に必要なお金を銀行などから借り入れることを融資といいます。融資は個人がおこなう借り入れよりも借りられる限度額が大きいため，銀行側としては本当に返済ができるのかを審査し，審査に通った場合にのみ，融資を受けることができます。

　しっかりとした事業計画があって，事業計画通りに進めば順調に利益が増えていき，融資した金額を返済できることや，仮に事業計画通りにいかなかった場合に融資した金額を返済できるよう，担保となる不動産や保証人の存在が必要になることもあります。「借りた」お金は「返す」必要があるため，返せることを証明する必要があるのです。

　さらにレストランが繁盛して，社員をたくさん雇うようになり，店舗を 1 つ，また 1 つと増やしていき，それらの店舗も大人気，ということになると，おい

13　Drucker（1954）参照。なお，ドラッカーの問題意識にも見られるように，お金の手配だけを気にする人は，手段に振り回されて本質を見失っているといえるでしょう。

14　日本政策金融公庫総合研究所（2020）参照。

15　東京商工会議所（2022）参照。

しい料理をより多くのお客さんに届けるために，全国に展開していくことを考え始めます。ファミリーレストランや牛丼屋さん，ファストフードなどのように，全国に店舗を拡大していくことになると，多額のお金を手配する必要が生じます。

　そのような場合，新たな選択肢として出てくるのが出資です。出資とは，典型的には株式の発行に見られるように，返済を求められない経営資金の提供を個人や団体から受けることです。返済不要なら，万が一事業が上手くいかなくなっても，お金を返す必要がないからよいではないか，と思うかもしれません。

　しかし，会社法においては，会社の意思決定権と処分権は最終的には株主に帰属します。つまり，株の一部を渡すということは，会社を所有する権利の一部を渡すことになります。創業者であり経営者であるあなたが，出資者に対して渡す株式の割合が高くなればなるほど，経営の自由度は低下しますし，株式の割合が一定割合を超えると，創業者ではなく出資者に経営権を握られる可能性もあります。

出資方法の多様化

　出資と一言でいっても，現代において出資を受ける方法は多様化しています。近年，起業家金融市場において，**エンジェル**（エンジェル・ファイナンス），**ベンチャー・キャピタル**（VC），**クラウドファンディング**などが進化・成熟してきました。[16]

　起業して間もなく，売上も少ないような段階においては，銀行から融資を受けることは難しく，資金調達がしづらい状況にあることが多いです。そのような場合に，たとえば，知り合いの経営者や古くからの地主など，お金に余裕のある人から個人的に出資してもらい，株式を提供するということが考えられます。

　個人投資家のなかでも，起業したばかりの企業に対し出資をする投資家のことを「エンジェル」あるいは「エンジェル投資家」と呼びます。エンジェル投資家のなかには，自身が起業した事業で成功した人も含まれており，そのようなエンジェル投資家は出資するだけでなく，事業におけるアドバイザリーをおこなってくれることもあります。

16　Wallmeroth et al.（2018）参照。

ベンチャー・キャピタルから出資を受けるという方法もあります。ベンチャー・キャピタルとは，今後の成長見込みが高く，近い将来に上場の可能性があるベンチャー企業に対し，出資をおこなう投資会社のことをいいます。上場後に株を売却し，売却益を利益として得ることを目的としています。エンジェル投資家と同様に，事業におけるアドバイザリーもおこなうことが珍しくありません。

近年では，クラウドファンディングも資金調達の選択肢にあがるようになりました。クラウドファンディングとは，不特定多数の人に出資をおこなってもらうことをいいます。インターネット上でプロジェクトを立案し，プロジェクトに賛同してくれる支援者に出資をしてもらいます。個人投資家たちからの出資の場合とは異なり，クラウドファンディングの場合は対価として株式を渡さないケースも多くあります。そうした場合，株式ではない何らかの対価を用意し，出資者に渡すことが一般的です。

価格決定の判断材料

ここまで見てきたように，資金を手配し，それに基づき材料や人の手配をおこなうことで，ようやくお店を開業することができます。

お店をオープンする前に，次におこなうのはメニューの価格決定です。それぞれのメニューはいくらにしたらよいのでしょうか。価格を決定する際に重要となるのは，①製品を作るのに必要なコスト（費用），②競争相手が設定している価格，③顧客の財布の具合，の3つです[17]。

まず，1つ目が，製品を作るのに必要なコスト（費用）です。これを製造コストと呼びます。費用には「**固定費**」と「**変動費**」の2種類があります。固定費は「生産量に関係なく一定額がかかる費用」のことをいい，変動費は「生産量に比例して変動する費用」を指します[18]。

たとえば，定食屋で焼きそばを提供するにあたっては，店舗の賃貸料や光熱費がかかっています。学生のみなさんは賃貸アパートに住んでいる人も多いと思いますが，賃貸料は一度契約した場合，契約期間の間はそこに自分がいるかどうかは関係なく費用は一定額かかります。たとえば，東京の大学に通ってい

17　岩尾（2022b）および小川（2009）参照。
18　網倉・新宅（2011）参照。

74 ● CHAPTER **4** アイデアの小規模な実現とオペレーション経営

る学生が，夏休み期間でしばらく授業が休みだから佐賀県の実家に帰るという場合，東京のアパートには誰もいないことになりますが，「この月は部屋を使っていないからその月だけ賃貸料を無料にして」というわけにはいきません。

　他に固定費の代表例としてあげられるのは人件費です。正社員を雇用した場合，月収いくらという形で雇用契約を結ぶことが多いため，「この月は売上が少ないから給料カット」というわけにはいきません。一定額の給料を払い続けることになります。一方で，飲食店のアルバイトの人件費は変動費になるケースも多くあります。時給ベースでの給与計算を導入していることが多く，当日の客入りが少なかった場合，本来のシフトよりも早めに切り上げて帰ってもらい，人件費を安く済ませることができるためです。

　以上のように，固定費が生産量に関係なく一定額がかかる費用であるのに対して，変動費は生産量に比例して上がっていきます。すなわち，焼きそばを1つ作るのに材料代として50円がかかった場合，焼きそばを2つ作れば100円，焼きそばを3つ作れば150円がかかることになります。

　このように変動費では，生産量が増えると同時にかかる費用も増えていきます。このようなとき，焼きそばを50円よりも安い価格で提供してしまうと，この定食屋で焼きそばが売れれば売れるほど赤字が増えてしまうことになります。

　2つ目は，競争相手が設定している価格です。街の定食屋さんとしてメニューの価格を決めるにあたっては，近くの他のお店の価格を考慮する必要があります。他のお店が1000円くらいで定食を提供しているのであれば，同様に1000円くらいで定食を提供すれば，お客さんに来てもらいやすいことが予想されます。

　一方で，あえて他のお店よりも価格を高く設定し，高い価格に見合った特別な定食を提供するという考え方もあります。たとえば，伊勢海老やウニなどの高級食材を使った定食を出したり，有名な三ツ星レストランのシェフを起用したりして，他のお店にはない新しい価値を提供することができれば，他のお店よりも高くても食べに行きたいとお客さんに思ってもらえる可能性はあります。

　3つ目が，顧客の財布の具合です。お店の顧客になってくれそうな人は，財布にどれくらいお金が入っていて，お店の提供するサービスにどれくらいお金を払ってくれそうかを考えてみましょう。定食屋の場合，お店の顧客になってくれそうな人は，近隣の人が中心になります。近隣に会社が多ければ，ランチ

3　お金（money）を集める手配　● 75

タイムや会社帰りのサラリーマンが多くなるでしょうし，近隣に大学があれば，大学生が多くなるでしょう。サラリーマンや大学生は，それぞれ昼食や夕食にいくらくらい使っているでしょうか。普段支払っている金額から無理のない範囲の金額を考えて，価格設定をおこなうという方法もあります。

┃ レベニュー・マネジメント ┃

近年では，固定的な価格をあえて設定せず，柔軟に価格を変更するという手法も存在します。レベニュー・マネジメントはその代表例の１つです。レベニュー・マネジメントは「製品を利用度に応じて最適の価格で提供できるよう，練り上げた戦術を用いること」[19]と定義され，現在では，飛行機やホテルの予約などで用いられています。

この手法のポイントは，製品・サービスの価格によって需要と供給のバランスを取ること，そして，その際には，コストを積み上げて価格を決めるのではなく，市場の評価から決めるということです。レベニュー・マネジメントに基づいて，価格設定を変更していくことでそのタイミングで最もその製品・サービスを欲している顧客に提供することができるようになるのです。[20]

具体的にホテルの例で考えてみましょう（図表4.5）。ホテルは部屋の数が限られているため１日当たりの予約の上限が決められています。繁忙期に予約が大量にあっても，ホテル側はすべて受け入れることができません。その一方で，予約が少ないと空き部屋が無駄になってしまいます。つまりホテルは，繁忙期には予約に上限がなければ得られたはずの収益は得られないのにもかかわらず，それ以外の時期には損失が発生してしまうのです。

このようなジレンマを解消するために，価格を変動させて需給バランスを調整します。具体的には，予約数が少なくなると予測されるタイミングでは安い金額で提供し，予約数が多くなってくるタイミングで価格を向上させます。

前者では，顧客は低価格で泊まれるようになるために，予約が増大することが予想されます。それによって，部屋を無駄にすることなく，業務を運営することができます。後者では，顧客を本当に泊まりたい人に絞り込むことができます。これによって，予約数が少ない場合には利用者の増大が期待でき，予約

---

19 Cross（1997）邦訳版78頁。
20 Cross（1997）参照。

CHART | 図表 4.5 ホテルにおけるレベニュー・マネジメント

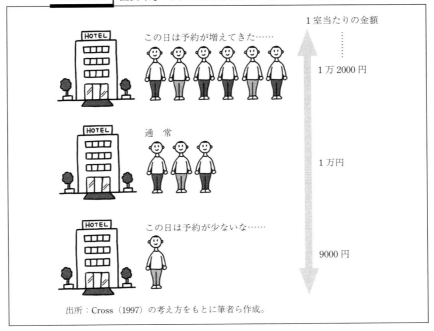

出所:Cross(1997)の考え方をもとに筆者ら作成。

数が過剰になりそうな場合には抑制することが可能となります。

　コストに基づいて価格を算定するという発想で考えると，常に一定の価格での提供となってしまいます。それに対してレベニュー・マネジメントは，市場の動向に合わせて自社の取り組みを変化させる1つの方法ということができるでしょう。このように，money の手配においても，多様な手法が存在しているわけです。

KEYWORD

部品表（BOM）　make or buy の意思決定　インセンティブ　モチベーション　外発的動機づけ　内発的動機づけ　動機づけ・衛生理論　資金調達　エンジェル　ベンチャー・キャピタル（VC）　クラウドファンディング　固定費　変動費　レベニュー・マネジメント

EXERCISE

① あなたは，AとBという材料を外部から買って（外製して）Xという製品・サービスを作っているとします。しかし，あるきっかけで，Aについては自社で作ることにし（内製し），Bは外製のままにすることにしました。それにはどのような理由がありえるか，考えてみましょう。

② あなたは飲食店のアルバイトリーダーを任されているとします。その飲食店で頑張っているアルバイトの学生に対して，金銭以外にどのような報酬を用意できるでしょうか。考えてみましょう。

CHAPTER

第 5 章

プロジェクトとオペレーション経営

SHORT STORY　あなたの料理の腕が友人たちの間で評判を呼んだとしてみよう。あなたもだんだん料理が楽しくなって，定期的に会費を取ってホームパーティを開催するとしよう。大人数をもてなすため，多種類の大皿料理を冷めないうちにおいしく提供するには，よくよく「段取り」を考えなければならないだろう。ここにプロジェクト・マネジメントとしてのオペレーション経営の必要性が生まれる……。

家族や友人にちょっとした料理を振る舞うときのように，非常に単純なビジネス・製品・サービスを実現するという場合には，自分1人が中心になって主にmaterialの「手配」を考えるだけでも十分だったかもしれません。

それでは，たとえば，自分の料理が大評判になって，参加者から参加費を募る大規模なホームパーティを開催することになった場合はどうでしょうか。

その場合は，誰かに一時的な手伝いを依頼して，チームを結成する必要も出てくるかもしれません。これはmanの手配と表現することもできるでしょう。ただし，ここまでのオペレーションであれば，自分の頭のなかだけで何とか処理することができそうです。前章で学んだ5Mの手配は，このような比較的小規模なものでした。

そこで次に，このホームパーティの料理が「非常においしい」と話題になって，お客さんから「ホームパーティで出す料理のケータリング・サービスの仕事をあなたに依頼したい」という問い合わせがたくさん来るようになった場合を考えてみましょう。あなたは，自分の料理の腕に自信を持ち，自分の料理をよその家のホームパーティに届けるケータリング・サービス事業を起業する決心をするかもしれません。

ただし，多種類の料理を一度に数十人分も，週に何度も作るためには，自宅のキッチンを拡充したうえで人を集めてチームを結成するだけでは不十分です。決められた納期内に多種類の料理を大量に作るというオペレーションは，1人の脳内で処理するにはあまりに複雑であるためです。

こうして，オペレーションが複雑化すると，たとえチームメンバーの数は揃っていたとしても，リーダーの気合と根性と頭脳だけでは問題を処理しきれないという障害が現れます。そこで，オペレーションの複雑性を縮減するための計画が必要になってきます。これについて，本章で学んでいきましょう。

1 プロジェクトとプログラムのオペレーション

┃ オペレーションにおける複雑性と不確実性 ┃

自社の製品・サービスへの需要が大規模化すると，企業はman（人材）を

80 ● CHAPTER 5 プロジェクトとオペレーション経営

「手配」し，そうした人材に給与を支払い，そのための money（資金）を「手配」することが必要になります。ただし，たとえばひたすら穴を掘ってまた埋めるというような非常に単純なオペレーションが，単純なままで大規模化するといった場合には，人材と資金の手配にさえ成功すれば，それ以上の問題は起きにくいでしょう。

　しかし，現代の顧客が求める製品・サービスは，多くの場合そうした単純なものではありません。そのため，製品・サービスへの需要の大規模化はしばしば複雑化を伴います。ここでいう複雑化はさまざまな理由から生じてきますが，複雑化がオペレーション経営に与える影響は「予想外の出来事の発生確率と重要性が増す」という点に集約されます。このことを，先ほどのケータリング・サービス事業の例から考えてみましょう。

　料理好きが高じてケータリング・サービス事業を始めた場合，多種類の料理を，大量に，短期間で，同時に，完成させることが必要になります。もちろん自分だけの力ではこうした事業を遂行するのは難しいため，調理はチームでおこなうことになります。必要になる調理器具の種類と量も，用意すべき食材の種類と量も大きく増加します。

　仮に，5M の手配において何らかの問題（メンバーの体調が悪くなる，食材が腐っている，調理器具が壊れるなど）が発生する確率が要素 1 単位ごとに一定だとすれば，手配すべき 5M の種類と量が増えることで，オペレーション全体のなかで 1 回以上の問題が発生する確率は上がります。コインを 1 回投げて表が出る確率よりも，コインを 100 回投げて最低 1 回は表が出る確率のほうが高いのと同じことです。しかも，1 つの問題が起きるだけで，全体のオペレーションが不可能になったり，予定よりも遅れてしまったりすることがあります。たとえば，塩のビンを 1 つしか用意しておらず，しかもその塩のビンを床に落として割ってしまった場合には，塩を使うすべての料理の味付け工程が止まってしまうことになります。

複雑性を縮減するプロジェクト・マネジメント

　このように，複雑性が増したオペレーションにおいては，さまざまな問題が発生し，それらの問題への対応がオペレーション全体に影響してしまいます。そして，それらの問題は，1 人のリーダーの頑張りで即座に解決可能なものでないことのほうが多いでしょう。こうしたことから，複雑性が増したオペレー

　1　プロジェクトとプログラムのオペレーション　● 81

ションを経営する際に必要なのは「オペレーションの不確実性をあらかじめ縮減しておくこと」です。より具体的には，オペレーションの推進にあたって生じると考えられる予想外の出来事に対して，プロジェクト・リーダーの現場判断で十分対応可能になるレベルにまであらかじめ備えておく必要があります。

　そして，この複雑性ゆえに，一定の規模を超えたオペレーションには「**プロジェクト**」や「**プログラム**」としてのマネジメントが必須になります。こうしたマネジメントは，近年ではプロジェクト・マネジメントとか P2M（プログラム・アンド・プロジェクト・マネジメント）などと呼ばれたりしています。[1]

　なお，多くの教科書では，本章で扱うような1回限りの「プロジェクト」や「プログラム」的なオペレーションと，同じ製品・サービスを繰り返し生産する「プロダクション」とを別の性質のものとして捉えています。しかし，本書は，これら3つは本質的には同型の「オペレーション」であり，そこには**繰り返し性**という違いのみがある，という前提で議論を進めていきます。

　たとえば，新規事業を立ち上げるというオペレーションを考えてみましょう。新規事業開発は，多くの企業では，社内から選りすぐった精鋭を集めて，1回限りのプロジェクトやプログラムとして経営されます。しかし，新規事業開発コンサルティング会社の場合はどうでしょう。新規事業開発自体が日常業務になっているようなコンサルティング会社においては，新規事業を立案するオペレーションはもはやプロダクションに近いルーティン業務として運営されるでしょう。

　同じように，冒頭のホームパーティやケータリングの例においても，当初「大人数の料理を作る」という1回限りのプロジェクトに近い性質を持っていたオペレーションは，同じ注文が繰り返されることによって，もはや料理製造工場での食品生産（プロダクション）に近いオペレーションへと変貌するでしょう。こうした点を念頭に置きつつ，この章では，まず，**1回限りのオペレーション**（＝プロジェクト，プログラム）に比較的近い場合のオペレーション経営の手法を学んでいきます。

---

note •

　1　日本プロジェクトマネジメント協会編（2014）参照。

82 ● CHAPTER 5　プロジェクトとオペレーション経営

2 プロジェクトの最終目的の明確化と手段への分解

プロジェクトのゴールを定める

　プロジェクト・レベルのオペレーションを遂行するためには，あらかじめプロジェクトの目的と目標を定める必要があります。目的と目標の違いの有無や内容は論者によって異なりますが，ここでは目的を比較的定性的なもの（数値化して表現することが難しい，抽象的なゴール），目標を比較的定量的なもの（数値化して具体的に表現可能なゴール）と捉えておくとよいでしょう。

　たとえば，ケータリング・サービスにおいては，「おいしい料理を提供してお客さんを笑顔にする」といった目的を達成するための具体的な目標を定める必要があります。「ケータリング・サービス利用後の顧客アンケートで，パーティ参加者から平均 4.5 点（5 点満点）を獲得する」といった具合です。

　こうした目的・目標を達成するためには，顧客の要望をヒアリングしながら，より細分化した目標を立てる必要があります。ここで，第 2 章でも扱った目的・手段分析が役立ちます（図表 5.1）。

　この目的・手段分析に従って，最終的な目的・目標を実際に仕事に着手できるレベルにまで分解していきます。その途中で，顧客の要望を取り入れながら，実際に何を作って納品すれば完成といえるのかを明確にしていきます。ケータリング・サービスの例でいえば，「1 皿はサラダにしてほしい」「食べ盛りの子どもたちも参加するのでフライドチキンやピザなどのお腹にたまるものもあったほうがいい」「大人はワインを飲むのでつまみになるものが欲しい」などの漠然とした顧客の要望を，「数字に落とし込めるレベルにまで具体化して」構造化するということです。

　たとえば，「12 種類の大皿料理を提供する」「粗利益率は 20％を確保する」「でき立ての料理を楽しんでいただくために，顧客が指定した時間に輸送時間を引いた時間ちょうどに 12 種類の料理を同時に完成させる」「肉料理・魚料理・野菜料理・主食が 4：4：2：2 になるようにする」などです。顧客の抽象的で混沌とした「要望」を，プロジェクトとして実行可能なくらい具体的で構

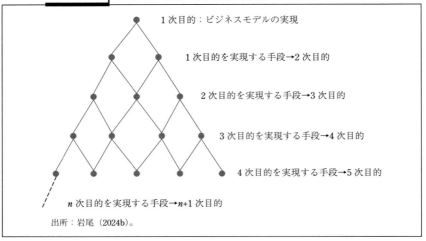

図表 5.1　目的・手段分析（再掲）

出所：岩尾（2024b）。

造化された「要件」に落とし込んでいく作業を**要件定義**といいます[2]。

ゴールに至る道筋と出発点を明らかにする

こうして，「おいしい料理を提供してお客さんを笑顔にする」「ケータリング・サービス利用後の顧客アンケートで，パーティ参加者から平均 4.5 点（5 点満点）を獲得する」といった目的・目標が明確になった後には，この目的・目標を実現するために，どんな料理が何品必要か，そのためにはどんな材料を集めてどんな調理をする必要があるか，といったより具体的なことを明らかにしていきます。

なお，目的・手段分析に従ってプロジェクトを分解していくことを，プロジェクト・マネジメントの分野ではワーク・ブレイクダウン・ストラクチャと呼称することもあります[3]。このとき重要なのは，目的と手段の細分化はどこまででも可能だということです。そのため，細分化自体にこだわってしまいプロジェクト遂行という目的を忘れないようにする必要があります。すなわち，プロジェクトの細分化は「具体的に着手が可能なレベルまで」で止めるようにしましょう。また，実際に作成する目的・手段分析や WBS は，**図表5.1**のよう

2　Project Management Institute（2021）参照。
3　Project Management Institute（2021）参照。

CHART 図表5.2　90度傾けた目的・手段分析図

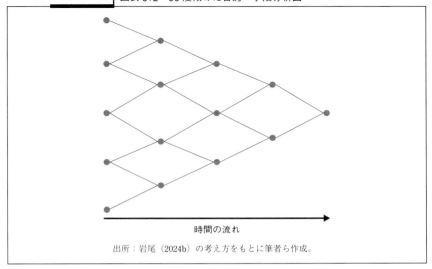

時間の流れ

出所：岩尾（2024b）の考え方をもとに筆者ら作成。

なピラミッド型である必要はありません。むしろ，細かく分類されていくものもあれば，最初の1次目的から1回分解しただけで済むものもあって当然でしょう。

こうして，プロジェクトの最終目的・最終目標と，そこに至るための出発点である「手配の着手が可能なレベルまで具体化された5Mの内容」とが明らかになります。最終地点と出発点が明確になったことから，次に必要なのは，それら2点をつなぐ道筋です。

そこで，先ほどの目的・手段分析の図表5.1を90度傾けてみましょう（**図表5.2**）。すると，左から右へと流れる時間のなかで，手配された5Mが結合して中間成果物（モジュール）ができ上がり，中間成果物同士が結合してさらに大きな部分が完成し，最終的に全体が完成するという様子が見て取れるようになります。

そして，この90度傾けた目的・手段分析図を眺めながら，プロジェクトの最終目標を達成する時期を明らかにし，そこから逆算して，より素早く着手が必要なものを上に，そうでないものを下にするなど，各自にとって必要な作業・工程の流れが理解しやすいように並べ替えてみましょう。さらに，各作業・工程にどれだけの時間がかかるのかも記入していきましょう。このような図には，ネットワーク・ダイアグラム，アロー・ダイアグラム（図表5.3），プ

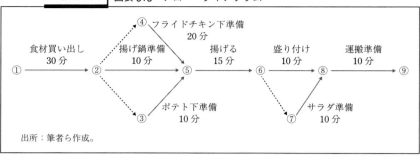

図表5.3 アロー・ダイアグラム

出所：筆者ら作成。

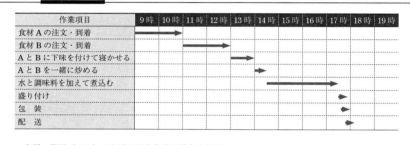

図表5.4 ガントチャート

出所：猪原（2021）の記述なども参考に筆者ら作成。

レシデンス・ダイアグラムなどと呼称されるものが存在します[4]。

次に，先ほど明らかになったプロジェクトの大きな時間の流れを，より詳細にスケジューリングした図を作ってみましょう。ケータリング・サービス事業の例でいえば，食材Aの注文・到着に2時間，食材Bの注文・到着に2時間→AとBに下味を付けて寝かせるのに1時間→AとBを一緒に炒めるのに0.5時間→水と調味料を加えて煮込むのに3時間→盛り付けるのに0.1時間→包装するのに0.1時間→配送するのに0.5時間などです。複数の食材を同時に完成させる場合には同様のスケジュールがいくつも並ぶことになるでしょう。

このような図のことを**ガントチャート**と呼びます（図表5.4）。

ただし，目的・手段分析をおこなって，ガントチャートを作っただけでは，かろうじてプロジェクトを遂行できるかどうかといったところでしょう。実際には，多くのプロジェクトは失敗したり，遅れたり，完遂できなかったりしま

---

4 猪原（2011）など参照。

す。こうした事態に対処するためにはどうすればよいのかについて，次に考えていきましょう。

プロジェクトの品質マネジメント

人員と時間の在庫を融通する

残念ながら現実には多くのプロジェクトは完遂が当初の予定よりも遅れてしまいます。レポート課題の提出がギリギリになってしまったり，夏休みの宿題を最後の日に駆け込みで終わらせたり，引っ越しの準備が全然できなかったり……といった経験は誰にでもあるでしょう。

プロジェクトが遅れてしまう理由は，予期しないトラブルへの対応のために時間を取られるからだけではなく，さまざまな要因で人員と時間を無駄にしてしまっているためです。このことについて考えていきましょう。

期限が決まっているプロジェクトにおいて最も貴重な資源は時間です。そして，人が1日に働ける時間には限界があります。ただし，たとえば1日に8時間働く人が2人いれば，相互に独立した作業であれば，16時間分の作業が可能になります。そのため，プロジェクトのマネジメントにおいては，人と時間を一体と考えます。そこで，プロジェクトに投下される労力量のことを「人・時」「人・日」「人・月」といったりします。2人が8時間ずつ働くならば16人・時，1人が16時間働いても16人・時です。

さて，人と時間を一体として扱う考え方を理解した後には，プロジェクトを成功させるために必要な，時間（人・時，人・日，人・月）の在庫を融通する考え方を学んでいきましょう。多くのプロジェクトには，見えないところに大量の時間の在庫が溜まっています。この在庫をプロジェクト・リーダーが事前にかき集め，それを全体のプロジェクトの遅れに直結する部分に問題が起きたときに使うのです。

先ほどのアロー・ダイアグラム（図表5.3）を見てみましょう。プロジェクトには，出発点から最終目標達成までに多くの作業・工程と時間が必要なところと，そうでもないところがあることがわかるでしょう。ケータリング・サービス事業の例であれば，煮込み料理のように完成までに時間がかかる料理もあ

れば，サラダのように完成までにほとんど時間を要しない料理もあり，最終的にはそれらをまとめて配送することになります。このとき，プロジェクトのなかで最も多くの時間を要する経路のことを**クリティカル・パス**といいます[5]。

このとき，クリティカル・パスだけがプロジェクト全体の遅れを決定します。ケータリング・サービス事業において，煮込み料理に必要な時間が変わらないのに，サラダの盛り付けの時間を素早くしても，すべての料理が揃うまでの時間は変わりません。すなわち，煮込み料理の調理スピードを向上させずに，サラダの盛り付けスピードだけを頑張って向上させても，全体としてのケータリング・サービスのスピード向上につながりません。

そこで，全体のプロジェクトの遅れに直結するクリティカル・パスに集中して，ここに遅れが生じないようにする必要があります。そのために，あらゆる場所に隠れている時間の在庫をまとめていく必要があります。

まずは各作業に従事する人たちに対して，「守れるかどうか半々くらいの厳しめの期限」を自主的に設定してもらいます。場合によっては，この見積もりをプロジェクトの責任者が再検討することも必要でしょう。

ただし，「この期限はそもそも半分の確率で遅れが発生するくらいの理想的なもの」ということを理解しておかないと，誰もが長めの期限を設定したり，プロジェクトの責任者が設定した期限に対して「その期限は絶対に守れない」と主張し合ったり，実際の遅れを隠したりしてしまいます。もとから半分の作業は遅れていても仕方ないものに設定していますので，期限を守れなかった人を責めてもいけません。

厳しめの期限を設定する理由は，期限の設定は大抵の場合「絶対守れるといえるくらいの，かなり長めの設定」になっていることから，ここに時間の在庫が隠れているためです。しかも，余裕のある期限設定をおこなうと，直前まで作業に取り掛からないのが人間の心理です。

そのうえで，プロジェクトの最終目標から逆算して，クリティカル・パス以外の作業に早く取り掛かりすぎないように，クリティカル・パス以外の作業の開始日はギリギリに設定します。こうすることで，人員に意図的な余裕を作っておき，クリティカル・パスに遅れを発生させそうな問題が生じたときにいつでも応援を出せる状況にします。

---

5 Goldratt（1997）参照。

なお，クリティカル・パスにおいて，特定の人や機械が不可欠な作業が重複していないか確かめる必要があります。料理でいえば，寸胴鍋が1つしかないのに2種類の煮込み料理を作る場合，これら2種類を同時並行で料理することはできず，片方を完成させて鍋を洗った後にもう片方に取り組むというスケジュールに組み直す必要があります。クリティカル・パスをこうした視点で再考したもののことを，**クリティカル・チェーン**と呼びます[6]。

■ リスク要因を洗い出しておく ■

　このように，プロジェクトの流れをあらかじめ決めておき，時間の在庫を集めておいて，クリティカル・パスやクリティカル・チェーンの進捗に集中して，適宜時間の在庫を使うようにすることで，プロジェクトの複雑性を縮減することができます。こうした計画を事前におこなっておくことで，さまざまな理由で生じる遅れの原因にも1つずつ対処することができるようになるでしょう。

　これらと合わせてリスク要因とその対応案をあらかじめ定めておくことで，プロジェクトのオペレーションにおける複雑性や不確実性をさらに縮減しておくことも可能です。ケータリング・サービス事業の例に戻ると，食材が予定通りに届かない場合の対応，配送業者にトラブルがあった場合の代替手段，チームメンバーが重大な感染症にかかっていたと判明した場合の措置など，さまざまなものが考えられます。

　プロジェクトを遂行するにあたっては，時間の在庫を確保しているだけでは対応が不可能な問題も発生します。そのため，そうした問題にも対応できるように，あらかじめ予測できるリスク要因を洗い出しておいて，それに対する対応策も事前にまとめておくとよいでしょう。こうすることで，多くの問題については，発生時に落ち着いて対応することができるようになります。

　もちろん，事前に想定した発生確率が中程度以上のリスク以外の問題が起こることもあると考えられます。しかし，そうした想定外の問題が同時に2つ以上起こる確率は，ただでさえ低い確率を掛け合わせた相当低い確率になります。そのため，想定内のリスクへの対応策を事前にまとめておくことで，想定外の問題が起こった場合にも，当該問題に集中できるようになるでしょう。

6　Goldratt（1997）参照。

フィードバック・ループを素早く回す

このようにプロジェクトの品質マネジメントをおこなうことで，プロジェクトの遂行は，単にスケジュールを整えた場合よりも格段に成功に近づきます。しかし，最後に問題となるのは，こうして期限内に要件通りに終わらせることができたプロジェクトが，果たして本当に顧客にとって価値のあるものになっているのかという点です。

製品・サービスのオペレーションは，最終的に顧客によって価値を認められない限り，成功したとはいえません。自社の製品・サービスに顧客が満足し，顧客が喜んで対価を支払ってくれ，製品・サービスへの次なる需要が喚起されたときに，はじめて企業は継続していくことができます。

このとき，たとえプロジェクトの計画と要件定義が顧客の願望を捉えたものであったとしても，実際に完成した製品・サービスが顧客の思い描いたものと一致するかどうかはわかりません。このことは料理を例にするとよく理解できるでしょう。顧客が濃厚なビーフシチューを要望していて，実際に濃厚なビーフシチューの要件定義も間違っていなかったとしても，料理の腕前によっては濃厚だけれどもおいしくないビーフシチューができることもありえます。

こうした失敗を減らすための手法として，プロジェクトの独立したモジュールを完成させて，早めにテストをおこない，顧客からのフィードバックを素早く得るという手があります。これは，**アジャイル開発**や**リーン開発**といったプロジェクト・マネジメントの手法に通じる考え方です。

ストロベリーショートケーキを作る場面を考えてみましょう。ここで，ホールケーキ全体を作るべく，全体の土台→全体のクリーム→全体のイチゴという順番に完成させるようなプロジェクトの進め方は**ウォーターフォール型**と呼ばれます。それに対して，全体のホールケーキをいくつかのカットケーキに分けて，小さな部分の土台→部分のクリーム→部分のイチゴ……というようにカットケーキを複数作ることでホールケーキを完成させるようなプロジェクトの進め方を**アジャイル型**といいます[7]（図表5.5）。

このとき，アジャイル型であれば，顧客の立場で素早く味見ができ，その結果をフィードバックすることができるようになります。こうしたフィードバッ

7　平鍋ほか（2021）参照。

90 ● CHAPTER 5　プロジェクトとオペレーション経営

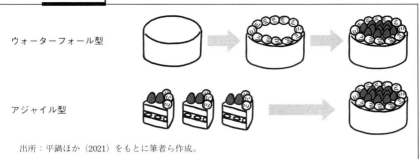

CHART 図表 5.5 ウォーターフォール型とアジャイル型

ウォーターフォール型

アジャイル型

出所：平鍋ほか（2021）をもとに筆者ら作成。

ク重視のプロジェクトの進め方を，リーン型やリーン・スタートアップ型などと呼ぶこともあります。[8]

4 プロジェクトチームの組織化

プロジェクトにおけるリーダーシップ

　本章では，大規模化した一回性のあるオペレーションにおける複雑性と不確実性に対処するために，プロジェクト・マネジメントの基礎的な考え方を学んできました。とはいえ，ここまでで学んだ手法は，プロジェクトの進め方についての理論に過ぎません。実際のプロジェクトの実行にあたっては，こうした手法や理論の数々を机上の空論にしないために，プロジェクトチーム一丸となって目標達成に向けて活動していく必要があります。

　そこで，本章の最後に，プロジェクトのオペレーション経営において必要な，チームや組織のマネジメントについて学ぶことにしましょう。

　よく，チームや組織をまとめていくにはリーダーシップが必要だといわれます。もちろん，オペレーション経営においてリーダーシップが不可欠なのはその通りでしょう。しかし，ここでいうリーダーシップを，他者を情熱的に説得し魅了するカリスマ性のことだと考えてしまってはいけません。たしかに，こうしたカリスマ性のある人物のことを，世間はしばしば「リーダーシップがあ

8　岩尾（2023）参照。

る」と表現します。しかし，こうしたカリスマは，オペレーション経営におい
ては，問題を引き起こす場合さえあります。

なぜならば，カリスマは，しばしば他者を服従させ，他者に無償労働を強い
てしまうためです。こうしたカリスマによるマネジメントは，社会的に許容
されないうえに，個人の資質・能力に過度に依存しているために，**持続可能
性**が乏しいといえます。そのため，持続可能性が求められるオペレーション
経営において必要なリーダーシップは，カリスマとは異なったものになるで
しょう。

具体的には，オペレーション経営の原点であった「無限の価値創造を目指し
て，価値創造の障害を乗り越えるべく，価値創造の障害となるさまざまな対立
を，1つずつ解消していくこと」に愚直に取り組めば，それがそのまま**リー
ダーシップ**を発揮することになります。

たとえば，プロジェクトチームに対して，プロジェクトのオペレーションの
最終目標を明確に説明することもリーダーシップの発揮の例です。プロジェク
トの最終目標が共有されることで，チームメンバーはプロジェクトの実現とい
う同じ方向を向いて仕事に取り組めるようになるためです。また，プロジェク
トの最終目標とチームメンバー各自の仕事とのつながりを明示するのも1つの
リーダーシップです。なぜなら，これによってチームメンバーは自分の仕事の
意義を理解できるようになるためです。なお，プロジェクトの目標と目標まで
の道筋は，あらかじめプロジェクト憲章という文章にまとめられることもあり
ます。[9]

また，作業の遅れや，メンバーの突然の体調不良，メンバーの家庭事情の変
化，チームメンバー外部での事件・事故・環境変化などのさまざまな問題が価
値創造に障害をもたらします。このときに，ここで学んだ手法の数々を用いて，
こうした障害をチームメンバー全員で乗り越える手助けをするのもリーダー
シップです。

実際に自分がケータリング・サービス事業のアルバイトとしてチームメン
バーに入っている場合を考えてみましょう。突然コンロの火が点かなくなった
り，調理に手間取って時間が押したりしているときに，こうした障害にいち早
く気付いて笑顔で代案を出し，人員も追加してくれる人がいたらどうでしょう

---

9 Project Management Institute（2021）参照。

か。その人の冷静な意思決定のおかげで，絶対に間に合わないと思っていた自分の作業が時間内に終わったら，あなたはその人のことをリーダーシップがある人だと思うのではないでしょうか。

さらに，こうして作業が時間内に終わった後に，十分な給料と特別ボーナスまでもくれたならばどうでしょうか。第**4**章でモチベーションについて学んだときに述べたように，人は報酬が高ければ高いほどよく働くわけではありません。ただし，安すぎる金銭的報酬は，仕事へのやる気を失わせます。だからこそ，報酬制度を考えるのもまた，価値創造の障害を乗り越えるための手段となりうるわけです。

このように，オペレーション経営におけるリーダーとは，カリスマではなく，むしろ仕事の設計者だといえるでしょう。そして，仕事の設計者には，オペレーション経営をきちんと学ぶことで，誰でもなれるのです。だからこそ，オペレーション経営におけるリーダーシップは教科書で学ぶことができるものだというわけです。

プロジェクトにおける人事

このように，プロジェクトのオペレーション経営において，チームと組織の問題は必ず発生します。そこで最後に，プロジェクトチームにおける人事のあり方について簡単に学んでおきましょう。

プロジェクトを遂行するにあたっては，プロジェクトの規模を見積もった後に，人員や資金などを手配しておく必要があります。そのため，プロジェクトの実現までにどれだけの人員（人・時，人・日，人・月）が必要になるのかについて**要員計画**を立てておく必要があります。

そして，要員計画を立てた後には，その人員をどのような場所でどのような時期にどれだけ採用するのか，そのためにはどのような手段で募集をかけるべきなのかなどについて，**採用計画**を立てておく必要があります。これから起業をするプロジェクトなのか，それとも大企業内で立ち上がったプロジェクトなのかによっても，必要な採用計画は異なります。前者であれば社外の労働市場からの採用が主となりますが，後者であれば社内の内部労働市場からの一次的な転籍が主となるといった具合です。

このとき，プロジェクト遂行にあたって社内から人材を手配する場合は，集められた人材が本来所属している**機能別組織**の仕事も同時並行でおこなうのか

4 プロジェクトチームの組織化 ● 93

（縦と横の関係ができることから，行列＝**マトリックス組織**と呼ばれます），それとも
プロジェクトの専従者となるのか（**プロジェクトチーム組織**と呼ばれます），それ
らの混合なのかといった点に注意が必要です。

　たとえば，マトリックス組織を用いてプロジェクトを遂行する場合には，プ
ロジェクトを遂行するメンバーは，営業・開発・マーケティングなどといった
機能別組織の仕事と，プロジェクトの仕事との間で板挟みになることがありま
す。マトリックス組織においては，個々人に別の種類の上司が存在するので，
このことを**ツーボス・システム**と呼称することもあります。[10]

　一方，プロジェクトチーム組織を用いれば問題がないというわけでもありま
せん。プロジェクトチーム組織の場合，プロジェクトチームで進めている仕事
に機能別組織からの支援が必要になった際に，機能別組織との調整が難しくな
るといった問題が考えられます。また，プロジェクトチーム組織が取り組むプ
ロジェクトは，専従者を抱えている分，コストが高くなりがちだという問題も
ありえます。こうした点に留意することで，プロジェクトのオペレーション経
営はよりスムーズに進んでいくと考えられます。

KEYWORD

プロジェクト　　プログラム　　P2M　　繰り返し性　　1回限りのオペ
レーション　　要件定義　　スケジューリング　　ガントチャート　　クリ
ティカル・パス　　クリティカル・チェーン　　アジャイル開発　　リーン
開発　　ウォーターフォール型　　アジャイル型　　持続可能性　　リー
ダーシップ　　要員計画　　採用計画　　機能別組織　　マトリックス組織
プロジェクトチーム組織　　ツーボス・システム

EXERCISE

①　学園祭で焼きそばの屋台を開くというプロジェクトに，学生数名で取り組むと
　します。プロジェクト成功の定義をしたうえで，プロジェクトの実現に必要な

10　高橋（2004）参照。

5M を列挙してみましょう。

② 上記のプロジェクトの実現が遅れる原因にはどのようなものがありえるか，考えてみましょう。

CHAPTER

第6章

ビジネスの規模拡大とオペレーション経営

SHORT STORY　あなたのケータリング・サービスでの料理のおいしさがさらに話題になったとしよう。できすぎた話かもしれない。しかし，実際のビジネスも，もう少し泥臭い話がありつつも，こうやって成功と失敗を繰り返して大きくなっていく。そのうちに，まったく知らない人のホームパーティに「仕事としてケータリングの料理を提供してくれないか」と頼まれたとする。ここまでくれば立派な個人事業だ。でも，見知らぬお客さんに料理を届ける仕事は，顔見知り相手にホームパーティの料理を請け負うのとはわけが違う。品質への責任も重大だし，そもそも2カ所同時に頼まれたらどうすればいいというのだろう……。

前章までで，5M の手配のなかでも，とくに人材や材料などの手配の方法について集中的に学んできました。こうした手配手法のなかには，プロジェクト・マネジメントと呼称される分野も含まれました。

　このようにして，優秀な人材を集めつつ，製品・サービスの提供に不可欠の材料を「必要なときに，必要なだけ」調達することが経営にとって重要であるのは疑いがありません。しかしながら，自社の事業をこれまで以上に展開していくためには，それだけでは不十分でしょう。

　たとえば飲食店の店舗を拡大する場面を考えてみましょう。あなたはレストランのオーナーで，材料の調達と調理を担当していたとします。本書の例でいえば，料理好きが高じて，ケータリング・サービスだけでは飽き足らず，ついに飲食店をオープンしたというような状況です。

　しかも，その飲食店が好調で，2 号店を出店しようかと考えているとしましょう。このときに問題になるのは「いかにして自分の料理を 2 号店でも忠実に再現できるか」という点ではないでしょうか。材料の調達だけを考えれば，発注量を単純に増やすだけで，2 号店のオペレーションに必要なものを手配できるかもしれません。人材についても，ひとまず頭数だけであれば，手配できるかもしれません。

　しかし，それらを準備しただけでは 2 号店において 1 号店と同じ品質の料理を提供することは不可能です。お客さん（顧客）は 1 号店において提供されているような，あなた自身の技術やノウハウによって生み出される料理と同等の品質を求めていると考えられるからです。そのため，2 号店では単に材料や人材を手配するのみならず，レシピ，調理技術，ノウハウといった，料理の品質を担保するその他の要素も手配する必要があります。

　このように，価値創造に資するノウハウや技術といった情報・知識（合わせて情報的資源と呼ぶことにします）を共有することで，新規の人材や新規の店舗においても，もともとの人材や店舗と同じ水準の製品・サービスが実現できるようになります。たとえば，情報・知識を保有している人が，講師役を務めて他の多くのメンバーにそれらを伝達するといった対応が考えられます。あるいは，いっそのこと本店で調理済みの料理を配送したり，一定の調理技術を担保するような機械を導入したりすることで対応することもできるでしょう。

　こうした問題意識を踏まえ，本章では，ビジネスの規模拡大期におけるオペレーション経営のあり方を考えていきます。本章前半では，技能や技術といっ

98 ● CHAPTER 6　ビジネスの規模拡大とオペレーション経営

た情報的資源の性質について理解していきます。本章後半では，情報的資源の伝達方法を①他者への伝達，②機械化という 2 つの側面から学んでいきます。

1 オペレーションにおける知識と情報（method）

企業における情報的資源の役割

　企業が所有する資源は，人やモノ，カネだけに留まりません。技術やノウハウといった情報の要素も資源として見なされます[1]。本書の 5M でいえば，method に当たる部分です。

　ここでいう技術とは，「物事を取り扱ったり処理したりする際の方法や手段。また，それを行うわざ。科学の研究成果を生かして人間生活に役立たせる方法[2]」と定義されます。また，ノウハウは「ものごとの方法にかんする知識とそれをなす中での経験[3]」です。つまり，何かをするための方法自体を企業内に蓄積していくことが，競争上有利な立場を築くことに貢献するのです。

　こうした**情報的資源**にはいくつかのメリットがあります[4]。1 つ目は，複数人が利用可能であるということです。普通の資源であれば，数に限りがあります。1 本の包丁は同時に 1 人しか利用することができないでしょう。しかしながら，調理方法，ノウハウといった情報的資源であればコピーして多くの人が活用することができます。たとえば，マクドナルドなどのハンバーガーチェーンは，ハンバーガーの調理に関するマニュアルを作成し，それを何万人もの人員が活用することによって，毎日大量のハンバーガーを提供しています[5]。

　このように，情報は一度広めれば，多くの人が同時に利用できるのです。また，情報的資源には「使っても減らない」というメリットもあります。上手く利用すれば，むしろ資源が強化される可能性すらあります。包丁という物的な資源であれば，使っていくたびに刃がこぼれていき，時間が経てば傷んでしま

note

1　伊丹（2012）参照。
2　『デジタル大辞泉』参照。
3　Oxford Learner's Dictionaries ウェブサイト参照。
4　伊丹（2012）参照。
5　『日本経済新聞』（2018 年 12 月 20 日）参照。

うでしょう。一方で，技術やノウハウという情報的資源であれば，摩耗してしまうことはありません。料理における秘伝のタレの製法は何十年，場合によっては百年単位でそのお店を支えてくれます[6]。

情報の伝達方法

ここまで情報的資源が企業にとっていかに有益であるかについて述べてきました。上記のメリットを活かすためには，この情報的資源を「企業として」活用する必要があります。なぜならば，人間1人だけでできることには限界があるためです。たとえ1人の職人気質の料理人が非常に優れた技術，ノウハウを保有していたとしても，それだけでは1店舗の経営で限界がきてしまいます（もちろん，それで本人が満足しているのであればよいのですが）。

1人の天才がいるだけでは，複数店舗のオペレーションを維持するのは難しいでしょう。だからこそ，事業の規模を拡大していくためには，優れた人材が持つ技術，ノウハウを他の人に伝えたりして，企業として継続的なオペレーションが可能な状態にすることが求められるわけです。それでは，そうした情報の伝達はいかにしておこなっていけばよいでしょうか。

知識の特性：暗黙知と形式知

まず，ノウハウや技術といった情報を社内に展開するためには，そうした情報や知識の特性を理解することが有用です。たとえば，経営学分野において，知識は，暗黙的（暗黙知）と形式的（形式知）という2つの観点で整理されてきました[7]（図表6.1）。

このうち暗黙知は「特定状況に関する個人的な知識[8]」と定義されます。自身が体得したノウハウ，勘やコツなども含まれています。暗黙知については，本人自身も言語化することが難しいため，言葉や文書などの形で他の人に伝えることができません。「どうすれば裏が透けるほど薄く大根のかつらむきをできるのか」を例にとって考えてみましょう。その技術について，ポイントやコツを伝えることはできますが，誰でも再現できるようにすべてを言葉で説明する

6　伊丹（2012）。
7　Polanyi（1966）参照。ただし，Polanyi（1966）のいう暗黙知は表現・共有困難という前提があり，野中・竹内（1996）の議論とは前提が異なる部分が存在します。
8　野中・竹内（1996）88頁より引用。

| CHART | 図表6.1　暗黙知と形式知

出所：野中・竹内（1996）の考え方をもとに筆者ら作成。

ことは難しいでしょう。

　一方，**形式知**については，「形式的・論理的言語によって伝達できる知識」と定義されます。料理のレシピ本のような形で数値や文章で作り方を説明をすることができます。そのため，多くの人がその料理の味を再現することができるようになります。

　ここで注意が必要な点は，これらの知識が暗黙的か形式的かという分類は連続的（グラデーション的）で，あくまでも相対的なものであるということです。各知識はまったく言語化できない（完全に暗黙的）知識↔すべて言語化できる（完全に形式的）知識という両極の間のいずれかの地点に位置付けられます。

　先ほどの暗黙知と形式知の例をもとに考えてみましょう。暗黙知の例として紹介したかつらむきについて，完全に言葉だけで説明することは難しいかもしれません。しかし，かつらむきにおいて注意すべきポイントやコツを言葉にすることはまったく不可能ではないでしょう。つまり，こうしたノウハウでさえも完全に暗黙知というわけではなく，相対的に「暗黙知寄り」の知識であるということが理解できます。

　あるいは，料理本を読みながら料理を作る例を考えてみましょう。その場合，レシピの記述に基づけば，ある程度の品質の料理はできます。しかし，焼き加

9　野中・竹内（1996）88 頁より引用。

減や盛り付けなども含めて完全に本の通りに再現できるわけではないでしょう。そのため，料理の品質を理想に近づけていくには，実際に理想の料理の作業がおこなわれている場所を観察したり，料理の師匠からのフィードバックが必要となったりします。したがってこれも，完全に形式知というわけではなく，相対的に「形式知寄り」の知識であるといえます。

■ ノウハウや技術をいかに伝達するか ■

ここまで知識の性質について検討してきました。暗黙知は文字の形で表現することが難しい一方で，形式知は文字などの形で表すことが可能となります。次に，これらの知識の伝達方法について考えていきましょう。

結論からいえば，形式知と暗黙知の効果的な移転方法は異なります。暗黙知は，指導役自身がすべてを説明することはできません。そのため，指導される側としても，一緒に働きながら，指導役の動作を見たり，指導役からこまめにフィードバックをもらったりしながら身に付けていくしかありません。このような，実際に働きながらおこなう訓練・教育を OJT（第1章）と呼びます。高級料理店での「修業」も，暗黙知を習得するという観点からいえば，一定の合理性はあるといえるでしょう。[10]

一方で，形式知はテキストなど文書の形式を用いて伝達することもできます。指導役もそのようなテキストをもとに指導ができるため，多くの人数を短期間で教えることができます。暗黙的な知識の伝達のように仕事をしながら覚えるということではなく，学校や講習会などで対応することも可能でしょう。このように仕事をしながらの学びではなく，仕事外で受けるトレーニングを Off-JT（オフ・ザ・ジョブ・トレーニング）と呼びます。料理においても，テキストと動画などを組み合わせた通信教育なども登場しており，[11]従来の修業よりも効率的に知識を身に付けることができるとして，注目を集めています。これらの取り組みは，これまで暗黙的であったプロの料理のノウハウを形式知化して伝達しているといえるでしょう。

---

10 国府（2009）参照。
11 辻調理専門学校ウェブサイト参照。

暗黙知と形式知のメリット・デメリット

ここまで各知識に適合的な伝達方法について検討してきました。ここからは各知識での伝達のメリット・デメリットについて紹介します。形式知を用いての伝達のメリットは何といっても伝達の容易さです。文書や説明の形式で伝達することができるため、修業のように同じ場所で経験を共有しながら伝達されるよりも、多くの人に伝えることができます。そのため、企業としては、知識をできるだけ形式知化することによって店舗展開を急速に進められるでしょう。

しかしながら、すべての暗黙知を形式知化すればよいというわけではありません。暗黙知を形式知に変換するにはコストがかかります。自分の経験を他の人に伝達可能な形にするためには、すべてを文字にしたり、再現可能かどうかなど検証したりする必要があります。また、多くの人に伝達できるように知識を形式知化するということは、逆にいえば、いったん他社に知られれば簡単に真似できてしまうということを意味します[12]。秘伝のタレの製法が明らかになってしまえば、その味はどこでも再現できるようになってしまい、お店は苦境に立たされてしまうでしょう。その点、暗黙知であれば、何を真似すれば同じような結果を得られるのかという因果関係が曖昧なため、なかなか他社に模倣[13]されません。

このように、暗黙知と形式知には、メリット・デメリットが存在します。これを前提にすれば、素早く事業を展開していきたい場合には、形式知で展開するのが適切でしょう。一方で、他社に真似されては困るようなノウハウなどがあり、そこまで急速な事業拡大を望まないという場合には、暗黙知での浸透を図っていくという方法が効果的といえるでしょう。

人間の作業と機械化 (machine)

ここまで method の手配について検討をしてきましたが、ここから machine の手配について考えていきましょう。ある作業を人間が実施するのか、機械が

---

12 Kogut & Zander (1993) 参照。
13 Barney (2002) 参照。

CHART 図表6.2　オペレーションの選択肢：ジャガイモの皮むきの場合

①自分で皮をむく

②皮むきしてくれる人を雇う

③皮むき済みのものを買う

④皮むき機を導入する

出所：筆者ら作成。

実施するのかは手段の違いでしかありません。まず，どのような結果を得たいのかという目的を設定します。そのうえで，ある目的を解決するための手段を検討します。その目的を達成するための方法は無数に存在します。その方法のなかで，効果的・効率的に目的を達成できるものを探索していきます。この探索に際して，自力でやることしか考えてはいけないというわけではありません。機械の力を借りたり，他人の力を借りたりしてもよいのです。

このような考え方は，**サービス・ドミナント・ロジック**と呼ばれます。これは，すべての行動はサービスであり，それを自分で実施するか，人にやってもらうかという選択でしかないということです[14]。カレーを作る際のジャガイモの皮むきを例に考えてみましょう（**図表6.2**）。すなわち，皮をむいたジャガイモをいかに調達するかということです。そのための方法として，①自分でピーラーを用いて皮をむく，②皮むきしてくれる人を雇う，③皮がむかれたジャガイモを買ってくる，④皮むき用の機械を買ってきて機械に作業してもらうなど

14　Vargo & Lusch（2008）参照。

があるでしょう。このように，オペレーションを実行するうえでは，自分です
べてやる必要はなく，さまざまな選択肢のなかから適切な方法を選んでよいの
です。

そのなかの1つの方法として機械に実施してもらうという方法があるわけで
す。現在では，技術の進歩によって多くの作業が機械によっておこなわれるよ
うになってきています。たとえば，シャープのホットクックという商品があり
ます。この商品は，炊飯ジャーのような形状をしていますが，これまで難し
かった煮込み料理などの火加減やかき混ぜなども自動で実施してくれます。そ[15]
れまで自分でやっていた煮込み作業やかき混ぜを機械が自動でやってくれるよ
うになり，効率的に作業を進めることができます。

機械の種類

機械といっても発電用タービンなど大型の機械から，製造用の機械である旋
盤やマシニングセンター，スマートフォンまでさまざまな機械が存在します。
機械の要件として以下の要素があげられています。[16]

(1) それぞれ特定の役割を担う要素の集合体である。

(2) これら集合体は，全体として目的にかなった機能を実現する。

(3) この機能の実現のため，機械的な力と運動の両方あるいは，いずれか一
　　方が重要な役割を果たす。

また，機械は，動力機械，作業機械，計測機械，情報・知能機械，その他と
いう5つのタイプに分類できるといいます。このようにさまざまなタイプが存[17]
在する機械ですが，作業のタイプに基づいて，①直接的に製品・サービスに関
わる機械，②その作業を補助する機械，に分けることができるでしょう。具体[18]
的には，①については，実際の製品の製造，顧客へのサービス提供に関わる機
械があります。②については，部品の供給，情報処理などが当たります。

そのオペレーションを機械で実施する場合，①についてはとくに作業機械や
計測機械が大きな役割を果たします。②については，部品を自動的に作業者の
ところまで持ってきてくれる AGV と呼ばれる機械であったり，POS データを[19]

15　シャープ・ウェブサイト参照。
16　以下，『コトバンク』ウェブサイトより引用。
17　『コトバンク』ウェブサイトより引用。
18　Porter（1985）参照。

活用した発注システムなどが該当するでしょう。②は目立ちはしませんが，企業にとって欠かせないものです。トヨタ自動車では，自動車の受注データを管理するために，いち早く IBM 製のコンピュータを導入したといいます。[20] このコンピュータによって，日々のお客さんからのオーダーに素早く対応できるような体制が構築できました。それが，トヨタの JIT システム（必要なときに，必要なものを，必要なだけ供給するシステム）を支える原動力にもなりました。

▌ 機械化の効果

　ここまで，知識の性質とその伝達方法について確認したうえで，機械の性質について学んできました。前節までの議論は，現状のノウハウや技術をいかにヒトに伝えるかという観点に基づくものでした。しかしながら，企業としては，ヒトに伝えるのではなく，機械に人間の持っている知識を移転させるという方法も検討する必要があります。[21] つまり，人間の技術・ノウハウを機械によって再現し，それらに人間の作業の代わりをしてもらうという方法です。お寿司の例でいえば，回転寿司チェーンは，これまでは人間の手で握っていたシャリを機械によって作っています[22]（図表 6.3）。

　このような機械化は現在，計算から洗濯まで多くの作業で進んでいます。もちろん機械によってこれまで人間にはできなかった作業ができるようになるということもありますが，今回の議論は，手作業との代替関係にあるような作業を中心に紹介します。

　食品を加工するための機械を例にとって考えていきましょう。たとえば，冷凍庫を作っているメーカーである前川製作所のトリダスという食品加工機械があります（図表 6.4）。これは鶏のもも肉から骨を自動で取り出してくれる機械です。自動で鶏もも肉を機械に投入してくれる自動投入ロボットシステムを活用することによって，1人で5台のロボットを同時に管理して作業ができるといいます。これは，もも肉の骨を取り除くという，これまで人間がおこなっていた作業を，機械が代替するものといえるでしょう。以下では，このような機械化に関するメリットとデメリットについて考え，ある作業を人間が担当した

19　高市（2023）参照。
20　和田（2009）参照。
21　徐（2021）参照。
22　くら寿司ウェブサイト参照。

CHART 図表6.3 小型シャリ玉ロボット＋シャリ玉移載装置

出所：鈴茂器工ウェブサイト。

ほうがよいのか，機械化したほうがよいのかを判断する基準を学習します。

　機械化の1つ目のメリットは機械による大量生産です。機械は上手く導入すれば，人間にはできないレベルの速度で作業を繰り返すことができます。加えて，人間のように疲れるということはありません。そのため，機械化を上手く実施することができれば，企業の生産規模は大きく拡大できるでしょう。

　2つ目のメリットは，展開のしやすさです。機械は，同じ機械であれば，導入直後から同じように作業をしてくれます。人間の場合には，1から教育しなければならないので，この両者を比較すると，機械化のほうが事業展開という観点でいえば時間の節約になります。1からしっかりしたシャリを握れる人を育てるよりも，その部分の作業を機械に任せてしまい，店舗に導入したほうが早くオープンすることができます。

　3つ目のメリットは，従業員の負担の軽減にあります[23]。機械を有効に活用することによって，これまで従業員の負荷の大きかった作業を代わりに実施してもらうことができます。たとえば，体をかがめる作業が多かったりすると，腰への負担が重くなってしまいます。そのような作業を機械で実施するようにす

23　藤本（2001）参照。

| CHART | 図表6.4 チキン骨付きもも肉全自動脱骨ロボット
トリダス マークⅢ |

注：右の二次元バーコード（https://youtu.be/AvP41z3vQMs?si=O12CaJKPRkODQw1j）
を読み取ると，写真のロボットが実際に動いている様子が確認できます。
出所：前川製作所ウェブサイト。

れば，従業員の負担は減少します。

このように機械化には多くのメリットが存在します。有効に活用できれば，オペレーションのコストを低下させ，従業員の負担も軽減させつつ，素早い事業拡大を可能にします。

機械化の課題

一方で，機械化にはデメリット，課題も存在します。大きな課題は，その費用負担の大きさです。機械化をするにあたっては，ノウハウや技術を実際に再現する方法を模索しなければなりません。その際に，機械を導入することで，人間が手作業で実施するよりも，効率的に生産できるようにする必要があります。加えて，品質を安定させることが求められます。せっかく機械で高速で作業をしても，その大きさが安定しなかったり，不良品が多ければ，結局手直しの手間がかかり，機械化の意味がありません。この試行錯誤のために，材料を購入したり，開発人材を確保したりする必要があります。さらには，必ずその機械の開発に成功するというわけでもありません。開発に失敗して，コストが無駄になってしまうリスクも存在します。失敗するリスクもコストに含めると，

---

24 Hounshell (1984) 参照。

機械化には多大な開発コストがかかるといえるでしょう。

この開発コストには，その作業が依拠している知識の性質も影響を与えます。その作業が形式知に依拠している場合であれば，そのままその作業内容を機械に反映させれば問題ありません。しかしながら，暗黙知に依拠している場合，どのようにその作業を再現できるのかわからない可能性があります。暗黙知の再現のほうが，開発コストは高くなるといえるでしょう。

このような開発コストに加えて，機械の導入コストもかかります。開発された機械を作るための材料費や人件費，設置費などです。

そして，このような条件をクリアして機械を導入したとしても，大きな課題が企業にのしかかってきます。それは，機械化すると，変化への柔軟性が低下してしまうという課題です。機械の開発や導入にかかるコストを回収するために，企業は規模の経済性を達成することが求められます。できる限り効率的に実施するためには，その機械を専用のものとして，その作業に特化させることが最適です。

しかしながら，ある作業に特化した専用機械にしてしまうと，新たな製品を開発して，製造するものを変更する際に問題が生じます。作るものが変われば，求められる作業も変化するため，製造機械も柔軟に対応させなければならないのです。このように，生産する製品やサービスの変更に対する**柔軟性**が低いというのが機械化の大きな課題です。[25]

この部分がヒトと機械の大きな違いです。寿司のシャリの話に戻って考えてみましょう。もし仮に寿司のシャリの大きさを変えるとなった場合，ヒトであれば簡単に変更できます。寿司のシャリをもう少し大きくしたいのなら，いつもより少し多めにとって握ればよいだけです。ところが，機械の場合は再度設定から調整をしなければなりません。もしそれ以外の大きさで作れないような仕組みになってしまっていた場合には，再度ゼロから設計し直さなければなりません。これは追加の開発コストにつながります。

機械の汎用性向上の方法

もちろん，通常の機械よりも汎用性を高めることで，変化に対応しやすくする努力もなされています。1つの方法は，部品の切り替えです。掃除機の吸い

25　Abernathy（1978）参照。

込み部分を作業に合わせて，切り替えるように，製造用機械の刃の部分など一部の部品を変更することで，複数の作業に対応できるようになります。もちろん，部品の切り替えをする時間や手間はかかりますが，専用の機械を設計・導入し直すよりも変更のコストは低くすることができます。また，コンピュータ制御によって作業に応じて，プログラミングを組み替えて，機械の動作を変更することができるようにしておけば，複数の作業に対応することも可能となり，0から設計するよりも変更ははるかに容易でしょう。このような取り組みは食品加工の分野でもおこなわれています。「デジスラー」という野菜をカットするための機械では，1種類の野菜のカットだけではなく，刃を切り替えて，スライスの設定をすることで，野菜をさまざまな形にカットすることができるといいます。[26]

　機械の汎用性の確保は今後も進んでいくことが予想されます。たとえば現在は，機械のプログラミング部分は人間が実施しています。しかしながら，機械学習など人工知能の研究も進展しており，将来的には，与えられた設計図の情報をもとに，製造機械自体が自動でプログラミングを修正し，作業方法を調整できるようになるかもしれません。[27]このような製造機械自体の発展によって，将来的には人よりも柔軟かつ低コストな生産機械も登場するかもしれませんが，まだまだその開発は途上です。とくに食品などは，人間であればそれほど難しくない，柔らかい食品をつかむなどの作業が難しいといった課題があるようです。そのため，そのような分野の加工用ロボットの導入も検討はされているものの，本格的な普及には至っていないとのことです。[28]

　また，このような柔軟性を高めた製造機械の作業スピードは専用のものと比べて，早いわけではありません。生産量の拡大を目的としている場合には専用機械のほうが低いコストで対応できます。

人と機械の融合

　ここまで，ある作業を人がおこなうか機械が実施するのかという2つの方向

26　エムラ・ウェブサイト参照。
27　三菱UFJリサーチ＆コンサルティング（2018）参照。
28　森田（2018）参照。

性を紹介し，両者のメリット・課題について検討してきました。ここまでの議論をもとにすれば，両者は一見対立しているように思われます。実際，機械化が進むなかで，これまでヒトがおこなってきた作業は置き換わっていくでしょう。しかしながら，企業としては，両者を対立する概念だと捉えず，両者のバランスを上手く取って組み合わせていく必要があります。

　機械は確かに素早く，正確に作業を進めてくれます。上手く開発すれば，人間よりも圧倒的に早く同じ作業をこなしてくれるでしょう。しかしながら，その開発にはリスクがあります。また，機械化に成功したとしても，企業として，変化への対応が難しくなってしまうという課題があります。そのため，機械化が難しく，柔軟性が重要となる作業については人間が担当し，そうでない固定的な繰り返し作業については機械が担当するといった組み合わせが想定されます。

　なお，このような人間と機械の組み合わせについては，トヨタの自働化（ニンベンの付いた自働化）という考え方が参考になります。自働化は「異常が発生したら機械がただちに停止して，不良品を造らない[29]」ことを意味します。ただ，停止してしまうと製造自体がストップしてしまいます。そのため，もしトラブルが生じた場合には，ヒトがその問題を解決し，作業を復旧させる必要があります。このような問題解決の部分などもヒトに残された重要な役割といえるでしょう。

　このように，人間と機械には得意な部分と苦手な部分の双方が併存しています。そのため，両者の得意な部分と苦手な部分を上手く組み合わせて，はじめて企業の生産性の向上が達成されるのです[30]。このように人間と機械が連携した著名な事例に，3D-CAD があります。3D-CAD によって3次元で設計が表示できるようになったのですが，単にこの技術を組織に導入しただけでは，はじめは上手く機能しなかったといいます[31]。実際にヒトによって活用され，コミュニケーションが活発化したりすることで，はじめて効果が発揮されたというのです。

　このように，機械を導入してもそれを組織で上手く活用できなければ，生産性は達成されません。機械を活用する組織的な基盤があってはじめて機械化が

29　トヨタ自動車ウェブサイト参照。
30　Akiike & Park（2015）参照。
31　具（2003）参照。

3　人と機械の融合　● 111

上手くいくのです。この点は留意すべきでしょう。

KEYWORD

機械　　情報的資源　　暗黙知　　形式知　　OJT（オン・ザ・ジョブ・ト
レーニング）　　サービス・ドミナント・ロジック　　柔軟性　　人間と機
械の組み合わせ　　自働化

EXERCISE

① はじめて訪れた土地で，おいしいレストランを探すための暗黙知的なノウハウ
を形式知化してマニュアルを作ってみましょう。

② 日常生活でおこなっている作業のなかで，機械化できるものがないか考えてみ
ましょう。その作業を機械化する場合，いくらまでならお金を出してもよいか，
根拠を持って考えてみましょう。

CHAPTER

第 7 章

反復的価値創造とオペレーション経営

SHORT STORY　今ではあなたのケータリング・ビジネスは地域内でも有数の規模にまで成長したとしよう。個人事業として自分1人で全部に目を配ってビジネスに取り組める限界はとっくに超えて売上が拡大している。この状況でもオペレーションを繰り返し安定して実行するには，個人商店から近代的な企業へと脱皮していかなければならない。どうすればそれが可能になるだろうか……。

この教科書では，経営における究極の目標を，価値創造に置きました。そして，オペレーション経営の本質は「価値創造の実現を目指して，価値創造の実現を阻むさまざまな障害を，1つずつ取り除く」ことだと論じてきました。

そのうえで，価値創造のアイデア創出段階の障害，経営戦略における障害，価値創造実現のためにヒト・モノ・カネを手配する際の障害，高度な機械と技術を手配する際の障害をそれぞれ乗り越えるための，基本的な視点といくつかの具体的な手法を学んできました。

なお，ここで学んだオペレーション経営は，営利企業だけではなく，病院や学校，NPO，地方自治体，中央政府の官公庁など，すべての組織に共通しています。それどころか，すでに本書で説明してきている通り，多くの人にとって身近な料理1つとっても，オペレーション経営の手法を活用できます。こうしたことから，オペレーション経営はすべての人にとって必須の教養だといえるでしょう。

前章までの内容を振り返ると，はじめにビジネスモデルを創造・想像することから始め，小規模なオペレーション経営，1回限りのプロジェクトのオペレーション経営，機械を用いた生産というように，だんだんと規模の大きな5Mの手配をおこなう視点と手法を学んできました。

こうして1つのビジネスモデルが顧客に広く受け入れられるようになると，今度は同じ5Mを継続して手配し，均質な製品・サービスという価値を提供し続けることで，より大きな価値創造が可能になるでしょう。そこで本章では，オペレーション経営がさらに大規模化し，5Mの手配の反復性・継続性が高まっている状況を想定します。すなわち，「繰り返しの5Mの手配」を効果的・効率的におこなうための組織作りの視点と手法について学んでいきます。

1 学習志向のオペレーション経営

▌分業の3つの利点 ▌

繰り返しの手配を効果的におこなう手法として，まず考えられるのは分業です。分業とは，価値創造のために必要な仕事の全体をいくつかの部分に分割し，それぞれの部分に担当する人・人工物を割り当てることを指します。

114 ● CHAPTER 7 反復的価値創造とオペレーション経営

たとえば，学園祭の模擬店で，Aさん・Bさん・Cさんの3人が焼きそばを作ることになった場合を考えてみましょう。通常そうした状況では，みなさんは自然と分業をおこなっているはずです。具体的には，Aさんは野菜や肉を切る係，Bさんは切った具材と焼きそばを炒める係，Cさんはできた焼きそばにトッピングをかけてパックに詰める係，といった形などが考えられるでしょう。それぞれが別々に最初から最後まで焼きそばを作ることもできるはずですが，そうしないのは分業したほうが効率的だからです。

段取り替え削減による正味作業時間増加

分業によるメリットは複数存在しますが，ここでは代表的なものとして3つ取り上げます。1つ目は，「段取り替え時間の節約」です。段取り替えとは，ある作業に必要な前準備（段取り）を変更することを指します。料理の例であれば，素材に合わせてフライパンの温度を変えるとか，専用の包丁を用意するといったことが考えられます。また，特殊な機械を必要とする作業であれば，治具・工具や機械の設定などを製品に合わせて調節し直すことなどが，段取り替えの例です。

1人ですべての作業をおこなう場合には，工程（製品・サービスが変化していく過程）ごとに道具や場所を変える必要が出てきます。しかし，段取り替えによる作業の中断は，分業によって不要になります。

仮にAさんが1人で焼きそばを作るならば，まずは調理台で野菜を切って包丁を置き，その後コンロの前に移動して菜箸を持って炒め，最後にトッピングの具材置き場の前に移動してパック詰めをおこなうことになり，3回の移動と道具の持ち替えが生じるでしょう。焼きそばを2つ作るなら6回，3つ作るなら9回の移動と道具の持ち替えが伴い，積み重なるとかなりの無駄な時間が発生してしまいます。

これに対して，Aさん・Bさん・Cさんがそれぞれ分業して，Aさんは具材を切る作業だけを集中しておこなえば，これらの移動や道具の持ち替え時間はなくなり，時間を節約することができるでしょう。こうして，本来の仕事ではなく「仕事のための仕事」を減らすことで，価値創造に直接つながっている時間（正味作業時間）を増加させることができるわけです。

●note

1 土屋（1994）参照。表現はこの教科書のテーマに合わせて修正しています。

熟練形成の効率化と知識の専門化

2つ目は，熟練形成の効率化・知識の専門化です。ある1つの作業のみに専念すると，基本的には習熟度や熟練度合いが上昇し，**学習効果**が促進されます。分割された作業に集中すれば，多数の作業を受け持つよりも，特定の作業を繰り返す量が増加し，作業経験が累積していくことで，作業に慣れたり，より効率的な作業方法に気づいたりできます[3]。

たとえば，はじめて包丁を持ったときは，持ち方もおぼつかなく，野菜1つを切るにも時間がかかり，切った野菜の大きさはバラバラです。しかし，包丁で野菜を切る経験を積み重ねていくことで，手早く均等に野菜を切ることができるようになっていくでしょう。同時に，それぞれの野菜ごとにどの方向でどの形に切ったらよいかといった知識も身に付いていきます。

機械の発明と機能的分業の強化

3つ目は，機械の発明と機能的分業の強化です。先ほどの例において，野菜を切る作業を繰り返しおこなっていたら，「もっとこういう包丁だったら切りやすいのにな」という具合に，新しい包丁の形を思い付くかもしれません。そのようなアイデアから生まれたと考えられるのが，尖った刃先がなく，四角い形をした，刃渡りが短めで両刃の，菜切包丁です。

他にも，おろし器やピーラー，ブレンダーなど，みなさんが普段使っている調理器具がたくさんあると思います。分業して限られた仕事を繰り返しおこなうことで，その仕事を効率的におこなうための道具や機械の発明が導かれていくわけです。

このように，分業には大きなメリットがあります。企業でも，開発，調達，製造，営業，マーケティング，人事，経理，総務など，仕事（＝機能）ごとに活動をおこなっています。それぞれの活動を繰り返しおこなうことによって，分業のメリットを享受できるようになるためです。

2　藤本（2001）参照。
3　Adler & Clark（1991）参照。なお，学習曲線理論についての包括的レビューに，高橋（2001）などがあります。

オペレーション経営における属人性脱却

ルーティンとマニュアル

　このように，分業によって繰り返しの手配が効果的に実行できるようになる場合をここまで見てきました。ただし，分業を少ない人数でおこなっている場合などに，「ある工程ＸはＡさんしかできない」という状況になっていたとすると，Ａさんが風邪を引いて休んでしまうと，工程Ｘが止まり全体の仕事も止まってしまうということにもなりかねません。

　もちろん，風邪であればＡさんも数日ほど休めば復帰してくれるでしょう。しかしＡさんが離職してしまった場合などには，全体の仕事が長期で止まってしまうことも考えられます。すなわち，属人化したオペレーションは，価値創造の障害になることがあるのです。[4]

　そこで，脱属人化のオペレーションを実現し，繰り返しの手配を効果的におこなう手法として次に考えられるのが，ルーティン化とマニュアル化です。前節で，「ある１つの作業のみに専念すると，ほとんどの場合，熟練度合いが高まり，学習効果が生じること」を説明しました。こうした「同じ手順の繰り返しをおこなうこと」をルーティンといいます。[5]たとえば，折り鶴を折る作業をひたすら続けるのもルーティン作業の１つです。

　あるとき，ふとしたきっかけで千羽鶴を折ることになったとします。千羽鶴を１人で折るととても時間がかかってしまうので，クラスのメンバー５人で千羽鶴を折ることになったとしましょう。Ａさんは手先が器用で一番早く，綺麗な折り鶴を折ることができます。よく観察してみると，Ａさんはみんなとは少し違う手順で折っていることがわかりました。そこで，Ａさんのやり方を他の４人も真似してやったところ，みんながＡさんと同じくらいに早く，綺麗な折

---

[4] ただし，すべての仕事が脱属人化できる・マニュアル化できるというわけではありません。たとえば，人間国宝（重要無形文化財の各個認定の保持者）と呼ばれる人たちは，無形の「わざ」を保持しており，それらの無形の「わざ」は脱属人化・マニュアル化することが難しいとされています。そして，人間国宝の方々が作り出すものは脱属人化・マニュアル化できないからこそ特有の価値創造につながっているという考え方もあります。
[5] Nelson & Winter（1982）参照。

り鶴を折ることができるようになりました。

　このように，何らかのルーティン的な仕事を1人だけでなく，組織メンバーと一緒におこなう場合に，そのとき思い付いた一番よいやり方をみなで共有することで，生産性を向上しつつ，一定の品質を担保することができます。そして，実際の仕事においては，ただ単に見よう見真似で作業を模倣するだけではなく，「上手な作業のやり方」を紙やデータの形でマニュアル化することがよく見られます。

　たとえば，アルバイトを経験した人も多いでしょう。アルバイトでは，飲食店からコンビニエンスストア，学習塾まで，「マニュアル」があるところが多かったと思います。こうしたマニュアルの目的の1つは，よいルーティンをアルバイト・メンバー全員で共有することにあるわけです。とくに新人は右も左もわからない状態で作業を始めるので，過去の先輩たちが考えたよい作業のやり方を把握できれば，より早く作業に馴染むことができるでしょう。先輩たちが新人アルバイト1人1人に教えるよりも，マニュアルにして新人全員が確認できるようにしたほうが，先輩たちの負担も少なくなります。

マニュアルの改訂

　加えて，マニュアルの目的のもう1つは，現行のマニュアルをさらに改訂して，よりよいルーティンを見つけていくことにあります[6]。たとえば，アルバイト先のBさんとCさんの作業のやり方がマニュアルと全然違う方法だったという場合などに，まずは，「マニュアルと違う」ということがすぐに明らかになります。そして，Bさんはマニュアル通りに作業しておらず，品質の悪い商品を提供していた場合，Bさんにマニュアル通りに作業するよう要請し，トレーニングし直すということが考えられます。

　一方で，Cさんはマニュアルと違うやり方をしてはいるものの，それよりもさらによいやり方を思い付いたので，新しいやり方をあえて実践していたのかもしれません。このような場合，Cさんのやり方を検証し，実際に現行の作業方法よりもよい方法であることが明らかになれば，マニュアルを改訂して，みなでCさんのやり方を共有しておこなうことで，組織全体のパフォーマンスを底上げすることが可能になります（図表7.1）。

6　大野（1978）。

CHART 図表7.1 マニュアルの目的

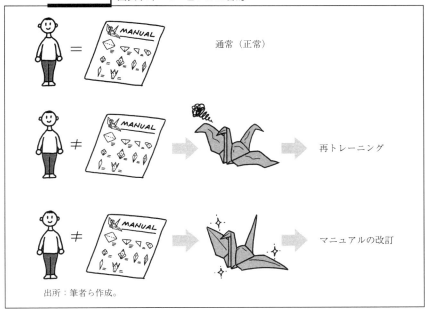

出所：筆者ら作成。

3 オペレーション経営のための組織デザイン

組織の必要性

　以上のように，ある仕事をルーティン化すること，さらに，マニュアル化して他者と共有することで，繰り返しの手配を効率化することができます。

　一方で，マニュアルをある程度作ることはできても，「完璧なマニュアル」を作ることはできません。人間が想定できることには限界がありますし，仮にすべてのことを想定しようとして1つ1つの対応策を列挙していたら，マニュアルが膨大な量になってしまい，誰も読まない・機能しないマニュアルになってしまうからです。

　たとえば，ファミリーマートでは，2017年に人手不足と現場で働くスタッフの負担軽減を目的として，1600頁のマニュアルを10分の1に縮約化しています[7]。1600頁のマニュアルがあっても，それを隅から隅まで読むやる気のあ

る人はなかなかいません。また，仮にやる気があったとしても 1600 頁の内容をすべて頭に入れてその通りに行動することは難しいでしょう。

何か問題が発生した際，「ほら，マニュアルに書いてあったでしょう。マニュアル通りに行動しなかったあなたの責任です」と責任回避したいがためのマニュアルであってはいけません。マニュアルは最も重要で汎用的な事柄に絞って，簡潔に作る必要があります。

しかし，マニュアルを簡潔にした結果，マニュアルに書ききれなかった問題や，想定していなかった例外的な問題がどうしても起きてしまいます。その場合には，どうすればよいでしょうか。夫婦 2 人とアルバイト 1 人で経営している小さな定食屋さんなどであれば，3 人で集まって話し合い，どうするか決めてもよいかもしれません。しかし，10 人，100 人規模のお店だったらどうでしょうか。100 人の従業員が働くスーパーマーケットで，何か問題が発生した際に「みんなで決める」形を貫こうとすると，とても大変です。まず，全員が集まれる場所がないですし，全員集まること自体が難しいでしょう。さらに，集まっている間，レジや品出しなどスーパーとしてこなさなければいけないすべての作業が止まってしまい，その間お客さんはずっと待たされることになってしまいます。

そこで，マニュアルにない例外的な問題が起きたときに，意思決定をおこなう人を決めておくことが有効になります。企業では，重要な意思決定をおこなう社長がいて，社長の決定の範囲内で，従業員は日々の業務を実行するためのより小さな意思決定をおこなっていくことが多いでしょう。

では，社長だけがいたらよいのかというとそうでもありません。企業が大きくなればなるほど，社長の独断で日々の意思決定をするのは困難になっていきます。「社長がすべてを決める」ような中央集権的な意思決定をおこなう会社では，社長の前に意思決定の在庫の山ができてしまい，社長が制約となって業務が止まってしまうこともありえます。

たとえば，2021 年 3 月期決算の上場企業のうち，従業員が最も多いトヨタ自動車の従業員数は 7 万 1373 人です。この 7 万人から「あんな問題が起きたけど」「こんな問題が起きました」「どうしたらいいか」と日々意思決定を迫られ，すべてに回答することは現実的ではないでしょう。1 人の人間が同時に対

---

7 NIKKEI STYLE（2019）参照。

応できる相手（部下）の数には限界があるのです（一般的には5〜10人程度といわれています）。そのため，社長（代表取締役），専務，部長，課長，係長，平社員，のように階層を設けて一定範囲内の意思決定は権限委譲していく必要が出てきます。そのうえで，何か不測の問題が生じた際には，平社員は係長に，係長は課長に，自分の1段上の階層の上司に判断を仰ぐようになります。

よくベンチャー企業が「うちは若い人が多いので，風通しのよいフラットな組織です！」と謳っていることがありますが，メンバーの年齢が若いかどうかにかかわらず，メンバーの人数が増えれば階層を増やさざるをえない場面が出てくるのです。社長という制約が価値創造を阻害することがありうる，しかも，優秀・有能ですべてを自分で決めたい社長ほどそうなる，という点は注意しておくべきでしょう。

組織デザイン

それでは，どのように組織の階層を作っていけばよいのでしょうか。

組織をデザインする際にはポイントがいくつか存在します。まず，組織内での部署や役割ごとに，**権限と責任の範囲**を定める必要があるでしょう。さらには，組織内において公式な情報が流れるルートを決める必要があります[9]。たとえば，Aさんの権限でやってよい業務内容，Aさんが責任を取る業務内容や部下の範囲を定め，Aさんが現場での問題や改善案などを報告・相談する際にその情報が流れるルートを決めるということです。ここで，「公式な情報」という限定を付けたのは，**組織デザイン**において噂話のような私的な情報のルートを定める必要は薄いためです。どのような組織構造を用いるのかによってAさんの行動は大きく変わるわけですから，組織デザインは経営にも大きな影響を与えます。

機能別組織

ほとんどの場合，組織は機能別組織から始まります。**機能別組織**は，企業活動をおこなう経営の「機能」別に部門が分かれて存在しているような組織の形です[10]。

8　高橋（2007）。
9　山田・佐藤（2014）。
10　以下，山田・佐藤（2014）および高松・具（2009）参照。

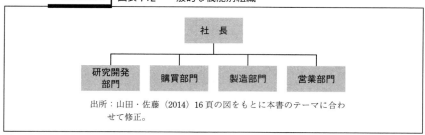

出所：山田・佐藤（2014）16 頁の図をもとに本書のテーマに合わせて修正。

　ここでいう経営の機能とは，まず大学生の場合であれば，就職活動をする際に意識する職種と同様の考え方だと理解してみるとよいかもしれません。たとえば，企業には研究開発，製造（生産），営業，マーケティング，企画，人事，経理，総務などの経営機能が必要とされ，それぞれに対応すべく研究開発部門，購買部門，製造部門，営業部門といった部門が成立しています（図表7.2）。

　機能別組織のメリットは2つあります。1つ目に，部門ごとに業務が特化されるので，部門ごとの目標設定がしやすく，管理も容易になるというメリットです。2つ目に，同じ仕事や作業に従事するため，知識も共有しやすくなり，タスクに対する従業員の能力が育ちやすいというメリットが考えられます。

　一方で，機能別組織のデメリットも2つ存在します。1つ目に，製造と販売といった異なる部門間での連携が取りにくくなる傾向にあります。たとえば，「製品の売上を伸ばすためにガンガン営業するぞ！」と営業が意気込んでも，売るものがなければ売れません。顧客に対してどれくらいの納期でいくつの製品を納入できるかを説明するには，製造部門の情報が必要ですし，製造部門の努力によって製品を作ってもらわなければいけません。同様に，「できる限り効率的に作れるように改善活動をおこなうぞ！」と製造部門が意気込んでも，今月どれだけ作るのかを決めるには，どれくらい売れそうかという営業部門の情報が必要になりますし，営業部門の努力によって製品を売ってもらわなければいけません[11]。売れないものを作っても誰の幸せにもつながらないからです。結局のところ，自分の部門の目標だけを見て努力しても意味がなく，会社全体の利益につなげるためには，他部門との連携が必要になるのです。

　2つ目に，機能をまとめて組織全体を管理できるマネージャーが育ちにくいということです。たとえば，みなさんがトヨタ自動車で働いている従業員だっ

11　山田・佐藤（2014）16 頁。

たら，どんな人に次期社長になってもらいたいでしょうか。やはり，トヨタの強みはトヨタ生産方式，つまりは生産にあるのだから，製造部門で活躍していた人がよいでしょうか。しかし，いくらよい車を作ったところで売れなければ意味がないのだから，営業部門で活躍した人がよいでしょうか。

ここで，仮に製造部門で活躍していた人が社長になったとしましょう。製造部門で活躍していた人であれば，当然製造のあらゆる問題には対処していくことができるでしょう。しかし，「社長，営業部門でこのような問題が起きていて，どうしましょうか」と相談された場合，「私は営業のことはまったくわからない……」となると困ります。このように，機能別組織は，機能としての専門に特化している一方で，他の部門については知識不足の従業員が増加する傾向にあります。

このことから，機能別組織は，単数もしくは少数の種類の製品を，比較的狭い販売地域において取り扱うような場合に有効であるとされています。つまり，小規模な中小企業に多い組織形態だということもできるでしょう。しかし，企業はより多くの価値を創造していくために，成長に伴って多角化・大規模化していきます。そのような場合には，機能別組織では管理しきれない状況になっていきます。そこで用いられるのが事業部制組織です。

┃ 事業部制組織 ┃

事業部制組織とは，取り扱う製品のカテゴリーや（例：食品事業部，飲料事業部，サプリメント事業部……），当該企業が活動している地域を軸に事業部の所轄領域を定め（例：日本事業部，北米事業部，ヨーロッパ事業部，中国事業部……），そうした区分ごとに部門が分かれている組織のことです。[12]

機能別組織では，機能ごとに部門が分かれていることから，それぞれの部門だけでは製品開発から販売までのすべての価値創造に関わる業務を完結することができません。生産部門だけでは製品を売れないし，営業部門だけでは製品を作れない，ということです。それに対し，事業部制組織は各事業部が生産部門や営業部門など価値創造を完結させる一連の機能を有しています。すなわち，事業部がそれぞれ1つの企業のようなものです。つまり，小さな機能別組織が集まることで，事業部制組織ができているとも理解できるでしょう（図表7.3）。

12　以下，山田・佐藤（2014）参照。

CHART 図表7.3 一般的な事業部制組織

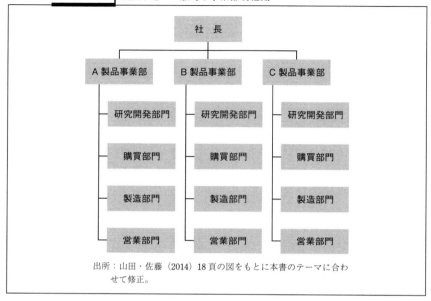

出所:山田・佐藤（2014）18頁の図をもとに本書のテーマに合わせて修正。

(1) 製品別の事業部制組織

　企業が多角化して複数の製品を取り扱う場合，製品によって用いられる技術や**顧客のセグメント**（たとえば年齢・性別など）が異なることがあります。たとえば，パナソニックでは営業パーソン向けパソコンからドライヤーまで幅広い製品を扱っていますが，それぞれ用いられる技術も違えば，想定している顧客層もまったく違います。

　営業パーソン向けパソコンならビジネスパーソン世代が主な顧客になりますし，ドライヤーなら幅広い年代の女性や美容意識の高い男性が主な顧客になるでしょう。顧客が違えば，ニーズも異なります。冷蔵庫などの大型家電であれば，機能面や耐久性，価格などが重視され，デザインはあまり重視されませんが，高級ホテルに備え付ける美容家電であれば，デザインも重視されます。製品ごとに事業部を分けることによって，その製品に特化した連携が取りやすくなり，より顧客ニーズに沿った対応が可能になります。

(2) 地域別の事業部制組織

　次に，企業が活動する地域を広げながら大規模化していく場合を考えてみましょう。こうした状況において，地域によって顧客ニーズが異なることも想定

されます。とくに，国際的に展開している企業であれば，それぞれの国の歴史や宗教なども製品ニーズに大きく影響してきます。どんな色が「縁起がよい」とされるかにも，文化的な特性があります。

このようなときには，事業部を地域ごとに分け，その地域に適したビジネスをおこなうことで，より顧客ニーズに沿った対応が可能になります[13]。たとえば，自動車メーカーの場合，製品ラインナップが増えたとしても，セダン，ワゴン，ミニバン，SUV のように，製品が自動車である点には変わりがなく，そこで使われている技術もある程度は類似しています。もちろん，セダンはどちらかというと単身者のニーズがあるのに対し，ワゴンやミニバンは家族世帯のニーズがあるといった違いはありますが，燃費や安全性など，製品間で求めるものにそこまで大きな差異はないでしょう。

一方で，地域によるニーズの差異は大きく影響します。たとえば，左ハンドルが当たり前の国で右ハンドルの車を売ったら当然売れにくいでしょう。また，道路環境も国によってかなり異なります。北米の高速道路は日本やヨーロッパよりも路面が粗く，継ぎ接ぎや凸凹が多いため，車高を高くしたり，サスペンションの仕様を変更したりしている自動車メーカーもあります。インドでは渋滞時に頻繁にクラクションを鳴らす文化が存在するため，クラクションを強化するメーカーもあります。

このように，日本国内で営業している企業であれば，北海道事業部，東北事業部，関東事業部などのように事業部を分け，グローバルに展開している企業であれば，アメリカ事業部，ヨーロッパ事業部，アジア事業部などのように事業部を分けることで，それぞれの地域に特化した連携が取りやすくなり，より顧客ニーズに沿った対応が可能になります。

事業部制組織では機能別組織と比べて顧客ニーズへの対応がしやすいということに大きなメリットがあります。顧客ニーズに沿った対応ができれば，それだけ企業・製品の魅力度は増しますし，より多くの価値を顧客に提供することができます。また，事業部長という職責はさまざまな機能部門を統合しながら意思決定をおこなう必要があるため，こうした組織においては，幅広い業務に理解のある経営人材が育ちやすくなるというメリットもあります。

一方で，事業部制にもデメリットはあります。たとえば，事業によって部門

13　山田・佐藤（2014）参照。

を分けるために，異なる事業部に所属している，同一職種の専門人材とのコミュニケーション機会が減少する可能性があります。これにより，機能別組織と比べて職務の専門性は育ちにくいということがあります。

また，事業部同士が互いをライバル関係として認識した場合のデメリットもありえます。もちろん，事業部同士のある程度の切磋琢磨は必要でしょう。しかし，たとえば事業部同士が互いに新製品開発情報を共有しないほどに互いの精神的な距離が広がってしまえば，「同じ会社なのに，似たような製品を2つの事業部が同時に開発するという無駄な行動を取っていた」というような状況も生じえます。事業部ごとには最適化されていても，会社全体として見ると全体最適が損なわれてしまう可能性があるということです。

ハイブリッド構造

機能別組織と事業部制組織を組み合わせた組織もあります。これを**ハイブリッド構造**と呼びます（図表7.4）。[14]

上述したように，事業部制のデメリットとして，職務の専門性が育ちにくいという点がありますが，とくにこの影響を受けやすいのが研究開発部門です。研究開発部門に蓄積されるさまざまな基礎技術は，本来さまざまな製品に応用できる技術であることも多く，1つの事業部内で留めておくにはデメリットが大きいことも多いです。

また，企業の本質的な業務はモノやサービスを提供して売ることだと仮定すると，調達，生産，営業のような業務に対して，経理，人事，総務といった業務は「本質的な業務をサポートするための業務」であるといえます。このようなサポート業務については，事業部ごとに専門部隊を設置しておくと重複業務が多くコスト高になることが考えられます。そのため，生産や営業などは事業部ごとに管理し，研究開発やサポート業務については事業部から独立して設置するといった組織構造が，このハイブリッド構造です。経営機能を担う部隊を事業部ごとに持つべきか，会社全体で共有するべきか，機能ごとにどちらのほうがより多くの価値を創造できるのかを考えて組織設計するのがこのハイブリッド構造の特徴であり，実際の企業でも多く見られる組織構造です。

どの組織構造にもメリットとデメリットがあり，「どんな企業であってもこ

---

14 以下，山田・佐藤（2014）参照。

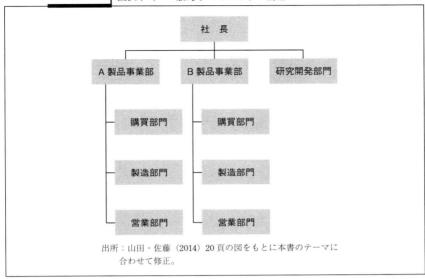

図表7.4 一般的なハイブリッド構造

出所：山田・佐藤（2014）20頁の図をもとに本書のテーマに合わせて修正。

の組織形態にすればよい」という絶対の正解はありません。また，組織の構造は一度決められたら変わらないというものでもありません。企業の競争環境の変化や，それに伴う企業戦略の変化に応じて組織構造も変更していく必要があります[15]。企業が価値創造をおこなうにあたっては，組織そのものを変革し，組織そのものを手配していく必要があるのです。

KEYWORD

分業　学習効果　ルーティン　マニュアル　組織デザイン　権限と責任の範囲　機能別組織　事業部制組織　顧客のセグメント　ハイブリッド構造

---

15 Chandler（1990）参照。

EXERCISE

① サークルやアルバイト先のオペレーションのなかで，誰か特定の人しか実行できないもの（属人的なもの）にはどんなものがあるか，考えてみましょう。

② そのオペレーションの属人性を減らすにはどうすればよいか，考えてみましょう。

CHAPTER

第 **8** 章

パフォーマンス測定と
オペレーション経営

SHORT STORY 　飲食業界に新風を吹き込んだあなたの会社は，ようやく安定したオペレーションが実現できた。でも，これだけでは「これでひと安心」とはならない。自分の会社はいまどんな状態にあるのか，お客さんを満足させることができているのか，他企業と比べて自社はどうか，チェックすべきことはまだまだたくさんある……。

ここまで，価値創造の規模が拡大するにつれて，手配がいかに複雑化していくかについて検討してきました。前章までで，オペレーション経営を成立させる手配の大まかな方法については学んだはずです。

　次に考えるべきは，こうした手配のやり方をより効果的・効率的なものへと，各自の努力によって変化させていくことでしょう。そして，そのためには，価値創造に向けた手配が上手くいっているかどうかを何らかの指標で把握する必要があります。企業が継続的に成長していくためには，自らの取り組みを適切な方法で評価する必要があるわけです。

　たとえば，レストランにおける手配が上手くいっているか，どのように判断すればよいでしょうか。毎日お客さんがたくさん来てくれていればよいのでしょうか。それとも，他の指標が必要となるのでしょうか。この例についていえば，毎日お客さんがお店にたくさん来ていて満席状態だったとしても，1番安い300円のコーヒーを1つしか注文せずに営業終了まで居座るお客さんばかりで，その売上よりもコストのほうが大きくなってしまうと場合によっては倒産してしまう恐れがあります。また，せっかくおいしい食事を提供していたとしても，提供に時間がかかる／売り切れているなどすると，お客さんが離れていってしまう恐れもあります。

　このように，企業が実施している手配が有効に作用しているかどうかは，多様な基準で評価する必要があるのです。そこで本章では，手配が有効に作用して，企業にもたらされる結果について基礎的な内容を学んでいきます。

1　なぜパフォーマンスを測定するのか

　そもそもなぜ手配の**パフォーマンス測定**をする必要があるのでしょうか。その意義について考えていきましょう。もちろん，パフォーマンスを測定することは簡単ではありません。生産数量を管理したり，時間を測定したりしたうえで，それを記録として保存して閲覧可能な形で管理しなければなりません。このように測定自体にも費用がかかります。しかしながら，パフォーマンスの測定には複数のメリットもまた存在するのです。

　1つ目のメリットは，パフォーマンスを把握することにより，オペレーションが以前と比べてよい状態になっているのか，それとも悪化しているのかを，

感覚的にではなく，客観的に把握し，その課題に対応することが可能になるということです。パフォーマンスを測定した結果として，悪化が確認された場合には，その理由を考えるきっかけとなります。たとえば，みなさんが運営しているレストランで，注文を受けてからお客さんに料理を提供するまでの時間を測っていたとしましょう。もしその時間が以前よりもかかるようになっていたら，その原因を考え，改善することができるでしょう。

　2つ目のメリットとして，パフォーマンスを測定することによって，メンバー間や事業部間の比較が可能になる点があげられます。他の企業との比較も場合によっては可能となるでしょう。このような比較を通じて，自分たちがおこなっている現状のオペレーションの相対的な位置付けを把握し，改善のきっかけとすることができます。加えて，優れた部署や他企業を観察することで，その優れた施策（ベストプラクティス）を学び取り，自分たちの業務に取り入れることもできます。このような取り組みは「ベンチマーキング」と呼ばれます[1]。たとえば，自動車メーカーなどは国内の工場と海外の工場の生産性を定期的に測定しており，そうした情報を生産性向上のために用いているといいます[2]。さらに，**第3章**のバランスト・スコアカードのところで紹介した通り，目標設定すること自体が従業員の努力の焦点を定めることにつながり，パフォーマンスの向上に結び付くこともあります。

手配の結果，何が得られるのか

　手配を効果的に実施することができたとして，企業にはどのようなよい効果がもたらされるのでしょうか。まずはじめに思い付くのは，手配を効率的・効果的に遂行することで，製品の製造やサービスの提供が素早くできるようになったり，無駄を削減できるようになったりすることです。手配の工夫によって，現場のオペレーション・レベルのパフォーマンスの改善がもたらされるわけです。

　こうして価値創造のためのオペレーションの効率性が向上すれば，その企業

• note

1　Camp（1989）参照。
2　大木（2014）参照。

| CHART | 図表 8.1　手配がもたらす影響 |

現場レベル	顧客レベル	企業レベル	社会レベル
●品質 ●コスト ●運搬 ●柔軟性	●顧客価値	●売上高 ●営業利益 ●株価など	●持続可能性の尺度

出所：藤本（2001）および Slack & Brandon-Jones（2019）をもとに作成。

は高い売上や利益を実現できるでしょう。加えて，優れた手配は，企業の業績の改善のみならず，自然環境や社会問題の改善といった「持続可能性」にも貢献します。たとえば，現場のオペレーションを工夫することで廃棄物が減るケースはよく見られます。これによって自然環境への負荷も低減するでしょう。

このように，5M の手配は社会に大きな影響をもたらします。ここまでの議論は図表 8.1 のようにまとめられます。各段階でどのような指標が用いられているのか，順番に検討していきましょう（持続可能性については，第 14 章で学習します）。

3　現場レベルのオペレーションのパフォーマンス

まず 5M の手配が現場レベルのパフォーマンスに与える影響について検討しましょう。現場レベルのパフォーマンスを考える指標としては，①品質（quality），②コスト（cost），③デリバリー（delivery），④柔軟性（flexibility）の 4 つの要素（QCDF と呼ばれます）[3]などが提案されてきました。近年では，これらに加えて，従業員満足度などの項目も注目されています[4]。そこで，ひとまず本書ではこの 5 つの要素を順次検討していきましょう。

┃ 品質（quality）

まずは品質（quality）です。他社よりも品質のよい製品・サービスを提供で

3　藤本（2001）参照。
4　Yee et al.（2008）参照。

きれば，消費者を引き付けることができます。また，競合企業と比較した際に，高い単価で購入してもらうことも期待できます。販売量と単価双方が向上すれば，企業の売上高も高くなります。

　しかしながら，品質を高めると一言でいっても，そこには多様な意味合いが含まれてしまっています。この点について，生産管理の分野では，設計品質と製造品質という2つの考え方が採用されています。[5]

　設計品質とは「製品・工程の設計段階で意図された製品の機能・性能・外観などであり，製造の目標としてねらった品質」[6]，あるいは，「顧客に対してあらかじめ約束した製品機能のこと」[7]とされます。価値自体に強く関わる製品・サービスの質を築き上げることだといえるでしょう。料理でいえば，他店よりも優れた料理（おいしかったり，見栄えがよかったり，健康的であったり）を創作することが設計品質に該当します。優れた料理が提供されるのであれば，多くのお客さんを引き付け，満足してもらうことができるでしょう。

　しかしながら，優れた料理もきちんとお客さんに提供できなければ意味がありません。いくら味がよくても，時折味付けを失敗してしまうということでは，お客さんに満足してもらうことは難しいでしょう。メニューに載っている写真通りに盛り付けされていなかったり，異物が混入してしまったり，麺料理でいえば麺が完全に伸びた状態で提供されたりしても，お客さんの満足度は低いものとなってしまいます。このような設計品質で狙いとしていた品質が実際に達成できているかどうかを反映した指標を，製造品質と呼びます。

　そして，この製造品質を測るための指標として，内部不良率と外部不良率があります（**図表8.2**）。内部不良率は，工場のなかで発見される不良の割合です。レストランであれば，厨房での料理のミスが発覚することが該当します。お客さんのもとに届く前の不良ですので，お客さんの満足度には影響はしません。ただし，作業のやり直し，修正，材料の無駄が生じて，コストの増加につながるため，無視することはできません。

　一方，外部不良率は，工場外で発見される不良の割合です。この外部不良は，お客さんの目に直接触れるため，満足度には大きな影響をもたらします。みなさんも，購入した商品が故障していたり，傷が付いていたり，異物が混入した

5　以下，藤本（2001）参照。
6　藤本（2001）246頁より引用。
7　藤本（2001）246頁より引用。

3　現場レベルのオペレーションのパフォーマンス　● 133

図表8.2 内部不良と外部不良

出所：藤本（2001）の考え方をもとに筆者ら作成。

りしていて，がっかりしたという経験をしたことがあるかもしれません。外部不良は商品によっては人命にも関わります。食品の外部不良によって食中毒で人が亡くなってしまったり，自動車の外部不良によって事故が起きた場合，大きな問題に発展してしまいます。そのため，企業としてはこの外部不良率を下げることが何より重要となります。

コスト（cost）

次に製品やサービスを提供するためにかかる**コスト**について検討していきましょう。製品やサービスをこれまでよりも安く製造・提供できるようになれば，企業の利益は増大していきます。その改善のため，製品やサービスを提供するのにどの程度の金額がかかっているのかを測定する必要があることに議論の余地はないでしょう。今までよりも安く作れるようになれば，売上高は一定のままコストは低下して，利益は増大していくでしょう。ただし，このコストをどのように測定・整理するのかについては，さまざまな議論がなされています。詳細は管理会計の領域で議論されていますが，この教科書では代表的な考え方を紹介します。

(1) コストの種類

5Mの手配をするためには費用がかかります。manの手配をするためには，その人員の給与や福利厚生などの労務費がかかります。materialでいえば，材料調達のための費用（材料費）が必要となるでしょう。machineには，設備を導入するための費用がかかります。そして，methodを手配するためには，自ら開発するのであれば開発費がかかります。他社の知的財産を活用するのであれば，そのための契約金（ライセンス料）がかかります。moneyを手配するた

めには，借り入れに基づく支払利息などの費用がかかるでしょう。[8]

（2）　生　産　性

　コストを考えるうえで，重要な概念が生産性です。生産性はアウトプット／インプットで測ります。つまり，少ない投入量で多くの成果を上げることができるかどうかを判断する指標です。このインプットについては5Mの各要素が想定されます。インプットを man にすれば労働生産性，machine にすれば設備生産性，material とすれば材料生産性となります。アウトプットについては，物的な産出量で測る場合と，売上や利益などで測定する方法などがあります。[9]

　労働生産性を題材に取り上げて考えてみましょう。インプットについては，5人が8時間働いていたとしましょう。その結果として，カレーが100人分売れて，10万円の売上だったとすると，インプットは計40時間分（人時）となります。産出量で考えれば，労働生産性は $100 \div 40 = 2.5$ 人分／人時となります。一方で，売上をアウトプットとして考えれば，$100000 \div 40 = 2500$ 円／人時と計算できます。このように，生産性を向上させようと考えたとき，アウトプットを向上させるもしくはインプットを改善するという2つの方向性が存在することがわかります。

┃ デリバリー（delivery）┃

　3つ目は，デリバリー，つまり運搬です。時は金なりとはいいますが，製品・サービスを早く提供できるということは，それだけでお客さんを引き付けます。加えて，素早く製品・サービスを提供できれば，それだけ同じ時間に多くの製品・サービスを提供できることになります。3日かかっていたものが1日で対応できるようになれば，単純に3倍の量が提供できるといえるでしょう。加えて，在庫を少なくしておいても注文に対応できるようになります。[10]

　このデリバリーについては，スピードと信頼性の観点を考慮する必要があります。[11]スピードは，いくつかの観点で捉えられます。1つ1つの作業にかかる時間も重要ですが（サイクルタイムと呼びます），材料を引き受けて，最終製品として提供できる時間（リードタイムと呼びます）も重要となります。

8　櫻井（2019）および藤本（2001）参照。
9　藤本（2001）参照。
10　藤本（2001）参照。
11　Slack & Brandon-Jones（2019）参照。

3　現場レベルのオペレーションのパフォーマンス　● 135

両者の違いをレストランで考えてみましょう。料理の提供を早くするために，いくら料理を早く作ったとしても（＝サイクルタイム短縮），お客さんの注文から調理に取り掛かるまでに時間がかかってしまっていれば，リードタイムは長くなってしまいます。また，でき上がった料理が厨房に留まってしまうと，提供には時間がかかってしまうことになります。そのため，料理の提供を早くするためには，調理自体を早く進めるということ以外に，注文を受けた後にすぐに調理を始めて，でき上がったものは早く提供するということが大事になります。

　デリバリーを考えるうえでは，信頼性もカギとなります。製品の製造やサービスが早く用意できるとしても，頻繁に納品が間に合わないことがあるようでは，お客さんの信頼を得ることができません。むしろ評価が低下してしまう恐れもあります。そのため，「お客さんに約束した期日（納期）に間に合わない比率」などを測定し（納期遅れ発生比率），信頼性を高めるようにすることも求められます。[12]

┃ 柔軟性（flexibility）┃

　最後に検討するのが**柔軟性**です。これは，品質やコスト，納期の変化に対していかに柔軟に対応できるかということです。[13]たとえば，1日のなかで利用者数の変動が大きいと，企業としては，材料の準備や人員配置などの面で対応が難しくなります。ある時間帯には100人のお客さんが来る一方，20人しか来ない時間帯もあるという場合，機材などは100人に対応できるようにしなければならないにもかかわらず，それが活かしきれないケースが生じてしまうということです。企業としては，このような生産量の変化へ対応する柔軟性が求められます。

　また，企業としては，製品やサービスのバリエーションを持たせ，さまざまなニーズに応えることが有効でしょう。多くの飲食店ではメニュー表にさまざまな料理名が記載されています。しかしながら，さまざまなメニューの調理を同時にこなすことは効率性の観点からいえばマイナスです。同じメニューを作るのであれば，機材はその料理用のものだけ用意しておけばよく，作業も同じ

12　日本経営工学会編（2002）参照。
13　以下，藤本（2001）参照。

136　● **CHAPTER 8**　パフォーマンス測定とオペレーション経営

で済みます。

　一方，複数のメニューの調理を同時に作業しようとすれば，調理器具を切り替えて作業する必要があります。料理であれば，鍋をフライパンに変更するなど比較的容易に対応できるかもしれませんが，工場での製造においてはこの切り替えが大きなネックになります。製造用機械の再設定や調整に時間がかかるためです。前章でも説明したように，作業の準備にかかる時間を段取り替え時間といいます。こうした作業の切り替えに関する柔軟性を捉える必要があります。この段取り替えにかかる時間（段取り替え時間）は，柔軟性に関するパフォーマンス指標と考えることができるでしょう。

　これに加えて，企業はイノベーションへの対応も検討する必要があります。新メニューを開発し，実際に提供していくためには，新メニュー開発のための人員を確保し，予算を付けたうえで，実際に提供できるように，設備・器具などの追加を要求されることもあります。企業としては，このようなイノベーションのように大きな変化に対する柔軟性も考える必要があり，それを測るためには，開発活動自体の生産性（開発生産性）を測定したり，開発期間の長短（開発リードタイム）で測定したりします。[14]

　開発リードタイムは，開発を始めてから終了するまでの期間で決まります。この期間が短ければ短いほど，多くの新製品を開発することもでき，直近のニーズにも対応できることになります。ただし，いくら短い期間で開発できるといっても，多くの人員をかけて対応しなければいけないと，そのための人件費がかさんでしまいます。開発生産性は，その開発プロジェクトに関わる人数と従事した時間で判断されます（人時）。10人が240時間その開発活動に従事したとすれば，2400人時となります。できるだけ少ない人時で開発ができるようになれば，より多くの新製品を市場に投入できるようになっていきます。

従業員満足度

　ここまで学習してきたように，QCDFは現場のパフォーマンスを評価するうえで重要な要素です。しかしながら，現場を評価するうえでは，QCDFだけでは不十分です。その基盤となる**従業員満足度**などの要素も重要となります。

　価値創造のためには，manを手配する必要があるわけですが，その満足度

14　藤本（2001）参照。

3　現場レベルのオペレーションのパフォーマンス　● 137

が低い職場においては，せっかく手配した man が離職してしまう可能性が高くなります。離職が多くなれば，社員の募集や再教育のためのコストがかかってしまうことになるでしょう。また，業務への満足度が低ければ，その会社のために自らのパフォーマンスを向上させていこうという気持ちにもならないでしょう。そのため，満足度は，その組織を評価するうえでは重要な要素となります。このような従業員満足度については，離職率によって評価するという方法であったり，従業員への質問紙調査によって評価したりすることで測定されます。[15]

4 顧客価値

ここまで学んできたように，優れたオペレーションは価値創造に寄与します。そのため，企業としては価値が創造できたかどうかという点も検討する必要があるでしょう。そのための視点として，4つの P（product, price, place, promotion）や顧客満足度を用いて価値創造に手配がもたらす影響を検討してみましょう。

4つの P とオペレーション

第2章および第3章において，4つの P について少し紹介しました。この4つの P は顧客の価値を評価するうえで有用な視点となります。他のレストランよりも味がよければ，お客さんはそのレストランをより魅力的に感じるでしょう。

価格が安い，早く提供できるなども同様です。このように，4つの P はお客さんの価値を捉えるうえでは有用な視点となります。そして，この4つの P の各要素に対して，現場のオペレーションは大きく寄与します。たとえば，製品の品質を高めるためには，外部不良を出さないように人員の教育など実施する必要があるでしょう。また，安く提供するためには，そもそも低コストで作れるようにせねばなりません。このように現場のパフォーマンスは4つの P に密接に関連するのです。そこで QCDF といったオペレーションのパフォー

---

15 March（1991）および高橋ほか（2013）参照。

マンスを裏の競争力，4つのPの観点を表の競争力と呼ぶこともあります。[16]

顧客満足度

　手配によって製品・サービス利用後の顧客満足度を向上させることができます。**顧客満足度**は，消費者がその製品・サービスを利用した結果，満足した度合いとして表されますが，事前の期待と実際の利用との差分で判断されます。[17] みなさんも高級レストランでは大きな期待を抱いてサービスを利用する一方で，通常のレストランではそこまでの期待はしないでしょう。したがって，一般的なレストランで予想を上回るおいしい料理が提供されれば，非常に満足度は高まり，高級レストランで同じ料理を提供されるよりも，その満足感は大きく感じられるでしょう。

　このように顧客満足度は消費者の主観的な要素であるため評価が難しいですが，質問紙調査から判断されたりします。近年はポイントカードなどのお客さんに継続利用を促すロイヤルティプログラムと呼ばれる施策を活用して，お客さんがどの程度そのサービスを継続的に利用しているのかも判断できるようになっています。[18]

5 企業の業績を判断するための指標とは

　本節では，企業のパフォーマンスに手配がどのように関連しているのかを検討していきましょう。ここまで学習してきたように，手配によって障害を乗り越えて価値創造を実現することで，顧客に価値をもたらすことができます。企業の財務業績として考えるべき指標についてはさまざまに提案されています。近年においては，ROA（総資産利益率），ROE（自己資本利益率）などの指標も注目されていますが，[19] この教科書においては，基礎的な指標として，売上高営業利益率を紹介します。

　売上高営業利益率は以下のように計算されます。当該企業の本業の活動から

16　藤本（2001）参照。
17　Churchill & Surprenant（1982）参照。
18　小川（2009）参照。
19　櫻井（2019）参照。

5　企業の業績を判断するための指標とは　● 139

得られた利益である営業利益を分子に取って,企業の売上高を分母に取ります。ポイントは,単に営業利益の額で見るのではなく,売上高で除していることです。営業利益が1億円出たとしても,それが1000億円の売上のなかで達成されたものか,10億円の売上のなかで達成されたものなのかで大きな違いがあるでしょう。売上高で除することで,その違いを明確にすることができます。この例でいえば,前者は0.1%,後者は10%となり,後者のほうが圧倒的に高い成果だとわかります。また,このような作業によって,売上高が異なる他企業間の比較や同一企業の他年度比較も可能となり,企業活動の評価・改善につながります。

$$売上高営業利益率(\%) = \frac{営業利益}{売上高} \times 100$$

 ## パフォーマンスの設定に伴う注意点

　本章でここまで学習してきたように,パフォーマンス指標の設定と測定は企業が自社の取り組みを向上,改善させていくために欠かせないものです。しかしながら,それにはいくつか考慮すべき点が存在します。以下,確認していきましょう。

現場のパフォーマンス指標相互の関係性

　まず,現場のパフォーマンス指標間の関係性について留意する必要があります。QCDFなど多くの項目を紹介しましたが,これらの指標は相互に関連し,短期的にはトレードオフのように感じられるかもしれません。たとえば,品質とコストの関係です。品質を上げるとなると,丁寧に作るために品質チェックに時間がかかったり,コストが多くかかるように思われるでしょう。

　しかしながら,これらの指標も,長期的に考えればトレードオフではなくなる場合があります。品質を高め内部不良率を下げることで作り直しの手間が減り,その結果コストが下がるという可能性もあります。日本の製造業は,このような品質作りに取り組むことで,結果的にコストを低下させていきました。[20] パフォーマンス指標を検討する際には,このように指標ごとの関係性を精査し

て長期的に考える必要があります。

パフォーマンスの指標自体の妥当性

　パフォーマンス指標に関しては，指標自体を誤って設定してしまったり，測定方法が不適切になってしまったりする恐れもあります。先ほど紹介した顧客満足度をもとに考えてみましょう。この指標自体はお客さんの維持につながる要素であり，重要といえるでしょう。しかしながら，顧客満足度は，その料理の味や価格，サービス，期待値とのギャップなど，さまざまな要素が総合的に影響して決まる要素です。そのため，顧客満足度を料理の質を評価するための指標として扱うようなことは誤りです。料理の質を判断したいときにはまた別の指標を用いる必要があります。[21]

　もう1つの課題は，指標の達成自体が目的化してしまうことです。企業の最終的な目的は，価値創造を通じて，自社の収益性を確保し，社会にも貢献することといえるでしょう。そのために，さまざまな指標を設定しているわけですが，指標の達成自体が目的化してしまうと，部分最適な状態に陥ってしまいます。[22]

　各部門で目標を達成しているのにもかかわらず，企業としての収益が悪化してしまうという状態になることもあります。たとえば，ある人に「刻み（薬味）ネギの準備を効率的にする」という目的が与えられたとしましょう。そのための指標として「1日で刻み（薬味）ネギを準備できた量」で測定するとしましょう。このパフォーマンス指標のもとでは，その人は練習や工夫をすることで，とにかく大量の刻みネギを準備することが予想されます。

　しかしながら，大量に刻みネギを準備したとしても，それが少しだけしか料理に使用されなければ大部分は捨てるしかありません。このような刻みネギの大量廃棄が続けば，コストがかさみ利益は減ってしまいます。これは，その人自身が目標としていたパフォーマンス指標が改善していたとしても生じます。むしろ，パフォーマンス指標の改善が進めば進むほど刻みネギが無駄になり，利益低下に拍車がかかってしまうかもしれません。これではパフォーマンス指標を設定しても，企業にとってはまったく意味をなしません。そもそもの目的

20　藤本（2001）参照。
21　Churchill & Surprenant（1982）参照。
22　Goldratt & Cox（1984）参照。

6　パフォーマンスの設定に伴う注意点　● 141

は何であったのかを考え，それに合わせて指標を設定するという**全体最適**の視点が必要となります。

変化への対応

また，指標の達成自体が目的化すると，**変化への対応**も困難となります。人間は一度指標が設定されると，その指標をクリアできるように仕事に励み，ノウハウを蓄積するものです。その結果として，高いパフォーマンスが発揮されるのです。しかしながら，その指標が変化してしまうと，これまでのノウハウを活かすことができず，無駄になってしまいます。

そのため，多くの人は指標の変化に対して抵抗感を抱きます。アニメーション産業を対象とした研究では，既存の仕事（アナログな作画）に満足している人ほど，新たな取り組み（デジタルでの作画）への抵抗感が高かったといいます。[23] しかしながら，それではお客さんのニーズの変化などにすぐに対応することはできなくなってしまいます。このような状況に陥ってしまえば，企業としての競争力は大きく下がってしまうでしょう。このように，パフォーマンス指標を設定し実行していくことは，現状の把握，改善の遂行にとって欠かせない要素であるものの，いくつかの注意点があるということも認識しておく必要があります。

KEYWORD

パフォーマンス測定　　ベンチ・マーキング　　品質　　コスト　　デリバリー　　柔軟性　　従業員満足度　　顧客満足度　　売上高営業利益率　全体最適　　変化への対応

EXERCISE

① デリバリーピザ店の注文から配達までの時間に影響する要因を列挙してみましょう。ピザを作る時間を短縮しても，注文から配達までの時間が変化しない場

23　一小路（2013）参照。

合にはどのような原因がありえるか，考えてみましょう。

② デリバリーピザ店においてメニューの種類が増加した場合にどんな問題が起こるか考えてみましょう。

CHAPTER

第9章

高品質化・高効率化と オペレーション経営

SHORT STORY　自社のオペレーションの業績を測定しただけでは何の意味もない。健康診断でも，基準値よりも太りすぎていたら運動を意識的に増やすだろう。それと同じく，業績測定という「企業の健康診断」の後には，継続的な改善が必要となる。それなら，企業における健康とは何だろうか。不正によって表面的には莫大な利益が出ていても，不正が明らかになった瞬間に倒産するような企業は健康とはいえない。利益ではなく，企業が社会に提供している価値こそが，企業の健康状態を判断する基準となる。では，企業が健康を維持するためにどんな手法が使えるだろうか……。

この教科書では，ここまで，オペレーション経営の本質が「価値創造実現に向けた 5M の手配」にあるという前提に立って議論を進めてきました。すなわち，オペレーション経営においては，価値創造のためのビジネスモデルを定め，当該ビジネスモデルを成立させるために必要な 5M の内容を明らかにし，5M の手配を実行する必要がありました。

そして，ある製品やサービスを提供するための 1 回の手配のことを「プロジェクト」と呼び，同一の製品やサービスを多数回にわたって連続的に提供するために同じやり方で 5M の手配を繰り返すことを「プロダクション」すなわち生産と呼びました。このように考えることで，これまで別々の手法だと考えられてきたプロジェクト・マネジメントとプロダクション・マネジメントを同じ枠組みで捉えることができるようになりました。

このとき，手配とは価値ある製品・サービスを顧客に提供する活動そのものですから，当然ながら手配の良し悪しが経営成績を左右します。そのため，繰り返しの手配による生産活動が可能になると，次に考えるのは手配の対象となる製品・サービスを高品質化したり，手配のやり方を効率化したりすることでしょう。こうしたことを考える必要があるのは，特定の製品・サービスを安定的に供給できるだけでは，いずれは他社との競争に負けてしまうためです。

とくに，現代の製品・サービスは世界中の企業がしのぎを削るグローバル競争状況下にあるため，より高品質な製品・サービスをより効率的に顧客に届けていく必要性が高まっています。そこで本章では，5M の手配を**高品質化・高効率化**する視点を学びます。

1 オペレーション改善の本質

過大な手段の適正化

オペレーション経営とは，価値創造という究極の目的を目指して，価値創造の障害を 1 つずつ取り除くことだと述べてきました。そのうえで，目指すべき価値創造の方向性をビジネスモデル囲碁などによって明らかにした後は，究極の目的を実現するための手段を列挙していきました。さらに，それらの手段を実現することを下位目的として，より下位の手段を考える「目的・手段分析」

をおこないました。

オペレーションの改善においても，本質的に重要なのは，この目的・手段分析です。というのも，目的に対して手段が過大であるとき，現状の手段を別の手段と取り換えることで改善が可能になると考えられるからです[1]。それにもかかわらず，われわれは，一度ビジネスモデルのオペレーションが成立してしまうと，価値創造という究極の目的からすれば単なる手段であったはずの現状を，しばしば「目的そのもの」だと勘違いしてしまいます。

たとえば，現状の規則，作業手順，機械，部品などは価値創造を実現するための道具に過ぎません。しかし，組織のなかの常識に慣れてしまうと，人はこれらを維持すること自体に躍起になってしまいます。そのため，オペレーションの改善においては，常に，究極の目的や究極の目標は何だったのかを問い直し続ける必要があります。

たとえば，コロッケを作る場面を思い浮かべてみましょう。ジャガイモやひき肉などで作ったコロッケのタネに，小麦粉をまぶし，溶き卵にくぐらせ，パン粉を付けて，200℃弱に加熱したたっぷりの揚げ油でコロッケがきつね色になるまで揚げるというのが一般的な調理方法ではないでしょうか。

このオペレーションの究極の目的は「他者にとって，手頃な価格で，おいしいコロッケを提供する」という価値創造にあります。この目的を目指して，コロッケのタネを作るとか，タネに小麦粉をまぶすとか，油で揚げるといった手段が下位目的になっているわけです。この点を確認したうえで「現状の手段は目的に対して過大ではないか」と考えてみます。

すると，たとえば，おいしいコロッケを作るという目的に対して，たっぷりの揚げ油を200℃弱に加熱するという手段は過大ではないかという疑問が湧くかもしれません。そこで，まずは「揚げ油の量を節約する」といった普通の改善案が出てくるでしょう。しかし，ここで立ち止まってよく考えてみてください。ここでの究極の目的は「200℃の揚げ油を作ること」ではなく，「おいしいコロッケを作ること」なのです。だとすれば，たとえばパン粉をまぶしたコロッケのタネに常温の油をスプレーで吹きつけてからオーブンで焼くことで，そもそも「揚げるという工程自体をなくせる」かもしれません。この場合は，大幅な改善が可能になるでしょう。

• note

1 新郷（2023）参照。

1 オペレーション改善の本質 ● 147

CHART 図表9.1　問題解決の階層化

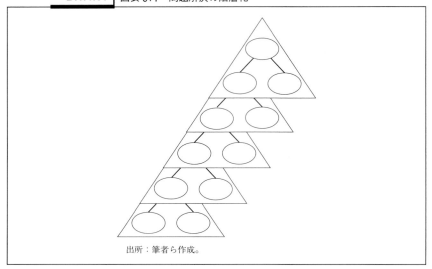

出所：筆者ら作成。

　このように，現状の問題点を常に探し続け，究極の目的に何度も立ち戻りながら問題解決を繰り返すことで，より根本的な問題解決へと至ると考えられるのです。このことを本書では「問題解決の階層化」と呼びます（図表9.1）。第**2**章で学んだ「問題解決の三角形」を，より高度な目的に適用していく考え方と表現することもできるでしょう。

部分最適と全体最適

　オペレーションの改善にあたっては，改善努力が全体の成果につながっているかどうかを常に意識する必要もあります。そうでなければ，「多くの人が改善活動に一生懸命に取り組んでいるのに，いくら頑張っても成果が出ない」という悲惨な結果に終わってしまう可能性があります。

　このような状況に陥る原因の1つは，知らず知らずのうちに**部分最適**のオペレーションの改善をおこなってしまっていて，**全体最適**が実現できていないことにあります。前提として，オペレーションには，①複数の仕事のつながりによって成り立っている，②それらの仕事のパフォーマンスにはバラツキがある，という特徴があります。この「つながり」と「バラツキ」という当たり前の前提から，「全体のオペレーションの成果は最もパフォーマンスが低い1カ所によって決まる」という驚くべき結論が導けます。[2]

図表9.2 ボトルネック

← ボトルネック

① ボトルネックを見つける
② ボトルネックを徹底活用する
③ ボトルネック以外がボトルネックに合わせる
④ ボトルネックの改善をおこなう
⑤ 最初(①)に戻る

出所:Goldratt & Cox(1984)の論旨を参考に筆者ら作成。

 全体のオペレーションを左右する1カ所の仕事(作業・工程)のことを**ボトルネック**と表現します。このボトルネックという概念は,よく砂時計のたとえで説明されます。砂時計において砂が流れ落ちる速さを決めるのは,最も狭い部分です。つまり,砂の流れるスピードにおけるボトルネックは,砂時計の最も狭い部分だということです(図表9.2)。

 ボトルネックの考え方を料理に適用してみましょう。たとえば,ホットサンドを売るフードトラック(移動式屋台)を始めた場合です。ホットサンドを作るのに必要な作業は,ハムとチーズとトマトとマヨネーズをパンに挟む(組立作業)→ホットサンドメーカーで挟み焼きする(焼き作業)→焼き上がったホットサンドを2つに切って包装する(包装作業)という3つだとします(図表9.3)。この3つの作業にそれぞれ1人の専従者がいるとしましょう。さらに,このホットサンドは大人気で,常に行列ができていて,早くホットサンドを作れば作るほど利益が出るという状態を仮定します。

 このとき,組立作業と包装作業はそれぞれ2分間で完了するとします。すなわちこの2つの作業については,1時間で30個のホットサンドを作る能力があるということです。これに対して,焼き作業は4分間かかるとします。すると,組立作業が最大スピードで仕事をしても,焼き作業の前に大量の中間在庫が溜まるだけです。その中間在庫も,時間が経ってパンが乾燥してパサパサになってしまったらおいしくありません。そうなると売り物にはならなくなってしまうので,中間在庫は捨てるしかなくなります(図表9.4)。また,包装作業は,焼き作業が終わるのを待っていて,常に力の半分しか出せません。この場

---

2 Goldratt & Cox(1984)参照。

図表9.3 ホットサンドの工程

出所：筆者ら作成。

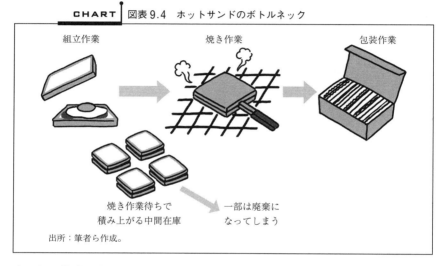

図表9.4 ホットサンドのボトルネック

出所：筆者ら作成。

合，組立作業と包装作業をさらに改善しても事態は悪化するだけだとわかるでしょう。

こうした状況において必要なのは，まずは①ボトルネックを徹底活用すること，②ボトルネック以外をボトルネックに合わせること，そして③ボトルネックの改善をおこなうことです。

たとえば，組立作業は焼き作業が終わってからしか着手できないようにします。こうして，組立作業と包装作業に余裕ができれば，焼き作業を「ホットサンドメーカーに残った焦げを落とす作業」（40秒），「ホットサンドメーカーにバターを塗る作業」（40秒），「ホットサンドメーカーでサンドイッチを挟んで加熱する作業」（2分40秒）のように3分割して，組立作業と包装作業の作業者が焼き作業の一部を手伝うようにすれば，追加の費用は0円で全体の生産量

を増加することが可能です。

　もしこうした工夫によって組立作業・焼き作業・包装作業がそれぞれ2分40秒で可能になれば，全体のオペレーションも2分40秒ごとに1個のホットサンドを作ることができるようになり，1時間当たり15個だった生産能力が1時間当たり22.5個に増加します。このように，オペレーション改善においてはあくまでも究極の目的が価値創造にあることを忘れないこと，部分最適に陥らないことに注意する必要があります。

 オペレーション改善と品質

オペレーション改善の2方向

　オペレーション経営を高品質化・高効率化させるには2つの道がありえます。すなわち，①手配のコストを一定に保ったまま，アウトプットの品質を向上させることと，②アウトプットの品質を一定に保ったまま，手配のやり方を変えることでコストを削減すること，です。

　このことは，製品・サービスの品質＝企業が提供する付加価値÷コストだと考えればよく理解できます[3]（なお，利益の計算をおこなう際には，付加価値－コストという計算になります）。つまり，品質とは「1円当たりどれだけの付加価値を生み出せるか」についての指標だということになります。

　製品・サービスを提供するには当然ながらコストがかかります。ですから，絶対的な品質という概念は，オペレーション経営においてはあまり意味を持ちません。天文学的な巨額の投資をおこなって最高品質の製品・サービスを作り出しても，投資額1円当たりの品質に，顧客から見て十分な価値がないならば，手配を高品質化・高効率化したとはいえないわけです。

　なお，手配の高品質化・高効率化のことを「**改善**」や「**カイゼン**」といったりします。カイゼンは，日本の高度経済成長期を支えた経営技術として世界中から注目された時期もあり，今でもKaizenという単語そのままで他国でも会話が通じるほどです。

3　石川（1984）参照。

具体的な 5M の手配の改善手法は，トヨタ自動車 1 社で使用されているものだけでも，「ジャスト・イン・タイム」「自働化」「一個流し」「平準化」「かんばん方式」「プールオーバー制御」「定量制御」「ハイヤー方式」「つるべ方式」「連番方式」「座席指定」「異タクト集合方式」「着々化」など膨大な数が存在しています[4]。

　これらのすべてを説明すると，それだけで何冊もの教科書になってしまいます。そのため，ここでは手配の高品質化・高効率化の概念整理と基本的な考え方の学習のみに焦点を当て，詳細な改善手法は別の参考書に譲ることにします。

▌さまざまな品質概念▐

　品質＝付加価値÷コストだとすれば，付加価値を落としてコストを下げるような企業行動は改善活動ではないということになります。改善にあたっては，常に，品質とコストを両方とも見ておく必要があるのです。

　ところで，ここまで用いてきた「**品質**」という言葉は，正確には「広義の品質」であるという注意書きをここで付け加えなければなりません。上述の通り，広義の品質＝付加価値÷コストと考えれば，付加価値のなかには，狭義の品質＝製品・サービスの機能に加えて，納期および生産リードタイム，生産の柔軟性（フレキシビリティ），安全性といった項目が含まれています。そこで，次に，狭義の品質について考えていきます。

　狭義の品質とは，製品・サービスが提供する機能の他者と比較した場合の高低のことです。料理であれば「おいしさ」は狭義の品質の重要な部分を占めるでしょう。また，同じく料理には「ヘルシーさ」「見た目のよさ」などの機能もあります。こうした製品・サービスの機能は**設計品質**×**製造品質**の 2 つに分解されます。

　これら 2 つのうちの設計品質とは，料理でいえばレシピなどにあたります。つまり，どのようなものを手配するかについて事前に考えた設計によって決まる品質です。本書が唱える 5M のなかでは method の部分にあたります。たとえば，「ケチャップと生クリームと砂糖と塩と酢を混ぜたものを海藻と和える」というレシピはきっとおいしくないでしょう。このように，設計段階で狭義の品質はある程度決定されていると考えられます。

---

4 岩尾（2019; 2022a）参照。

この設計品質は，さらに，**機能設計**と**構造設計**という２つの要素に分解できます。すなわち，狭義の品質＝設計品質（＝機能設計品質×構造設計品質）×製造品質となるわけです。機能設計の段階では，顧客が求めるものは何なのかを明らかにして，顧客の要望を満たす機能を列挙する必要があります。しかし，コストは無限にはかけられませんから，顧客が要求する機能を列挙した後には，それらの機能に優先順位を付ける必要があります。[5]

機能設計の改善

機能設計においては，**狩野モデル**が役立つでしょう。[6]狩野モデルでは，機能を５つに分類します（**図表9.5**）。この図において，横軸は，ある機能が提供される度合いを示します。縦軸は，その機能が提供されることで顧客満足がどれほど高まるかの度合いです。

はじめに，当たり前品質とは「充足されないと顧客の不満が大きいが，充足されても顧客満足がそれほど向上しないような機能品質」を指します。たとえば，料理においては食品衛生などがここにあたるでしょう。次に，一元的品質は「達成されないと顧客の不満が大きく，達成されればされるほど顧客の満足が上がり続けるような機能品質」を指します。料理においては，おいしさがここに入ってくるのではないでしょうか。

第３に，魅力的品質とは「満たされなくても顧客の不満が発生するわけではないものの，満たされれば満たされるほど顧客の満足が上がるような機能品質」です。飲食店の店構えのおしゃれさや，料理の盛り付けの美しさなどはここに当てはまりそうです。第４に，無関心品質とは「とくにあってもなくても顧客満足に影響がない機能品質」です。店の名前などはこうしたものに分類できるかもしれません。

最後に，逆品質とは「これがないことで顧客満足が得られ，あればあるほど顧客が不満足になるような機能品質」のことです。レストラン内の騒音などはこうしたものの１つでしょう。これは，一元的品質の逆を考えることで，多くは解消できます。狩野モデルを利用すれば，他にもさまざまな機能品質を考えることができます。

5　藤本（2001）参照。
6　狩野編著（1997）参照。

２　オペレーション改善と品質　● 153

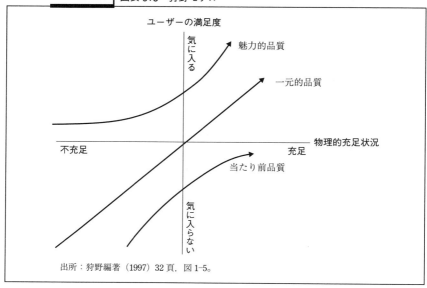

出所：狩野編著（1997）32 頁，図 1-5。

過剰品質という罠

　実際に製品・サービスを市場に投入している場合は，顧客へのヒアリング調査や質問票調査などを通じて，自社の製品・サービスにはどのような機能品質があり，それが狩野モデルのなかでどこに分類できるのかを明らかにすることで，改善の道が見えてきます。すなわち，達成できていない当たり前品質の機能は付け加える，一元的品質と魅力的品質の機能は伸ばす，無関心品質や逆品質の機能は取り除く，といった対策を取ることができるでしょう。

　機能設計において注意すべき点として，「過剰品質」があげられます。[7] たとえば，スマートフォン登場以前の日本企業製の携帯電話は，独自の進化を遂げて，ガラパゴス携帯（ガラケー）などと呼ばれました。当初はガラケーにはそれほど悪い意味はなかったのですが，後には顧客の要望を超えてしまった時代遅れの携帯電話の代名詞となりました。[8] お客さんの要望を超えてしまった機能設計には意味がありません。過剰品質の製品・サービスを高額で販売しても，

7　天野ほか（2015）参照。
8　Akiike & Katsumata（2016）参照。

購入する顧客はごく少数に限られてしまいます。

　なお，過剰品質状態に陥っても，ごく少数の優良顧客が変わらず自社から購入してくれていると，そのことに気が付きづらい点にも注意が必要でしょう。一時期に市場で圧倒的な存在感を誇ったイノベーターほど，一部の優良顧客の声を重視しすぎて過剰品質に陥ってしまい，やがて新興企業に市場を奪われるイノベーターのジレンマという現象は世界的に有名です。[9]

　こうした点に注意しながら，機能設計を見直し，必要な機能を付け加えつつ，不必要な機能を取り除いていくことで，製品・サービスの品質は改善されていくと考えられます。

構造設計の改善

　顧客の要求や要望を明らかにして，それに対応する製品・サービスの機能を設計したら，次にやるべきことはこれらの機能群を実現するための具体的な構造を考えることです。たとえば，宝石箱のように色とりどりに輝くカルパッチョという機能設計を考えたとしましょう。このカルパッチョでは，香りにも味にも彩りを感じるような完成品にしたいとします。そうすると次に考えるべきは，こうした機能を実際に得るためには，どんな種類の食材を揃えればよいか，味付けはどうすればよいかでしょう。

　そこで，食材としてマグロ，タイ，ホタルイカ，サーモン，タマネギ，ルッコラ，ネギ，調味料にはオリーブオイル，レモン汁，ゆず，桜の塩漬け，岩塩，コショウを考えたとします。これらを実際に組み合わせてみて，本当に「宝石箱のように色とりどりに輝くカルパッチョ」になれば構造設計は成功といえます。

　すでに製品・サービスの構造設計が曲がりなりにも存在している場合は，もともとの機能設計をよりよく満たす構造を考え直すことも有益です。たとえば，マグロをカツオに変えてみる，ゆずを夏みかんに変えてみるといった試行錯誤をおこないます。

　こうして，十分な設計品質が見込めるようになったら，次に考えるのはこれを実際の製品・サービスとして作り込んでいくことです。構造設計や機能設計の段階では，製品・サービスはレシピや設計図などの「紙に書かれたイメー

9　Christensen（1997）参照。

ジ」に過ぎません。この設計情報を今度は実物の媒体に転写していくということです。たとえば、料理のレシピを実際の食材を使って繰り返し再現できるようにしなければなりません。このように、設計を製品・サービスとして実現する段階の品質のことを製造品質といいます。

もう一度、例に戻りましょう。先ほどのカルパッチョの仮に機能設計と構造設計が上手くいったとします。しかし、試作の段階ではおいしく仕上がったカルパッチョが、何度作っても同じような味と見た目になるとは限りませんし、シェフ以外の料理人に任せた場合には、仕上がりによりバラツキが出るのが普通でしょう。同じレシピで作った料理でも、上手に仕上げられる人とそうでない人の差があるわけです。中学校・高等学校での調理実習を思い出してみてください。まったく同じレシピで、同じような設備で、同じように作ったはずなのに、味にも形にも差が出たことがあるのではないでしょうか。

このように、同じ設計であっても、実際の製造過程から生み出される製品・サービスの品質には差が生まれます。これを製造品質というわけです。製造品質の改善にはさまざまな手法が考えられていますので、次節ではこれらについて学んでいきましょう。

製造におけるオペレーション改善

オペレーション改善と検査

製造品質を向上させるために最も簡単で誰もが思い付く方法は、**検査**を厳しくすることでしょう。ただし、この方法は、これから見ていくように多くの問題を抱えています。

検査を厳しくすることによる製造品質の向上とは、具体的には、検査の対象数を増やす、一製品・サービスに対する検査の回数を増やす、検査従事者を増やす、検査の合格水準を高くする、検査で許容される誤差の範囲を小さくするなどして、完成品の品質を向上させることを指します。

そもそも、どんな製品・サービスであっても、繰り返し生産している製品・

---

10 藤本 (2001; 2004) 参照。

サービスのすべてが完全に同じ品質ということはありえません。そこで，機能設計に基づきながら，いくつかの項目については実際の性能を測定することになります。そして，同じような作り方をしているならば，実際の性能はどこかの値を中心として（大抵は正規分布に従う）バラツキが出るのが普通です。このとき，あらかじめ性能ごとに許容範囲を決めておきます。

たとえば料理における味見は検査の一部といえます。実際に味見をしてみて，塩辛さや甘さなどの項目が一定の範囲内であればそのまま，そうでなければ手直しするわけです。何度も味見をしてみたり，複数人で味見をしてみたりすることで，基本的には味見の精度は上がっていくでしょう。他にも，たとえばネジの製造であれば，強度やネジ穴との当てはまりのよさなどが検査項目になります。

このとき，この許容範囲を狭くして，そこから外れたものはすべて手直しするかまたは廃棄することでも，最終的に顧客に届く製品・サービスの品質を高めることができます。たとえば，一流のカメラマンは，ベストな写真を撮るために，何千回，何万回もシャッターを切り，そこからごく少数の成功した写真を選び，残りは捨ててしまうといいます。陶芸も同様で，ごく一部の完成品の裏には作家が満足せずに割られてしまった失敗作の山があります。こうした芸術作品は検査の許容範囲を著しく高めることで品質を極限まで高めているといえるでしょう。ただし，一流のカメラマンにしても，一流の陶芸家にしても，この状態ではまるで「ボツになる写真や器を作るために仕事をしている」のと同じです。

料理についても，大量の料理を作ってみて，味見しておいしいもの以外は捨てるというのでは，料理を作っているのか廃棄物を作っているのかわかりません。とくに，昨今，大量廃棄が社会問題となるなかで，こうしたオペレーションのあり方は社会的に許容されなくなってきています。これについては，第**14**章で改めて学んでいきます。

製造品質の作り込み

ここまでの話を整理して理解するために，第**8**章でも学んだ**内部不良**（率）と**外部不良**（率）の違いを再度押さえておくとよいでしょう。内部不良（率）とは，製造工程内部で発生した不良品のことでした。すなわち，品質検査に合格しなかった製品・サービスの数と割合を指します。次に，外部不良（率）と

は，品質検査に誤って合格して市場に投入されたものの，顧客の要望を満たさないような不良品のことでした。

外部不良が事故や健康被害につながるなど著しい場合には，リコールといって，大規模な製品回収がおこなわれます。リコールにつながるような製品・サービスは，消費者や社会にとって有害であることに加えて，会社にとって莫大な費用負担になり，さらに会社の信頼や評判を大きく失墜させます。そのため外部不良を出さないようにすることが重要となります。こうしたことから，世界の製造業において，外部不良を出さないことを目指す **ZD**（ゼロ・ディフェクト）**運動**が定着しています。

品質を高めるために検査を厳しくするという方向性は，品質とコストのトレードオフをもたらします。すなわち，品質を高めるためにはコストをかけるしかないことになります。しかし，実際には，品質とコストを両立する道もありえます。それが，「工程内で品質を作り込む」という発想です。よく考えてみれば，そもそも不良品が出ないように製品・サービスを作れば，手直しのコストや廃棄のコストもかかりません。

したがって，製造工程における品質向上の目標は，作った製品・サービスの機能が「①狙った性能値が最頻値となる，②分散の小さな正規分布に従う」という状態になることだといえるでしょう。料理でいえば，狙った通りの味になることが最も多く，狙った通りの味からズレがある場合も，そのズレ幅＝バラツキが小さいということです。

それでは「①狙った性能値が最頻値となる」ようにすることと，「②分散の小さな正規分布に従う」ことの，どちらから着手すべきでしょうか。品質管理においては，②から着手するのが正解だといわれます。[11] はじめに分散（バラツキ）を小さくして，バラツキが小さい状態を保ちながら，狙った値が最頻値となるようにさまざまなパラメータを調整すべきだというわけです。なぜなら，はじめから狙った性能値を最頻値にしようとしても，そもそものバラツキが大きければ，どのパラメータが品質に決定的に効いているのか特定することが困難だからです。

品質不良の製品・サービスを製造してしまった場合でも，その品質不良を一定のやり方で再現できるようになれば，もはや問題は解決したのも同然です。

---

11 Deming (1986) 参照。

158 ● CHAPTER **9** 高品質化・高効率化とオペレーション経営

なぜなら，品質不良を狙って作り出せるようになれば，どのような要素が品質不良につながっているのかわかるため，その要素を取り除くことで品質向上が可能になるからです。

┃ バラツキの縮小と品質管理 ┃

この段階において活用できるのがQC7つ道具です。これは特性要因図，パレート図，グラフ・管理図，チェックシート，散布図，層別，ヒストグラムからなります（図表9.6）。特性要因図は，魚の骨図（フィッシュボーン図）などとも呼ばれ，品質不良などの何らかの結果に対して，どのような要因が影響していて，その要因にさらにどんな要因が影響しているのか分解していく図を指します。チェックシートは，品質不良発生時にどのような事象が起こっていたかを記録したり，製造におけるあるべき姿を実現するための項目が守られているか点検したりするために使われます。その他は，日本の高等学校で学習する基礎的な統計学の範囲に含まれているものばかりです。また，これらについては丁寧な解説書がいくつも存在していますので詳細はそちらに譲ることにします。[12]

ここで大事なことは，これらの手法が，普段からオペレーションの実施に携わっている現場の作業者やリーダーにとって理解・利用可能なものであることです。実際のオペレーションについて最もよく知っているのは，実際のオペレーションを日々おこなっている人たちです。そのため，そうした人たちにとって使いやすい手法を用いて，それらの人たちが品質改善に寄与できるような状況を用意することで，改善を効果的に進めることができると考えられます。[13]

こうしたオペレーション改善においては，そもそもの作業を明確化することが必須になります。この点について，サラダを作るビジネスの例で確認していきましょう。ビジネスとして一定の規格でサラダを作らなければいけない場合，「トマト，レタス，タマネギ，キュウリ，ドレッシングを混ぜ合わせる」というようなマニュアルでは，作業を指示したことになりません。オペレーションを明確化するには，生産の5要素といわれる，対象（何を），主体（誰が），方法（どのように），空間（どこで），時間（いつ）を定める必要があります。

このとき，トマトを何g，レタスを何cm……と具体化していきますが，こ

---

12 QCサークル本部編（1990）。
13 Von Hippel & Tyre（1995）参照。

3 製造におけるオペレーション改善 ● 159

CHART 図表 9.6　QC7つ道具の使い方と概要

名称と使い方	概　要
①特性要因図 問題の要因は何か	特定の結果（特性）と要因との関係を魚の骨のようにした図
②パレート図 重点指向で重要な問題や要因を絞り込む	項目別に層別して，出現頻度の大きさの順に棒グラフで並べるとともに，累積和を折れ線グラフで示した図
③グラフ・管理図 データの推移で安定な状態を維持したり，異常を判定する	データの大きさを図形で表し，比較や変化する状態などをわかりやすく視覚的に表したもの
④チェックシート データを整理したり集計する	計数データを収集する際に，確認事項や収集項目をあからじめまとめ，分類項目のどこに集中しているかを見やすくした表，または図
⑤散布図 2つのデータの関係を見る	対になった2つの特性を横軸と縦軸とし観測地を1組ずつ打点した図
⑥層別 データの特性によってデータをグループ分けする	データをどのようにグループ分けするか着眼するかというコンセプトに近いもの
⑦ヒストグラム データの分布を把握する	データの存在する範囲をいくつかの区間に分け，各区間に属するデータの度数に比例する面積を持つ長方形を表した図

出所：小川（2009）より筆者作成。

160　●　CHAPTER 9　高品質化・高効率化とオペレーション経営

れでもまだ不十分です。なぜならば，重さや長さなどには必ず誤差が生じるためです。そもそも，原子レベルで厳密な 10g のトマトや，原子レベルで厳密な 3cm の長さのレタスなどを作り出すことはできません。そもそも，厳密な 10g と厳密な 3cm は，それぞれプランク定数と光速から逆算することでしか定義できないためです。仮に，ある時点で厳密に 10g 分のトマトを用意できたとしても，トマトは時間とともに水分を蒸発させていて調理する頃には原子レベルで測った場合には 10g 以下になっているでしょう。

　作業を明確化する際には「トマトを○○という重量計で測り，□g ±△g であれば合格とし，このトマトをボールに入れる」「次にレタスを……」というように，何を用いて対象を測定するのか，対象の許容誤差はどの程度かまで決めておく必要があります。

4 オペレーション改善の考え方

　これまで確認してきたように，オペレーション改善においては，品質とコストの両方を見る必要があります。同じコストで高い品質が達成できるのも，同じ品質を低いコストで実現できるのも，経営上はどちらも同様の効果を持つためです。

　最後に，こうしたオペレーション改善を進めていく際の具体的な考え方をいくつか学んでいきましょう。ただし，オペレーション改善についての具体的で詳細な手法はあまりにも多くのものが提案されてきているので，ここで紹介するのは大枠の考え方に留めます。

　本書の前半で述べた「目的を達するのに過大な手段を適正化すること」と「部分最適ではなく全体最適を目指してボトルネックの改善から取り組むこと」ができていることを前提とすれば，オペレーション改善は次のような手順で進めることができます。①現状には必ずどこかに問題があるという視点でオペレーションを点検する，②問題を見つけたらその問題がなぜ起こっているのか，その原因はなぜなのか「なぜ」「なぜ」を 5 回ほど繰り返す「**なぜなぜ分析**」をおこなって真因にたどり着く（**図表9.7**）[14]，③真因を解決すべく問題解決する

14　大野（1978）参照。

CHART 図表9.7 なぜなぜ分析の例

> **なぜ**お客さんは怒って帰ってしまったのか；
> 料理を注文されてからお待たせする時間が長すぎたから
> ↓
> **なぜ**長くお待たせすることになってしまったのか；
> キッチン担当のAさんがケガで欠勤して人手が足りなかったから
> ↓
> **なぜ**Aさんはケガをしたのか；
> 厨房の床が汚れていて足を滑らせたから
> ↓
> **なぜ**厨房の床が汚れていたのか；
> 前日退勤時の掃除を忘れたから
> ↓
> **なぜ**掃除を忘れたのか；
> 掃除の担当者が不明確だから
>
> **解決策**
> ● 掃除の責任者を当番制にする
> ● 掃除終了後のチェック表を掲示する
> ● 掃除を忘れた場合に備えて滑りにくい靴を導入する
>
> 出所：大野（1978）の考え方をもとに筆者ら作成。

（問題解決にあたって意見の対立があった場合は問題解決の三角形を用いる）。

また，製品・サービスを構成する部品・原材料を分解し，それらの部品・原材料のなかで，これまでと同じ役割を果たしながらより安価な部品・原材料で代替できるものを探したり，同じ品質を達成しつつより安価に製造できる設計を探したりするのも，オペレーション改善の1つの手法です。これはバリュー・アナリシス／バリュー・エンジニアリングなどと呼ばれます。ただし，バリュー・アナリシス／バリュー・エンジニアリングによるオペレーション改善においては，品質を犠牲にしないことを第1に考える必要があるでしょう。[15]なぜならば，品質を犠牲にしたオペレーション改善は，手直しによるコスト増加を招いて結局は高く付いてしまうか，顧客にとっての価値を犠牲にしてしまい，顧客を失うというより大きな損失につながる危険性があるためです。

また，オペレーション改善の目的は，品質と効率性の向上だけではなく，生産リードタイムの短縮，オペレーションのフレキシビリティ向上，工程・作業の安全性追求など多様でありえます。そのため，社会からの要請の変化に合わ

---

15 山本・中島（2012）参照。

162 ● **CHAPTER 9** 高品質化・高効率化とオペレーション経営

せて，オペレーション改善の方向性も変化していくと考えられます。

KEYWORD

高品質化　　高効率化　　部分最適　　全体最適　　ボトルネック　　改善
（カイゼン）　　品質　　設計品質　　製造品質　　機能設計　　構造設計
狩野モデル　　イノベーターのジレンマ　　検査　　内部不良　　外部不良
リコール　　ZD（ゼロ・ディフェクト）運動　　QC7つ道具　　なぜなぜ
分析　　バリュー・アナリシス　　バリュー・エンジニアリング

EXERCISE

① いつも行列ができるラーメン店の行列を短くするという改善活動を考えたとします。その際，何がボトルネックになりえるか，いくつかの仮定を置いて考えてみましょう。

② 上記のラーメン店の行列を短くするという目的が，オペレーション経営において正しい目的になる場合と，そうでない場合との違いはどのようなものがありえるか，考えてみましょう。

CHAPTER 10

第10章

サプライチェーン拡大とオペレーション経営

SHORT STORY

あなたの料理はさらに話題になり，全国から食べたいという声が届いたとする。自分が創り出した価値が世の中に認められていくこと，それによって仲間と自分の所得が増えながらお客さんも満足してくれることは，かけがえのない喜びだ。でも，ビジネスの地理的な拡大は別の問題を生む。北海道で作った料理をそのままの状態で沖縄に運ぶことなどほとんど不可能だ。では実店舗レストランを全国展開するか，それとも冷凍食品を作って全国のスーパーで料理を売るか。あなたならどうするだろうか……。

前章までで，5M の手配を高品質化・高効率化する視点と手法について学びました。これによって，自社の製品・サービスへの顧客からの評価はさらに高まっていくことでしょう。そして，この段階になると，自社からは地理的に離れた顧客も多数現れると考えられます。そのためこの地理的な問題こそが，価値創造における次なる障害となります。

　地理的に離れた顧客にとっては，自社の製品・サービスをより購入しやすくなることが，そのまま価値創造に直結します。とくに，飲食物のように新鮮さが品質の重要な部分を占める製品・サービスにとっては，各地での需要が一定数を超えると予想されると，店舗を拡大する必要が生まれます。

　しかし，こうしたニーズに応えるために地理的に離れた場所に店舗を展開していくと，各店舗に対してオペレーション経営の目は届きにくくなっていきます。たとえば，近隣に位置する 2 店舗の飲食店であれば，「オペレーションを担う COO が毎日 1 回様子を見に行って，何かあれば店長の話を聞いて，一緒に相談しながら必要なことを決めていく」といったことができます。同じ飲食店において，関東圏に 5 店舗展開している場合であれば，COO が月に 1 回出張をして各店舗の様子を見に行くことで，同様の対応が可能になるかもしれません。

　しかし，同様の飲食店が全国に 100 店舗，300 店舗と増えていったらどうでしょうか。1 人の COO が各店舗を回ってオペレーションをおこなうことは物理的に不可能です。その場合は，多店舗にわたる 5M の手配を効率的におこなう仕組みを作ったうえで，全体最適の価値創造をおこなうための工夫が必要になるでしょう。

　そこで本章では，こうした場面において一般的に利用される**サプライチェーン・マネジメント**の基本を学んでいきます。

1 サプライチェーン・マネジメントにおける 2 つの視点

▌機会損失と廃棄損失 ▌

自宅で料理をする段階であれば，食べる人の数やそれぞれが食べる量は安定

していますので，手配を確実におこなえば，手配した材料がまるまる無駄になることはあまりないでしょう。たとえば，残業で帰りが遅くなって家で夕食を摂らなかった家族がいたとしても，他の家族がその分を多めに食べたり，翌朝に残業で帰りが遅くなった本人がその食事を朝食にしたりといったことができるからです。

　しかし，レストランというビジネスを成立させるとなると話は別です。材料を昼間に手配した後で，夕方から天気予報にはなかった大雨が突然降ってきてまったくお客さんが来ず，材料が大量に余ってしまうということは十分起こりえます。一方で，余ると嫌だからと材料を少なめに手配するのも考えものです。

　なぜなら，常連のお客さんのなかには，たとえば「前に食べたエビフライがおいしかったから，今日もあれが食べたいな」などのように，食べたいものが決まって訪れてくる人も多いからです。あるいは，新規のお客さんであっても，「エビフライがおいしい」と友達から聞いてこのレストランに足を運んできたのかもしれません。このような場合に，もしエビフライの用意ができなかったら，お客さんをがっかりさせてしまうことになるでしょう。

　こうした状況は，**機会損失**と**廃棄損失**の問題といえます[1]。手配した材料（部品在庫）が足りないと，その材料で作る料理を食べたいといっているお客さんがいても，その料理（＝価値）を提供することができません。一方で，手配した材料が余り，材料の消費期限が切れて使えなくなった場合は捨てることになり，その材料費は全部無駄になって，せっかく創造できた価値を捨てることになってしまいます。つまり，ビジネスをおこなう際には，材料は多すぎても少なすぎてもダメで，ちょうどよい量の材料を手配することが重要になるのです。

　一見すると，機会損失と廃棄損失の問題は，たくさんお金をかければ（少なくとも表面的には）回避できるように見えます。しかし，機会損失を回避するには，たくさん材料を買っておけばよいということになりますが，それでは廃棄損失が生じてしまう可能性が出てきます。一方で，廃棄損失を回避するために，廃棄が出そうだなと思い始めた時間帯から，採算度外視の安い価格で料理を提供すれば，材料は無駄にならずに済むかもしれません。実際に，スーパーマーケットでは，廃棄になりそうなお惣菜などを値引シールを貼ることによって売り切り，最終的に廃棄を防いでいることが多いです。しかし，値引するという

1　石田・濱田（佐藤）（2011）参照。

ことは，お客さんにとってはお得であっても，スーパーにとっては利益が減ってしまうことになります。また，安易に値引をおこなうと，お客さんは値引後の価格が適正な価格だと感じてしまい，通常の価格では買わなくなったり，値引の時間までスーパーに行かなくなる人も出てくるでしょう。

　以上のように，お金をたくさんかければ表面的にはこの問題を回避できるように見えても，実際には経営上にさまざまなマイナスを生み出しているわけです。そのため，できるだけお金をかけずに，安いコストでこの2つの問題を回避することが望ましいということになります。

機会損失と廃棄損失のトレードオフ

　このように，機会損失と廃棄損失の問題は（あちらが立てばこちらが立たずの）トレードオフ関係になっていることが多いです。しかし，このどちらをより恐れるかは，多くの場合には，店の規模によって分かれます。たとえば，個人経営のレストランや定食屋さんの場合，大きな利益を目指すことよりも，まずは黒字化すること，小さくても安定して利益を出すことを優先している場合が多いでしょう。その場合は，廃棄損失を避けることを優先していることが比較的多いようです。個人経営の飲食店に閉店間際に駆け込んで何かを注文した際に「すみません，今日はそれ終わっちゃいました」といわれた経験がある人もいるでしょう。この場合，店は機会損失よりも廃棄損失を恐れていると捉えることができます。

　それに対して，規模が大きいチェーンのレストランなどの場合は，一般的には廃棄損失よりも機会損失を恐れている場合が多いです。それが顕著なのはコンビニエンスストアです。コンビニについて，おにぎりやお弁当の廃棄問題が頻繁にニュースなどで取り沙汰されますが，これはコンビニが機会損失を恐れているためです。[2] その理由の1つは，機会損失が招く損失が廃棄損失による損失よりもはるかに高く付く可能性があるためです。もしみなさんがあるコンビニに行ったときに目当ての商品が品切れになっていて，すぐ近くの他のお店にあったらどうするでしょうか。次回からは品切れの可能性が高いお店には行かなくなるでしょう。

2　セブン＆アイホールディングス（2010）ウェブサイト参照。

2 3つの注文方式

3つの注文方式の使い分け

　それでは，サプライチェーンが拡大した段階で，どのような注文方法によって5Mを手配していくのか，具体的に考えていきましょう。ここで，Aさんがレストランを経営するにあたって，まずは業務用スーパーの宅配サービスを活用することにしたとします。こうしたスーパーは多くの食材を用意しており，配送されるまでのスピードが速く，コストを抑えることができるのが魅力です。

　注文してから翌日には品物が届くため，必要なものを都度注文することになります。しかし，レストランで使用する材料のなかには日持ちするものや，一度にたくさん買ったほうが安く済むもの，一度に少ししか使わないものなどさまざまです。そのため，すべての材料の手配に毎日頭を悩ませなければいけないというわけではありません。

　こうした場合に，材料の手配の負担を低減する方法が，3つの注文方式の使い分けです。その3つとは，①**予測方式**（定期発注方式），②**ボーダーライン方式**（発注点方式），③**ダブルビン方式**（ツーボックス方式）の3つです。[3]

予測方式

　毎日や毎週といったような一定期間ごとに，使用する材料の必要量を予測して，データに基づいた注文をおこなう方式のことを予測方式といいます。この場合は，その材料を使用する製品・サービスが過去にどれだけ売れたかという販売実績，当日の気温や天気，店舗の近隣地域のイベント情報などを総合的に判断して予測して注文します。

　たとえば，近隣で人気歌手のコンサートがおこなわれた場合などは，いつもより何倍もの人が街を訪れるため，近隣の店舗の売上も一気に上がる可能性があります。人間が頭を使って考える予測方式は，とくに重要な材料や商品の注文に用いられることが多いといえるでしょう。単価が高く機会損失が大きいも

3　以下，若井（2009）参照。

2　3つの注文方式　● 169

のや，消費期限が短くて廃棄損失の危険性が高いものに対しては，予測を重視することが大切です。なお，需要に対して即座に対応して5Mを素早く（顧客が待ってくれる期限内に）手配できるならば，そもそも予測は不要になります。

ボーダーライン方式

しかし，すべての材料や商品を予測方式で注文するのはかなり大変ですし，予測は多くの場合に外れがちです。そのため，1回当たりの注文量をあらかじめ決めておき，材料の在庫がある一定ラインを下回ったら，決めておいた量を注文する方式もありえます。これをボーダーライン方式といいます。たとえば，お米を10kg買っておき，残り2kgにまで買い置きが減ったら追加で10kg注文する，といったイメージです。家庭での料理においても，お米やパスタのように賞味期限が比較的長く，日持ちするタイプのものなどにボーダーライン方式を採用することで，手配について日常的に考えなければいけない負担を減らしていることが多いでしょう。

ダブルビン方式

ボーダーライン方式よりもさらに管理の負担を軽減したのがダブルビン方式です。たとえば，爪楊枝5ケースを店に置いておき，その5ケースを使っていき，残りが1ケースにまで減ったら4ケース分を注文するといった注文方式です。実際のところ爪楊枝1ケースのなかには爪楊枝が100本入っているかもしれないし，102本入っているかもしれませんが，ざっくりと1ケースごとでカウントして管理する方法です。工場においてはネジなどの部品をダブルビン方式で管理しているところが多いです。ただし，こうした方式のデメリットもあります。それは，爪楊枝やネジといった部材を雑に管理することで，コスト意識が薄まることなどです。たくさんの爪楊枝やネジを前にすると，多少なくしたり無駄遣いしたりしても大丈夫だろうと高を括ってしまうのが人間というものです。

170 ● CHAPTER 10 サプライチェーン拡大とオペレーション経営

3 デカップリング・ポイント

販売網全体での在庫管理

レストラン経営から始まったＡさんの料理は，冷凍食品となって全国に販売されるようになったとしましょう。さらに，Ａさんの料理は評判になり，全国のコンビニや冷凍食品専門の自販機等で冷凍食品として販売されることになったとします。いざ全国で冷凍食品が販売されるようになると，次なる障害は販売網全体の在庫管理です。

販売店舗の数が増えていくと，前述した機会損失と廃棄損失の問題が，より複雑に，より大規模な問題となってきます。自分１人で小さな定食屋をやっているときは，その日の天気や客入り，冷蔵庫の中身などを踏まえて，その都度在庫管理をおこなうことが可能でしたが，小売店を通じて商品を売るということになると，小売店から注文が入ってから作り始めたのでは，お客さんは待ってくれないので，ある程度在庫を抱えておくことになります。一方で，在庫を抱えすぎると廃棄ロスになってしまいます。そこで，在庫をどの段階で抱えておくのかを考える必要があるのです。この，（受注に対して）どのポイントで在庫を持っておくかを考える際に重要な概念が，**デカップリング・ポイント**です。[4]

図表10.1 は左から右へものが流れていくイメージです。製品設計をおこなって，材料を調達し，加工して組立をして出荷，輸送し，各店舗にものが届きます。

デカップリング・ポイントと生産手法

まず，在庫販売です。あらかじめ，完成品を作っておき，各拠点の倉庫に置いておきます。たとえば関東エリア，東北エリアのように，エリアごとに倉庫を持っておき，注文が来たらそこから輸送する形です。対応することは輸送のみなので，**リードタイム**が短く，すぐに店舗へ商品を届けられます。それにより，機会損失が生じる恐れも低くなります。一方で，すでに在庫として持って

---

4 石川（2017）参照。

3 デカップリング・ポイント ● 171

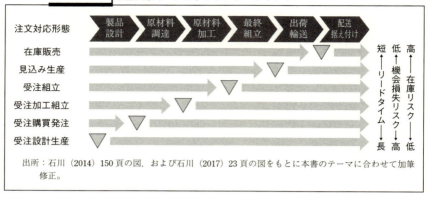

図表10.1 デカップリング・ポイント

出所：石川（2014）150頁の図，および石川（2017）23頁の図をもとに本書のテーマに合わせて加筆修正。

いる商品があまり売れず，注文が来なかった場合，賞味期限が切れてしまうと廃棄になるので，廃棄損失の可能性が高いということがデメリットです。

次に，見込み生産です。見込み生産は「このくらいは売れるだろう」と見込んだ数量を完成品として持ち，工場に置いておきます。注文が来たら出荷をして，たとえば自社の物流センターに搬入されてから，お客さんのもとへ輸送という形を取ります。

受注を受けてから対応するという方法になると，デカップリング・ポイントはさらに上流（左）に移動します。受注組立の場合，原材料加工までしておきます。中間品，仕掛品ともいいますが，途中までできた状態で在庫を持っておきます。お客さんから注文がきたら，途中までできていたものをさらに組み立てて完成品にした後，出荷・輸送します。受注加工組立は，受注を受けた後に，原材料を加工して生産します。レストランであれば，注文を受けた後に，野菜を切り出すということです。受注購買発注については，注文を受けた後に野菜を仕入れることを意味します。

このような受注組立生産は，どちらもどっちつかずになってしまいメリットがないように思うかもしれません。途中まで中途半端に製品を作っておくことにはどのような意味があるのでしょうか。たとえば，Aさんの冷凍食品で，ハンバーグがとくに人気だとします。ハンバーグにはデミグラスソース，トマトソース，おろしポン酢の3種類があります。それぞれを100個ずつ見込み生産した場合，デミグラスソースとおろしポン酢のハンバーグは100個完売しましたが，トマトソースのハンバーグだけはあまり売れずに残ってしまったという場合，見込み生産であれば，すでにトマトソースのハンバーグを作ってしまっ

ているので，賞味期限が近づいたら値引してみたり，売るための工夫を何か試みて，それでも売れなければ廃棄することになります。

　一方で，ハンバーグだけを中間品として在庫で持っておけば，売れ行きを見て，デミグラスソースがたくさん売れていて注文が来たのを見てから，中間品のハンバーグにデミグラスソースをかけて完成品にしたものを出荷する，売れ行きの悪いトマトソースは少なめに生産する，といった調整が可能になります。

　デカップリング・ポイントが一番上流（左）に位置しているのが受注設計生産です。お客さんから注文が来る前は何もせず，注文が来てから，設計，調達，加工，組立とすべておこないます。注文が来た分しか作らないので，在庫リスクはほぼゼロになりますが，リードタイムが長くなるため，機会損失の恐れが高くなってしまいます。

　受注設計生産が採用されているのは，オーダーメイドのものや，限定生産のものです。オーダーメイドのスーツを作る場合，自分の身体のサイズを採寸してもらい，自分だけのスーツを作ることになります。自分にピッタリのサイズのスーツを買えるなら，1カ月でも，お客さんは待ってくれるでしょう。同じく，好きなキャラクターの限定フィギュアを買う場合，大好きなキャラクターのフィギュアであれば，お客さんはいつまででも待ってくれるので，機会を損失することはなくなります。

　以上のことから，それぞれの方式にメリットとデメリットがあって，とくに在庫損失と機会損失はトレードオフの関係にあることがわかると思います。

4 ブルウィップ効果

> **Q**：あなたはコンビニの仕入れ担当です。今日，お店である商品が 10 個売れました。新しく何個仕入れますか。

　この質問に対して，「10 個売れたのだから，10 個仕入れる」と答える人はとても少ないと思います。「10 個売れたのであれば，多めに 15 個（あるいはそれ以上に）仕入れておく」と答える人が多いでしょう。では，あなたがコンビニに商品を卸している食品商社だったらどうでしょうか。「コンビニから 15 個発注が来たぞ。それなら多めに 20 個仕入れておこう」となるかもしれません。

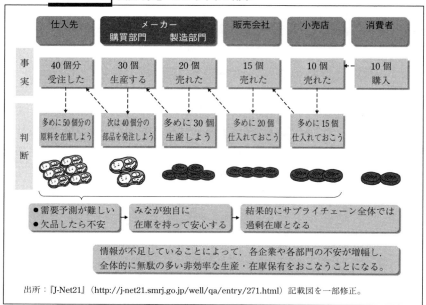

　食品商社に商品を売っているメーカーはどうでしょうか。そのメーカーが作るハンバーグの材料となる肉を加工している仕入先はどうでしょうか。このように考えていくと，実際に売れた商品の数は10個であるにもかかわらず，サプライチェーン全体ではかなりの在庫を抱えることになってしまうのです。

　これには，機会損失に対する不安もありますが，予測の難しさも影響しています。つまり，計画の注文数と，実際の販売数が大幅にずれてしまうことがあるということです。たとえば，小売店が「これはヒット商品になりそうだ。だからみんな発注するはずだ」ということで大量に注文したけれども実際には見込みほど売れなかったという場合，次のオーダーが急減するというようなことが起こりえます。

　メーカーとしては，「発売前に大型の発注が入ったということは，小売の担当者が消費者の声を聞いて，人気があるとか，予約が集まったとか，そういうデータに基づいて注文しているのだろう」と思って大量に生産しても，実際の小売の店頭担当者は，「有名なアイドルとのコラボ商品だし，売れるだろう！」とざっくり判断していたかもしれません。また，実際に消費者から事前の問い合わせが多く寄せられていたので大型発注をしたという場合であっても，CM

に出ていたアイドルが不祥事を起こしてイメージダウンで売れなくなる可能性もありますし，有名YouTuberが「新商品はハズレ，おいしくない」と動画を配信したことで，一気に予約キャンセルが増えて売れなくなるといった可能性もあります。

メーカーやサプライヤーからすれば，小売がなぜこんなに注文したのかもわからず，それぞれの思惑が実需要を見えにくくしたり，変動幅を増加させることになります。実需要よりも大きな変動幅が川上のメーカーやサプライヤーに伝わることになってしまいます。このように，サプライチェーンの上流へ行くほど，需要の変動幅が広がることをブルウィップ（鞭）効果と呼びます[5]（図表10.2）。

⑤ 最終消費者の動向をつかむ

品切れを回避しつつも過剰在庫を事前に防ぐためには，最終消費者の動向を迅速につかみ，それをもとに素早い注文・生産をおこなう必要があります。つまり，実際に10個売れたのであれば，10個を作ってすぐに納品するということが理論上ベストであるといえます。そこで，最終消費者の動向をつかむには，以下で述べるようにいくつかの方法が考えられます。[6]

┃ ITの活用 ┃

1つ目は，ITの活用です。みなさんの身近な例ではPOS（point of sales）データがあげられます。POSデータとは，どのような商品が売れたのかという情報をPOSレジで取得したデータのことです。[7]コンビニやスーパーでものを買う際，レジで商品のバーコードをピッと読み取ってもらい，会計を済ませると思います。そのバーコードから集めた販売データをリアルタイムで工場に送る仕組みです。

POSデータは即時的なサプライチェーンマネジメントのみならず，より長期のマーケティングにも活かされています。たとえば，「日経のPOSデータ」

---

5 Wang & Disney（2016）参照。
6 以下，若井（2009）参照。
7 NECソリューションイノベータ（2021）ウェブサイト参照。

は，イオンやサミット，ユニーなど大型店舗を持つ小売企業から地方に根付くスーパーまで，幅広く POS データを収集し，レシート総枚数は年間 10 億枚，延べ 10 億人以上の購買データが蓄積されています[8]。

とくに食品は天候に左右されやすく，暑いとビールやアイスが売れ，寒いと鍋つゆやチョコレートが売れることは想像しやすいでしょう。また，タピオカやマリトッツォがブームになったりとトレンドも変わりやすいため，多くの食品メーカーはデータに基づいた分析をおこなうことで，ヒット商品の開発に勤しんでいます。

POS データの他には FSP（フリークエント・ショッパーズ・プログラム）も身近な例としてあげられます[9]。いわゆるポイントカードと呼ばれるものがこれにあたり，購入金額に応じてポイントが貯まり，ポイントで買い物ができたり，ポイントに応じて特典が受けられるといったものです。FSP を用いる企業側のメリットには，顧客の定着や再来店を促すマーケティングおよびプロモーションという側面と同時に，顧客データを把握し商品開発や次なる企業活動につなげるという側面もあります。ポイントカードを作る際には通常，性別や生年月日（年齢），住んでいる地区などを入力するため，「20 代の女性客は A という商品と一緒に B という商品をよく買っている」ということがわかれば，A と B をセット販売してみるということも考えられますし，新規の 20 代女性客が来たら，積極的に A や B をお勧めしてみるといったことにより，売上や客単価の向上が見込めるのです。

POS データなどによって把握した，実際に売れた分だけを作って配送することができれば，品切れを回避しつつも在庫損失のリスクを下げることが可能になります。ただし，そのためには店舗単独ではなく，店舗全体・配送センター・工場と全体で連携を取りながらオペレーションを進めていく必要があります。

こまめな輸送・発注

2 つ目は，こまめに輸送，発注するということです。たとえば，コンビニの物流センターから各店舗への商品の配送は，商品を温度帯によって分けたうえ

---

8 日経の POS データの URL は次の通り。https://nkpos.nikkei.co.jp/
9 菊池（2013）参照。

CHART 図表10.3　セブン-イレブンの物流システム

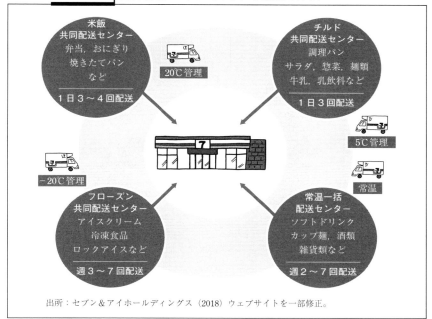

出所：セブン＆アイホールディングス（2018）ウェブサイトを一部修正。

　で複数回配送されています。たとえば、コンビニの主力商品であるおにぎりやお弁当、パンなどは、20℃の管理で1日3〜4回配送されています[10]（図表10.3）。

　1日に何回も配送したら、ガソリン代もかかり、配送する人の人件費もかかるということで、全部まとめて配送したほうがよいのではないかと思うかもしれません。しかし、実際には分けて運んだほうが、メリットが大きいことがわかります。

　たとえば、あるコンビニでおにぎりが1日に平均300個売れるとします[11]。1日に1回で300個をまとめて入荷した場合、置き場所のスペースがかなり取られてしまいます。コンビニの店舗はスーパーと比べると比較的狭く、バックヤードにも限られたスペースしかありません。1度に大量のおにぎりを入荷してしまうと、おにぎりが売れてスペースが空くようになるまで、他の商品は何も置けなくなってしまうかもしれません。また、1度にまとめて入荷した場合、

10　本章の例については、セブン＆アイホールディングス（2010）ウェブサイト参照。
11　在庫管理の詳しい議論は若井（2009）が参考になります。

| CHART | 図表 10.4 小ロットで配送するメリット |

おにぎりが1日300個売れるとして

1日1回で300個まとめて入荷	100個ずつ3回に分けて入荷
● 置き場所：大 ● 在庫量：多 ● 注文数の調整不可能	● 置き場所：1/3 ● 在庫量：1/3 ● 朝・昼・夕と注文数を変えることも可能→各時間帯に必要な数だけ注文することも可能

出所：若井（2009）を参考に筆者ら作成。

商品が売れるまでは在庫となるわけです。朝の5時に生産されたおにぎりの賞味期限が、翌朝の3時だとすると、3時を過ぎた製品は廃棄になってしまいます。売れなかった在庫はそのまま無駄になってしまうということです。1日に平均300個売れるとはいえ、多く売れる日も、少なく売れる日もあるわけです。雨が降ると、外食店舗まで歩くのが大変だからコンビニで済ませようという人が増え、400個売れるかもしれませんし、祝前日の平日にはランチを削って仕事を終わらせようという人が増え、200個しか売れないかもしれません。そのような場合にもまとめて入荷だと、朝にすでに300個入荷してきてしまっているため、人が来なくて売れないと困りますし、人がたくさん来て売り切れてしまっても、商品の追加ができません。

100個ずつを3回に分けて入荷すれば、置き場所も在庫量も3分の1になるため、店舗スペースを効率的に使うことができますし、在庫損失が生じる可能性も大幅に低減することができます。朝・昼の様子を見て、今日はあまりお客さんが来ていないから夕方の注文は100個ではなく50個に変更しよう、あるいは今日はすごく売れる日だから夕方の注文は200個に増やそうといった調整も可能になるため、廃棄を抑制しながらも機会損失を低減し、売上の拡大に貢献することができます（図表10.4）。

このように、一見手間に思えるようなオペレーションの変更を加えることで、むしろ効率的なオペレーションが可能になるのです。

最終消費者に直接売る

　3つ目は，最終消費者に直接売るということです。ルイ・ヴィトンやグッチ，シャネルなどの高級ブランドは自社の直販店を設け，直販をおこなっています。ファッション商品はトレンドの影響が強く，市場に出さない限り，当たり外れがわからないので，お客さんの反応をいち早く感知する必要があることから，歴史的にも直販店を構える企業が多くありました。しかし，直販店を抱えるとなると，当然店舗の賃料や店舗スタッフの人件費など，その分のコストがかかります。そのため，ブランドが確立しているものを独占して仕入れて販売する，強力な自社ブランドを作り上げて直販店のみで限定して売るといった取り組みが必要となるのです。つまり，ブランドが直販店を運営しているというよりは，ブランドだからこそ直販店を運営できるというのが従来の考え方でした。

　一方で，近年は手頃な価格で適正な品質の商品を売りにしている企業が直販店を運営するケースが増えています。アパレル企業で2023年度の売上世界第1位のZARAを展開するInditexや，2位のH＆M，日本ではユニクロやGUを展開するファーストリテイリングなどがこれにあたります。

　アパレル業界では，アメリカのGAPが1986年に始めた，メーカーと小売が一体化した製造小売業を，SPA（specialty stores of private label apparel）モデルといいます。商品企画・デザインから製造，販売までを一貫して手がけることで，サプライチェーンの全体最適化を図っていくビジネスモデルです。[12]中間流通業者を省くことでリードタイムが短縮され，利益率の確保が可能になるとともに，自社の顧客ニーズを素早くつかみ，売れ行きに応じた商品の生産調整ができる点が，SPAの魅力です。[13]

　とはいえ，やはり直営店を，それも複数店舗構えるとなると，かなりの初期投資が必要になるのは間違いありません。そこで近年注目されているのがインターネット販売です。Amazonや楽天，Yahoo!ショッピングといった大手ECモールでは，少ない初期投資で自社商品を直接顧客に販売することが可能になります。コロナ禍のステイホームの影響を受けて，EC需要は急速に成長しており，ECモールに頼らずにShopifyやBASEなどのeコマースプラット

12　網倉・新宅（2011）参照。
13　岩崎（2012）および南（2009）参照。

5　最終消費者の動向をつかむ　● 179

フォームを活用して自社ECサイトを設立する企業も増加しています。これまで小売を通じての販売や直販店での販売など，リアルな場で販売活動をおこなっていた企業がオンラインでの販売を併走させるケースも増えています。

KEYWORD

サプライチェーン・マネジメント　機会損失　廃棄損失　サプライチェーン　予測方式　ボーダーライン方式　ダブルビン方式　デカップリング・ポイント　リードタイム　ブルウィップ効果　POSデータ　FSP（フリークエント・ショッパーズ・プログラム）　SPA　EC

EXERCISE

① 機会費用の削減をより重視している企業，在庫費用の削減をより重視している企業をそれぞれあげてみましょう。

② 在庫費用が大きい傾向がある見込み生産的な産業において，受注生産的なオペレーションをおこなうことで在庫費用を下げるためにはどのような取り組みが必要となるか，考えてみましょう。

CHAPTER

第 11 章

グローバル化と
オペレーション経営

SHORT STORY　あなたの企業が生産する冷凍食品に対して，やがて世界中から注文が殺到するかもしれない。企業は国境を越えられる。今では多国籍企業の売上は小国の GDP よりも大きいほどだ。ただし，企業は国境を越えて海外拠点を複数持つことができるとはいっても，国そのものが国境を越えて移動してくるわけではない。国の制度，文化，文明はグローバルに移動することはない。だとすれば，企業が国境を越えてビジネスをグローバルに展開していくとき，どのような問題が巻き起こるだろうか……。

自社による価値創造が顧客や社会から評価されていき，全国規模のサプライチェーン構築にも成功すると，やがて 5M の手配の範囲は国境を越えていくことになります。すなわち，世界中から 5M を手配し，自社の製品・サービスを売り出していくという，ビジネスにおけるインプットとアウトプットをグローバルな規模で展開する段階がやってくるでしょう。

　5M の手配をグローバルな規模に展開する利点は，製品・サービスの差別化とコスト優位の両面において存在します。まず，世界中に散らばっている最も高品質な 5M を手配することで，自社の製品・サービスを世界最高品質にまで高めることができるという点で，手配のグローバル化は製品・サービスの差別化を加速させます。さらに，グローバルな手配をおこなうことで，同じ品質の 5M であっても，世界中から最もコスト競争力のあるものを利用することができるようになります。

　そうして，世界一の品質とコスト競争力を誇る製品・サービスを作り上げた後に，グローバルな販売網を通じて当該製品・サービスを届けることができます。これによって，潜在的な市場の規模は，国内だけを見ている場合の数十倍にまで拡大します。こうしたことから，現代のグローバル企業は世界中に開発・生産・販売拠点を構えるという**最適拠点配置**をおこなっています。

　ただし，グローバルな最適拠点配置にもさまざまな落とし穴があります。国家ごとの政策や政情などを考慮する必要性，国際マーケティングの必要性などが，グローバルな価値創造における次なる障害となるのです。こうしたことから，グローバルな規模のオペレーション経営においては，これまでの 5M の手配にさらに工夫を加える必要が出てきます。この点について，本章で学んでいきましょう。

1 国家間の隔たり

▌国境を越えた企業活動に生じる障壁 ▌

　Aさんの考案した冷凍食品が日本国内で人気になり，海外展開することになったとしましょう。企業が国境を越えて複数の国で企業活動をおこなう場合，どのようなことが問題になるでしょうか。

182 ● CHAPTER 11　グローバル化とオペレーション経営

この例では，Aさんの会社では，X国に工場を設立することになったと仮定しましょう。「人件費が安価なX国で生産することで，コストを低く抑え，顧客の買いやすい価格を実現したいと考えた」という状況は平成以後の現実の日本企業によく見られた行動パターンでした。また，X国は1年を通して安定した気候で，ハリケーンや地震のリスクも少ないというメリットもありました。加えて，Aさんが海外工場設立を検討していたちょうどその時期に，X国政府が外資系企業の製造事業の優遇措置を発表したことも大きな後押しとなりました。

しかし，いざX国に工場を設立すると，さまざまな問題が起きました。Aさんの会社では，まずは本国・日本の工場からベテランの工場長をX国に派遣して，作業員・技術者育成をおこなってもらうことにしました。この人物をX国に派遣するにあたり，半年前から英語のトレーニングもおこない，派遣されるメンバーは英語でのコミュニケーションは問題なくこなせるようになりました。

しかし，工場が完成していざ生産を始めると，従業員がマニュアルを遵守していないという問題が発生しました。本国から派遣された工場長が，X国の工場長に「マニュアルを遵守していないと，品質が保たれず，生産性も向上しないため，マニュアルを守ってもらう必要がある」と訴えると，実は，X国で英語を使えるのは工場の幹部クラスのみであり，現場の作業員はX国語でしかコミュニケーションを取ることができないということが発覚しました。早急に英語のマニュアルをX国語に翻訳して配布しましたが，その翻訳にも間違いが多くありました。従業員はマニュアルを遵守して生産していますが，そもそもマニュアルが間違っているという問題が起きていたのです。ただちにマニュアルの翻訳し直しに取り掛かりました。

また，作業が始まると今度は従業員から，「お祈りの部屋がない」という声があがりました。X国では国民の60％をイスラム教徒が占めており，1日5回のお祈りをするための部屋が工場内に必要だということでした。あわてて，会議室の1つをお祈りのための部屋にすることで事なきをえましたが，次にランチタイムの時間になり，社員食堂に食べられるものがないということが問題に

• note

1　ただし，こうした施策は本質的な価値創造ではなく，円高・デフレ下でしか通用しない経営戦略だった可能性も存在します（岩尾，2023）。

2　これは架空の例ですが，似たような事例が岩尾（2016）などで報告されています。

1　国家間の隔たり　● 183

なりました。イスラム教では，豚やロバなどを食べることが禁止されており，それ以外の肉に関しても，正規の手順に従って屠殺されたものでなければ食べられないのです。その日は急遽イスラム教徒用の仕出し弁当を注文して対応しましたが，今後はハラール食品を使用したハラール表示のメニューを必ず用意するように徹底されました。

　ようやく生産体制が落ち着き始めた頃，今度は政府から税制優遇措置の大きな見直しが発表されました。X国にはいくつかの経済特区が指定されており，経済特区内に拠点を置く外資系の製造事業に対しては直接税・間接税の優遇措置がおこなわれていました。外資系企業がX国に工場を建設し，X国の国民を雇用すれば，直接税（法人税）や間接税（輸入関税，販売税など）が一部免除されるというものです。しかし，今後は製造事業のなかでも電機や機械，自動車などの産業に対象が絞られ，食品の製造事業は優遇から外れるというのです。税制優遇がなくなると，予定していた採算に合わなくなってしまいます。しかし，Aさんの会社は現地政府にロビー活動をおこなえるほどの規模ではないため，頭を抱えてしまいました。

CAGE フレームワーク

　価値創造の次なる障害は，国家間の隔たりです。国をまたいで価値を届けようとした場合，各国間の違いが多方面で生じ，この違いが障害になることがあります。これらの違いを4つに分類したのがゲマワットのCAGEフレームワークです（図表11.1）。これらの違いを事前にすべて想定することは難しいものの，自社の事業内容に密接する違いについては検討しておく必要があります。

　また，これらの隔たりは上述したような問題も起こしえますが，逆にこの隔たりを逆手に取ることで，事業にプラスになるケースもあります。たとえば，インドがIT大国として発展した経緯の1つは地理的隔たりによるものです。インドとアメリカの12時間の時差を活用し，アメリカのシリコンバレーで開発中のソフトウェアを，アメリカが夜になったらインドへ送れば，朝を迎えたインドで開発の続きを進めることができ，インドが夜になったら今度はアメリカへ送れば，ノンストップで開発を進めることができます。

3　Ghemawat (2001) 参照。

| CHART | 図表 11.1　CAGE フレームワーク |

	隔たりの例
文化的隔たり (cultural distance)	言語，民族，宗教，慣行，嗜好などの違い
制度的・政治的隔たり (administrative and political distance)	法律，外貨規制，税制，労使関係などの違い
地理的隔たり (geographic distance)	物理的な距離，時差，気候などの違い
経済的隔たり (economic distance)	購買力（国民1人当たりの所得），インフラの整備状況，教育や技術の水準，天然資源・人的資源・資金・情報の利用しやすさの違い等

出所：Ghemawat（2001），訳は大木（2017）を参照。

　Aさんの会社の例では，経済特区から外れることになった結果，コスト削減に向けて現地の食材の使用を検討したところ，X国の鶏肉がもともと扱っていた鶏肉よりも安価で味もよいことがわかったり，労働者が勤勉なことにより想定よりもはるかに高い経験効果が得られたり，などのうれしい誤算も考えられます。

　ただ，国際経営，つまり，ホームとなる自国から外へ出て国際経営をおこなうことは，基本的には不利ということが大前提になります。これらの多くの隔たりが点在しているばかりでなく，多くの産業において，現地国には現地の地場企業が存在しています。食品関係の会社であれば，現地の人の食文化や生活スタイル，味の好みなどを知り尽くした現地の会社のほうが，それらをよくわかっていない外資系企業よりも有利であるといえるでしょう。

真のグローバル企業の定義

　海外で価値創造し続けるのが難しいことは，グローバル企業の数の研究からもわかります。グローバル化が進んでいるといわれる近年，真にグローバルな企業はどのくらいあるのでしょうか。

　グローバル企業の定義はこれまでもさまざまに議論されてきましたが，たとえばラグマンとベルベッカはグローバル企業を「世界中からまんべんなく売り上げられる企業」[4]と定義しています。より具体的には，世界のトップ企業をリスト化した「フォーチュン500」のなかから，売上データがわかる365社を対

1　国家間の隔たり　● 185

象に，その本拠地別に北米企業，ヨーロッパ企業，アジア企業に分け，自地域からの売上が5割以下で，かつ，他の2地域からそれぞれ2割強の売上を確保している企業をグローバル企業であると定義したのです。

この定義で分析してみると2つの発見がありました。まず，365社のうち320社が，売上の半分以上を自地域から上げていました。つまり，海外（自地域外）からの売上が半分を超える企業は，45社しかなく，さらにこの45社のうち，自地域外の2地域の両方から各2割以上の売上を実現できている企業はたったの9社でした。

② グローバルな統合と現地への適応のトレードオフ関係

多国籍企業がマネジメントをおこなっていくにあたって重要になるのは，グローバルなレベルでの統合と現地適応のトレードオフ関係に対し，いかにバランスを取っていくかということです。わかりやすい例として，商品開発やマーケティングの例から考えていきましょう。

世界中の市場を基本的には「1つ」だと想定して，グローバル規模で標準化された製品・サービスを生産（手配）・提供していくのが「統合」の考え方です。世界的なブランド力を有する製品・サービスを展開する場合に，この方針が可能になります。コカ・コーラ社の「コカ・コーラ」は世界中どこでも同じ味・ロゴ・ボトルのデザインですし，Apple社の「iPhone」は世界中どこでも同じ機能・デザインで販売されています。

このように，グローバルにほとんど同じような製品を投入できれば，商品開発やマーケティングのコストを下げて利益率を高めることが可能になります。グローバルに，世界中の消費者に愛される商品の価値を創造し，よりよい商品を求める顧客に対して価値を提供することができます。ただし，**グローバル統合の考え方を実現する**，すなわち世界共通の製品を販売するにあたっての，各

4　Rugman & Verbeke（2004）参照。訳は入山（2015）参照。
5　Prahalad & Doz（1987）参照。訳は浅川（2003），大木（2017）など参照。
6　厳密には，各国によって使用されている水道水の味の違いや甘味料の違いがあるものの，使用されているコーラの原液は同じ物です。

186 ● CHAPTER 11　グローバル化とオペレーション経営

国に共通した需要動向を見極める，あるいは需要を創造する力が必要になります。

　一方で，それぞれの国の市場にはそれぞれ異なった（違った）ニーズがあると考え，各国の事情や嗜好に合わせた製品・サービスを供給していくのが「現地適応」の考え方です[7]。国ごとの市場の嗜好が大きく違うのであれば，現地化した製品を供給することが望ましいということになります。トイレタリー商品や食品などはその代表例として，国ごとに使用環境が異なるため，現地に合わせてパッケージから機能まで変えることが望ましいとされています。自分にあった商品に価値を感じることは，いうまでもありません。

　たとえば，1971年に日本で誕生した世界初のカップ麺「カップヌードル」は，現在100以上の国と地域で販売されていますが（図表11.2），日本で親しまれているフレーバーを海外展開する一方で，各国の習慣や嗜好に合わせた商品戦略も推進し，麺の長さやスープの原料などを変更していることで有名です。

　たとえばEUでは麺をすする文化がないため，カップヌードルはフォークでも食べやすいように麺の長さを日本のものよりも短くしています。また，インドネシアではイスラム教徒が多く存在しているため，豚由来の原料は使わないカップヌードルを販売しています[8]。日本が生んだカップヌードルという画期的な商品は，各国の嗜好や食文化を考慮したうえで，現地に合わせた開発がおこなわれているのです。

　このように，各国を多様な存在と考え，国ごとに対応した商品開発やマーケティングなどをおこなうことで，現地特有の環境へ適応しやすくなり，消費者に受け入れられやすい反面，コストは上がる傾向にあります。

　以上の例は商品開発やマーケティングの側面から見てきましたが，多国籍企業において，これらの統合と適応のトレードオフ関係は研究開発・デザイン・生産など，ありとあらゆる面で課題となります。現実的には，すべての国ですべての側面に対してグローバル統合をすることにも無理がありますし，一方ですべての国ですべての側面に対して適応することも難しいため，いかに両者のバランスを取っていくか，といったことが課題になってきます。

7　Prahalad & Doz（1987）参照。
8　小林（2013）参照。

CHART 図表 11.2 世界各国のカップヌードルのパッケージ

出所：商品画像は日清食品ホールディングス提供。

3 企業がグローバル化していく過程

　ここで，企業はどのようにグローバル化していくのか，そのステップを見ていきましょう。企業はまず，国内市場を中心に成長していきます。国内市場は現地企業にとってニーズも把握しやすいため，顧客ニーズに沿った対応がしやすいためです。国内市場で十分に成長し，やがて国内市場が成熟していくと，海外に目を向けることになります。自社製品のニーズが高く，購買力のある国に狙いを定め，海外進出を開始します。

輸　出

　海外進出の第1段階が輸出です。輸出には間接輸出と直接輸出があります[9]。**間接輸出**はメーカーが商社や現地の販売業者などの仲介業者を通じて製品を輸出する海外進出形態です。海外顧客からの支払い回収や配送の手配は仲介業者がおこなってくれるため，費用や人的負担が少ない一方で，仲介業者にマージ

9　大木（2017）参照。

ンを払う必要があるうえ，現地市場の情報は仲介業者に蓄積されるため，市場の状況や現地での販売ノウハウなどが自社に蓄積されないデメリットもあります。

直接輸出はメーカーが自ら輸出する方法です。海外顧客からの支払い回収や配送の手配まですべてを自社でおこなうため，間接輸出と比べて負担は増える一方，間接輸出よりも現地の情報が手に入り，現地ニーズに合わせた対応がしやすくなります。

現 地 生 産

自国で生産して他国に輸出するという流れを繰り返すなかで，自国の生産コストが高い場合や，関税障壁がある場合などに，海外現地で自社の製品を生産するようになります。とくに大型産業の場合，輸出高が増えると，輸入国は関税を引き上げるなどして輸入制限をおこない，国産化率の向上による自国産業の保護と雇用確保を図ろうとすることが多いです。そのため，企業は輸出先で生産の現地化をおこなう必要に迫られていきます。[10]

生産の現地化をおこなうにあたっては，ライセンス契約という手法も考えられます。海外展開したい商品に関する特許技術，商標，設計などのノウハウを使用して製造・販売する権利を一定の販売地域に限って現地企業に許可する一方で，現地企業からライセンス料を受け取るという形態です。

ライセンス契約はコストが少なく済むというメリットがある一方で，技術流出が起こるリスクもあります。ある自社製品の作り方のレシピを教えて，A国限定で製造・販売を許可するという契約を結んだにもかかわらず，そのレシピを使ったきわめて類似の製品を違うものだと言い張り，B国やC国で販売し始めてしまうかもしれません。一度ライセンス契約を結んでレシピを公開すれば，相手企業が悪意を持って無断で使用した場合に，その暴走を止めるのは容易ではありません。

海外直接投資

完全に現地国企業に製造を任せるのではなく，現地国と一緒におこなうという方法もあります。グローバルな価値創造を長期的におこなうことを考えた場

10　大木（2017）参照。

合，企業として事業投資を本格的に行う**海外直接投資**が必要になることも考えられます。[11]

　海外直接投資の方法の1つに，現地国の企業とともに出資して**合弁**（ジョイント・ベンチャー）を作り，その会社で製造するという方法があります。現地国企業にも出資してもらうため，自社のみで100％出資するよりも費用が抑えられますし，自国で成功した事業を海外で展開するにあたり，コア・コンピタンス（顧客に価値を提供する際に必要となる，組織の強みの中核をなす模倣困難性の高い能力）となる組織の力を発揮することに注力できます。また，現地国企業は現地の市場を理解しており，現地国の持つ現地生産や現地販売に関するノウハウにアクセスできるというメリットがあります。一方で，ライセンス契約と同様に，技術流出の問題は依然として残りますし，出資比率のいかんによっては，経営権をめぐるトラブルに発展する可能性もあります。また，司法がしっかりと機能しているとは言い難い国も依然として多くあります。

　このように，成長途上の国は売上拡大の大きなチャンスがある一方で，公平にビジネスをおこなえる土壌としてのインフラが整っていない側面も大きいため，一筋縄ではいかないのです。合弁を設立するのであれば，信頼できる現地企業と設立するのが鉄則ですが（**図表11.3**），信頼できる現地企業を見つけることは容易ではありません。ファミリーマートがベトナムやタイにおいて合弁事業の共同経営につまずいた事例や，丸紅がフィリピンでの合弁失敗において現地企業から経営権を奪われてしまった事例など，[12]海外展開の経験が豊富な大手企業であっても海外合弁企業にしてやられてしまう例は枚挙に暇がないのが現実です。

　外資の企業が合弁でなくとも現地国に自由に法人を設立できる場合には，技術流出や経営権トラブルの問題を避けるために，別の企業が所有・操業する海外の工場（あるいは企業そのもの）を**買収**したり，1から自社で製造・販売をおこなう**グリーン・フィールド**の選択肢も考えられます。自社で所有する工場であれば，コストはかかる一方，現地でさまざまなノウハウを蓄積することができます。

11　大木（2017）参照。
12　鈴木（2015）参照。

CHART 図表 11.3　合弁における自社と現地国企業の強み

　　　　自　社　　　　　　　　　　　現地国企業
● 自国で成功した事業（魅力　　　● 現地の市場理解
　的な商材やサービス）　　　　　● 現地の工場や人材のリソース
● コア・コンピタンスとなる
　組織の力

出所：筆者ら作成。

4 最適拠点配置

多対多の手配へ

　数年後，A さんの会社の冷凍食品は世界 10 カ国で販売されるようになり，すっかりグローバル企業の仲間入りを果たしていたとします。本国や X 国の工場だけでは需要を賄えなくなったため，工場や販売会社などの拠点も増やしていきました。このように，世界各国で活動するようになると，これまでおこなっていた手配がさらに複雑になります。1 対 1 の手配から 1 対多の手配になり，さらに多対多の手配へと変貌していくのです。

　グローバル統合と現地適応のトレードオフ関係は組織作りにおいても課題となります。ある商品を世界 10 カ国で販売する場合に，どこで研究開発をおこなうのか（R&D センター），どこで生産活動をおこなうのか（工場），どこで販売活動をおこなうのか（販売店）を考えなければいけません。ここでは，工場を例にして考えてみましょう。

最適拠点配置において考慮するべき要素

最適拠点配置で考慮すべき要素は[13]，まずは製造コストです。企業活動の目的である価値創造を継続しておこなうにあたっては，収益を上げ続ける必要があるという前提に立つと，製造コストが安いことは大きなメリットでしょう。土地が安い国であれば，工場の土地代が安く済みますし，在庫を置くための倉庫の土地代も安く済みます。また，人件費が安い国では工場の作業員を低い賃金で雇用できるため，製造コストを安く抑えられるメリットがあります。

製造コストが安いことはたしかに魅力的です。ただ，製造コストが安い国は経済的に発展途上の国であることが多いです。そのため，将来的には通貨高や賃金高騰によって短期のコスト削減効果は打ち消されてしまう可能性があります。工場で生産する製品が価格の高いものである場合，工場のある国ではその製品を購入できる人が少ないため，他の国へ輸送することになります。ここで発生するのが輸送コストです。

輸送するにあたっては当然，飛行機や船などを使って運ぶことになり，そのためのコストがかかります。製造コストが安く済んだとしても，輸送コストが高くついてしまうと，トータルとしては結局高くなってしまいます。とくに，工場で生産する製品が大きく重たいものである場合，輸送コストは高くなります。一方で，工場を配置した国に，製品を購入できる人・購入したい人がたくさんいる場合，輸送コストは不要になるため，コストは安くなります。このように，現地の市場の大きさも考慮すべきポイントになるでしょう。

工場を配置したA国には大きな市場がない場合でも，隣国のB国に大きな市場がある場合も魅力的です。すなわち，市場からの距離も重要になります。輸送コストがかかるとはいえ，100km運ぶのと，1万km運ぶのでは，輸送コストも大幅に変わるためです。また，市場からの距離が近いほど，工場で物を生産してから顧客に届くまでのリードタイムは短くなり，競争力の向上に貢献します。

たとえば，野菜などの生鮮食品は新鮮なほうがおいしいでしょうし，洋服も時間が経つと流行が変わってしまいます。すぐに使いたいと思っていたパソコンが，届くのに何週間もかかるようでは，他のブランドに顧客を取られてしま

---

13 以下，大木（2017），Porter ed.（1986），Porter（1990），浅川（2003）参照。

うかもしれません。市場からの距離が近いほうが，顧客のニーズにいち早く対応でき，顧客満足度は高まる傾向にあります。では，一定以上の規模の市場がある国には全部に工場を置いたほうがよいのかといえば，そうではありません。規模の経済の効果により，生産集中した場合のコスト・メリットがあります。

　これらの他にも考慮すべき点はあります。たとえば災害もその1つです。日本は地震が多いことで知られていますが，アメリカではハリケーンが多く発生し，インドやインドネシア，中国では洪水が多く発生します。大規模な災害が起こると工場が全壊することもあり，その場合，一時的に生産活動ができなくなってしまいます。工場が全壊しなかった場合にも，復旧活動を要する場合は多いですし，従業員にも被害が出ることが多く，日常生活のみならず，企業活動にとってもかなりの打撃となります。

　法制度も重要です。現地企業との合弁事業でなければ進出を認めていない国もありますから，その場合自社単独では工場が設立できません。一方で，外資企業の参入を歓迎し，現地人材の雇用等を条件に税制を優遇する国もあり，法制度は企業に与える影響が大きいといえます。輸送する際には関税がかかる国も多く，考慮に入れる必要があります。

　このように，「どこの国に工場を作るか」という問題1つ取っても，その答えは多様にあります。製造コストが安く，輸送コストもほとんどなく，現地で作ったものを現地で販売できる大きな市場があり，近隣にも大きな市場があり，災害はめったに起きない，有利な法制度が定められている国，というのはほとんど存在しません。自社の競争環境や顧客を踏まえて，バランスの取れた拠点配置をおこなっていく必要があるでしょう。

　論理的に考えると，それぞれの仕事に対して，得意な国がそれを担当する，という形にするのが理想的ではあります。たとえば，開発はアメリカでおこない，デザインはイタリアでおこない，製造は中国でおこない，プログラミングはインドでおこなう，といった形です。このように，この国の拠点ではこの業務を，という形で工程ごとに国際的な分業をおこなうことを**垂直的国際分業**といいます[14]。

　しかし，実際の企業活動を見てみると，この形にはなっていないことも多いです。メーカーの製造拠点一覧を見てみると，さまざまな国に，たくさんの工

14　新宅ほか編（2009）参照。

場を抱えていることがわかります。それぞれの国で似たような製造活動を，生産数を分担して分業することを**水平的国際分業**といいます[15]。

　たとえば北米地域について考えると，アメリカとカナダとメキシコでは，メキシコの人件費が相対的に安いため，メキシコで生産をおこない，メキシコからアメリカやカナダに作ったものを運べばよい，ということになります。しかし，何でもかんでもメキシコで作り，アメリカやカナダでは消費するだけということになると，アメリカやカナダでは輸入が増えすぎてしまい，国内経済に悪影響を及ぼします。そのため，アメリカやカナダの政府は「A製品については，アメリカ国内に工場を作らないと販売することを許可しない」といった法律を制定しようとするのです。そのため，実際には非効率であっても，各国に工場を設立せざるをえないといった状況に陥る場合があります。

　企業が海外進出すると，進出先の現地国は，その企業が提供する商品やサービスの価値だけではなく，雇用が生まれる，国民の所得の向上が見込める，新しい技術やノウハウの獲得が可能となるなど，より多くの恩恵を受けることができます[16]。また，各国の市場データや国際経営のノウハウ，領域ごとの世界最先端の知見へのアクセスなど，本国にもたらされる恩恵も存在します。そのため，企業は海外進出によってさらなる価値創造をおこなっていますが，海外進出の仕方によっては，企業の海外進出それ自体が価値創造でもあるといえます。

KEYWORD

最適拠点配置　　CAGE フレームワーク　　グローバル統合　　現地適応　間接輸出　　直接輸出　　海外直接投資　　合弁（ジョイント・ベンチャー）　　買収　　グリーン・フィールド　　垂直的国際分業　　水平的国際分業

15　新宅ほか編（2009）参照。
16　ただし，本国にとってはこれらの流出を意味する場合があるので注意が必要です。

EXERCISE

① 海外で日本料理店を展開する際にどのような障害がありうるか，CAGE フレームワークを用いて，考えてみましょう。

② 日清食品以外で，日本企業が海外に現地適応している例を調べてみましょう。

CHAPTER

第 **12** 章

イノベーションと
オペレーション経営

SHORT STORY 　一世を風靡した製品・サービスも，やがては人気をなくしていく。製品・サービスにも生と死がある。企業にも生と死がある。でも，企業は生まれ変わることができる。企業は何度も生まれ変わりながら不老不死に近い状態を成し遂げることができるのである。これは，自然の中の生命にはない，人工物としての組織ならではの長所だ……。

1つの製品・サービスの手配がグローバルに展開していったとしても，その製品・サービスに頼っているだけでは，企業はやがて衰退していきます。そして，衰退する企業では従業員の賃金も上げられず，顧客満足も生まれず，多くの不幸が発生してしまいます。そのため，企業が永続するためには，手配する価値がある製品・サービスを次々と生み出していかなければなりません。

そこで本章では，価値創造それ自体の手配について学んでいきます。すなわち，「イノベーションを手配する」という視点です。

イノベーションの必要性は，企業実務においても頻繁に指摘されています。そして，イノベーションの創出にも，オペレーションの手配は密接に関連しています。

これまでにない独自なアイデアを考え付くことはもちろん企業にとっても社会にとっても重要な事柄です。しかしながら，それがアイデア段階で止まってしまってはいけません。そのアイデアを「実現すること」が企業に求められます。

そのため，実際にそのアイデアは技術的に実現できるのか。コスト的に問題はないのかなど，ありとあらゆる要素を検討する必要があります。本章では，こうしたイノベーションを実現する過程において，これまで学習してきた手配の考え方をどのように活かすことができるのか，学習していきます。

1 イノベーションとは

▌イノベーションの定義・特徴 ▌

はじめに，イノベーションの定義や特徴について確認しておきましょう。イノベーションは，「新しい製品やサービス，新しい生産や流通の手段・方法，および，それらを実現可能にする新しい技術のうちで，顧客にこれまでにない新しい価値をもたらして新規需要を創出するもの」と定義できるでしょう。この定義のポイントは3つあります。

1つ目は「新しい」ということの意味です。定義を見ると，何度も新しいと

note •
　1　近能・高井（2010）7頁より引用。

198 ● CHAPTER 12　イノベーションとオペレーション経営

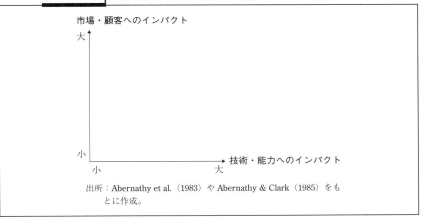

図表12.1 新規性の2つの次元

出所:Abernathy et al.(1983)やAbernathy & Clark(1985)をもとに作成。

いう言葉が登場しています。ただ,みなさんにとっては,何をもって新しいと判断するのかが不明瞭でしょう。そもそも新しいといっても,新品という意味ではないのです。

その意味が「誰も見たことのないイノベーション」であったとしても,画期的な科学的発見に基づいた製品から,新色の製品まで幅広く存在します。経営学的には,両者はどちらもイノベーションと見なされます。ただし,その新規性(新しさ)のレベルによって経営への影響は異なります。そのため,経営学においては,イノベーションを以下の2つのタイプに区別しています。新規性の高いイノベーションは**ラディカル・イノベーション**や**メジャー・イノベーション**,新規性の程度が低いイノベーションは**インクリメンタル・イノベーション**と呼ばれています[2]。

なお,この新規性を判断する際には,**技術・能力へのインパクト**の観点と**市場・顧客へのインパクト**の観点を考慮します[3](図表12.1)。技術・能力の観点においては,従来の技術・能力に対して新しいかどうかで判断します。生醬油のケースを考えてみましょう。かつて生醬油は,風味は優れているものの,保存に課題があったといいます。それを克服したのは,密閉できる容器が開発できたことにあります[4]。この事例から,新規性の高い技術を導入することで,

---

2 Abernathy(1978)参照。
3 Abernathy & Clark(1985)参照。
4 『J-Net21』ウェブサイト「使い勝手のいいパッケージ:キッコーマンの生しょうゆ」参照。

1 イノベーションとは ● 199

イノベーションにつながるということがわかります。

　一方，市場・顧客の観点では，これまでそのイノベーションが企業が活動してきた市場や製品・サービスを提供してきたお客さんにとって新しいかどうかが重視されます。市場・顧客の観点は，技術・能力の観点とは独立で評価され，技術的な難易度は問いません。たとえば，甘いチョコレートしか世の中になかったときに，しょっぱいチョコレートを投入したとしましょう。これは砂糖の代わりに塩を入れたものですので，技術的に難しくはありません。しかしながら，お客さんにとってはこれまでにない非常に新しいものと見なすことができるでしょう。

　2つ目のポイントは，イノベーションは顧客に新しい価値をもたらして，新規需要を創出するものであるということです。新規な製品やサービスによって，お客さんに魅力を感じてもらって，受け入れてもらうことがイノベーションの目的となります。レストランでいえば，これまでにない新しい触感・味のメニューを考案するということだけではイノベーションとしては十分ではありません。その新しいメニューをお客さんが注文して満足できるものにしていくという部分までを考えることが求められるということです。

　3つ目のポイントは，イノベーションの対象は製品に限らないということです。製品・サービスについては，イノベーションといったときに，最もイメージしやすいものでしょう。これまで世の中に存在しなかった製品が登場することで，われわれの生活はより豊かなものになってきました。また，サービスも多くの影響をもたらします。ウェブサービスがあることで，人気のお店の場所をすぐに知ることができたり，評判も確認できたりします。

　しかしながら，イノベーションは，5M の手配が密接に関わる新たな製造プロセスやサービスの創出，流通・販売方法でも起こりうるのです[5]。たとえば，製造方法に関わる部分についていえば，同じメニューでも作り方を新しくすることで，短時間で料理を提供できるようになれば，待ち時間が少なくなるという新たな価値を顧客に提案できるようになるでしょう。また，流通・販売方法としても，インターネットを利用した飲食の宅配サービスは注文にそれほど手間がかからず，在宅で飲食店の料理を食べることができるという新たな価値を顧客に提供しています。イノベーションは，お客さんにまで製品・サービスを

---

5 Schumpeter（1926）参照。

提供するためのすべての過程で，新たな価値を提供するということが重要なのです。

イノベーションのプロセス

イノベーションは新たな価値を顧客にもたらす企業にとって欠かせない要素ですが，その実現までの道のりは長く険しいものです。イノベーション実現に向けた複数のプロセスをまとめたものが**図表12.2**です。まず，消費者による「このようなものが欲しい」という市場のニーズや，技術進歩をもとに，イノベーションの種になるアイデアが創出されます。ここでいう技術進歩とは，自社がこれから開発するというよりも，インターネット技術や無線通信技術など，社会全体で発展してきている技術の進展のことを意味します。

イノベーションの種が生まれたら，こうした種を具体化するためのプロセスに移ります。次に，最終的な製品・サービスで必要とされるような技術を研究・開発していきます（研究・技術開発活動）。その技術がもし実現できた場合，その技術を組み込んだ製品・サービスを開発していくことになります（製品開発活動）。このタイミングにおいては，コスト的に顧客に受容される範囲に収まるかという点や，大きさなどの実現可能性も考慮されます。いくらおいしい料理でも製造に100万円が必要な場合，売上は非常に限定的になってしまうでしょうし，注文から10日経たないと提供できない料理では支持を得ることは厳しくなってしまいます。そして，事業化活動で実際の製造や営業活動などを検討，実行し，最終的な成果獲得へとつながっていきます。

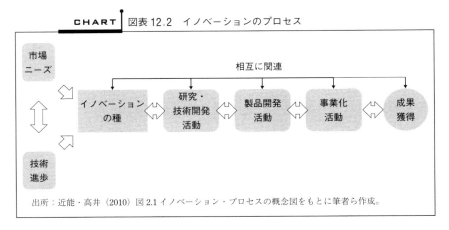

CHART　図表12.2　イノベーションのプロセス

出所：近能・高井（2010）図2.1イノベーション・プロセスの概念図をもとに筆者ら作成。

1　イノベーションとは　●　201

たとえば，近年，街で見かけるようになった飲食の配送サービスは，出前へのニーズ（市場ニーズ）と無線通信技術やコンピュータ技術の発展（技術進歩）がベースにあります。それをもとに，スマートフォンを介してユーザーと配送員が瞬時にやり取りできる技術や仕組みを検討し，ウェブサービスを作り上げているわけです。その結果として，現状多くの利用者を獲得しています。

 イノベーションを手配する必要性と困難

イノベーションを起こすことは，それ自体が1つのプロジェクトといえるでしょう。このイノベーション・プロジェクトにおける5Mの手配を考えるうえでは，2つの方向性が存在します。1つ目は手配によって，イノベーション・プロジェクトの質・有効性を高め，成功する確率を高めるということです。1つ1つのイノベーション・プロジェクトに対して，商品の機能性やデザイン性を高めたり，マーケティングをしっかりとおこなったりすることで，お客さんに選択してもらえる可能性が高まります。これらの取り組みが実現できるように，5Mを手配してあげることが，イノベーション・プロジェクトを実行する企業には求められるのです。

そしてもう1つの視点は，イノベーション・プロジェクトの効率性を高め，試行錯誤の回数を増やすことです。イノベーション・プロジェクトの質を高めることはもちろん重要です。しかしながら，企業が属する市場は競争も激しく，顧客のニーズや技術の変化も常に生じています。そのような不確実性が高い状況において，いくら優れた人材や多くの資金を投入したとしても，企業が確実にヒットする商品を予測，創出することは困難です。

たとえば，スーパーマーケットのお菓子に注目してみると，数多くの新味のお菓子がすぐに姿を消していることがわかると思います。そのような状況でも，イノベーション・プロジェクトを実行する回数を増やすことで，最終的な成功に結び付けることができます。たとえばセブン-イレブンでは，各地域で毎週100種類近くの新商品が提供されています。

6　藤本（2001）参照。
7　セブン＆アイホールディングス・ウェブサイト「今週の新商品」参照。

数学的に考えてみても，プロジェクト1つ1つの成功確率は同じでも，数多くのプロジェクトを重ねることで成功の可能性は高まることがわかります。仮に，1回のプロジェクトで失敗する確率が30％だったとしましょう。1回であれば，失敗する可能性は高いかもしれませんが，それを4回実行すれば4回ともすべて失敗する確率は $0.3^4 = 0.0081$（0.81％）まで下がります。このように，失敗を恐れず何度も繰り返すことが，イノベーション・プロジェクトの手配を考えるうえで重要な要素となるのです。

イノベーション・プロジェクトの課題

　イノベーション・プロジェクトを考えるうえでは，付加価値の質・量ともに向上させることが求められるわけですが，そこには2つの課題が存在します。1つ目は，イノベーションが実現するには，アイデアから最終的な収益化まで実現していくプロセスのなかで，新規性，実現可能性，収益性とのバランスを常に取らねばならないということです。このバランスを取るために，性質の異なる多様な知識，プレイヤーが関わります。アイデアや技術開発の段階では**創造性**や新規性が重視される一方，最終的な製品化・収益化の段階ではコストや納期といった実現可能性が重視されます。両者の目的をどのように統一させるのか，意見が割れた際に，どのように調整するのかといった問題を，企業は考慮する必要があります。

　2つ目は，既存事業とのバランスです。イノベーション・プロジェクトは，全員から賛同されるわけではありません。新たなイノベーション・プロジェクトに企業が注力するなかで，企業が変化することに不安を感じる人もいます。また，従業員やサプライヤーのなかには，実際に不利益を被ったりするプレイヤーも出てきます。したがって，そのような人たちへの対応も検討しながら，企業はイノベーション・プロジェクトへ5Mの手配をせねばなりません。

　イノベーション・プロジェクトを進めるなかで生じる「組織的な抵抗」について，詳細を見ていきましょう。1つ目はイノベーション**新規性への抵抗感**です。人は使用によるリスクや新たに使用方法を学習する手間などから，新規性の高い技術に対する抵抗感を示す傾向があります。[8] 画期的な製品・サービスに対しても同様の傾向を示します。[9] 新規性の高い製品が，必ずしもはじめから評

8　Davis et al.（1989）参照。

価されるわけではないということには注意が必要です。

　2つ目は，本来は強みである企業の能力がもたらす硬直性です。企業は自社の能力に基づいて経営をすることで，他社よりも競争を有利に進めることができます。しかしながら，その強みを活かしていく意識が強すぎることで，新たな取り組みに消極的になってしまうことがあるのです。企業の強みは，既存の事業で効力を発揮するものであり，新たな事業においては，既存の能力とは異なる新しい能力を構築することが求められます。ただし，それは他の企業と条件が一緒，もしくは不利になることを意味しています。そのため，新規の能力の構築に及び腰になってしまう恐れがあります。

　3つ目は，新規事業と既存事業との競合関係です。イノベーション・プロジェクトが成功し，新規事業が大きくなることで，既存事業の売上が減少してしまう恐れがあります。たとえば，これまでレストランを運営していた会社で，デリバリー・サービスを開始したとしましょう。デリバリー・サービスが成功するなかで，これまでレストランに来ていたお客さんの一部が来なくなってしまうことがあります。これをカニバリゼーション（共食い）と呼びます。そのため，既存事業は，新規製品・サービスに対して積極的に支援しなかったり，時には悪影響を及ぼしたりする恐れがあります。[11]

　4つ目は，顧客やサプライヤーとのつながりです。企業は自社だけで事業を営んでいるわけではありません。これまで材料を提供してきたサプライヤーとのつながりは無視できません。企業間の強い結び付きは調達の効率性を高め，製品の品質向上にも寄与しますが，変化という観点については足かせとなります。[12]

　また，企業は，新規のお客さんよりも既存のお客さんを優先する傾向があります。これはリスクの観点からも認められてしまいがちです。新規のお客さんは実際に製品を購入してくれるか不透明です。そのため，ある程度売上を見込むことができる既存のお客さんのニーズが優先されます。しかしながら，既存のお客さんが新規の製品を求めていないという場合において，新規製品の開発に投資することは困難となってしまうのです。[13] このような課題にも対応しなが

　9　Hoeffler（2003）参照。
　10　以下，Leonard-Barton（1992）参照。
　11　以上，網倉・新宅（2011）参照。
　12　近能（2002）参照。

ら，企業はイノベーション・プロジェクトの手配をする必要があるでしょう。

資源動員の重要性

イノベーション・プロジェクトにおいては，このような不確実性が高いなかで，5M を手配していくことが求められます。ここで，注意しなければならないのは，プロジェクトに対する事前の期待と事後的成果がずれてしまっている場合です。

そのイノベーション・プロジェクトが必ず大成功するのであれば，ほとんどの人はそれに賛同してくれるでしょう。しかしながら，そのような事前の期待と事後的な成果が強く結び付いた理想的なプロジェクトは多くはありません。そのプロジェクトが失敗するかもしれないですし，成功したとしても短期的には売上規模が小さいかもしれません。

このような事前の期待が大きくないプロジェクトをいかに推進していくかが企業に問われるのです。その際にカギとなるのが，そのプロジェクトを進めるための真っ当な理由を社内で認めてもらう，つまり，プロジェクトの正当化であるといいます。こうしてイノベーションに必要な 5M を獲得する，すなわち資源を動員していく方法には，技術重視の考え方，経営トップのリーダーシップ，当事者の危機感，支持者の獲得などが存在するといいます[14]。このようにイノベーション・プロジェクトにおいて手配を考える際には，企業全体の考え方が重要であることは疑いがありません。

イノベーション・プロジェクトにおける man の手配

まず，イノベーション・プロジェクトにおける man の手配について考えてみましょう。イノベーションは図表12.2 に記載した通り，まずイノベーションの種，つまり，新規のアイデアを考えるところから始まります。このアイデアは降って湧いてくるものではなく，誰かが思い付かねばなりません。

とはいえ，このようなアイデアを考えるのは，簡単ではありません。そのため，企業はイノベーションのアイデアを生み出す人材の手配をしなければなりません。また，イノベーション・プロジェクトはアイデアだけでは完結しませ

13　Christensen（1997）参照。
14　以上，武石ほか（2008）参照。

2　イノベーションを手配する必要性と困難　● 205

ん。それを実現につなげていく人材の配置，組織の設計も求められます。以下，この3点について検討していきます。

アイデアの源泉としてのヒト

　まず，どのような人がアイデアを生み出しやすいのかについて検討しましょう。アイデアの生み出しやすさには差があることが既存研究からは指摘されています。今回は，2つの属性に注目したいと思います。1つ目は，リードユーザー度です。今後社会において一般的になるニーズに他のユーザーよりも早く直面・認識し，それに応えるイノベーションから多くの利益を得ることができるユーザーのことを，リードユーザーと呼びます。[15]調理用器具でいえば，プロの料理人などが該当するでしょう。プロとして活躍していなくても，インターネット上に独自のレシピを投稿したりしている人なども該当するでしょう。こうした人々は，調理器具を工夫して使っていることがあります。このようにリードユーザー度が高い人を見つけ，プロジェクトに協力してもらうことによって，新たなアイデアを見出すことができます。

　イノベーターの能力についても，既存研究に指摘があります。[16]イノベーターには，いろいろなアイデアを組み合わせる「関連付け思考」が重要であるといいます。そして，この関連付け思考を構成する力として，質問力，観察力，ネットワーク力，実験力が存在するといいます。質問や観察を通じて，イノベーションの種を見出すことが可能となります。

　また，ネットワーク力によって，資源やアイデアにアクセスできることで，プロジェクトを進められるのです。加えて，不確実性な状況においては，試行錯誤も必要となります。そのため，実験をする力も求められます。これらの力がもとになり，関連付け思考が培われます。このようなイノベーターとしての能力を有している人材を見出すということでも，企業はイノベーションを進めていくことができるでしょう。

　ここまでイノベーション・アイデアを生み出しやすい人材について検討してきました。ただし，そのようなアイデアの生み出しやすさは環境によっても影響を受けます。創造性の研究に基づけば，創造性は組織による応援，上司によ

15　Von Hippel（1986）参照。
16　Dyer et al.（2011）参照。

る応援，職場の援助，自由，十分な資源といった要素の影響を受けるといいます[17]。いくらイノベーティブな人材を採用しても，労働環境が望ましい状態でなければ，イノベーションを起こすために積極的に動くことはないでしょう。有名な企業に 3M があります。3M には，新製品の開発のために，労働時間の15％をあてることができるという不文律があるといいます[18]。

イノベーション・プロジェクト実行に向けた組織作り

イノベーション・プロジェクトにおいては，多くの人がイノベーションという目標に向かって活動していきます。そのため，プロジェクトの遂行のためには，人々が協力し合える適切な組織を構築することも求められます。

イノベーション・プロジェクト遂行のための組織作りについては，専門化と統合という 2 つの観点から考えることが有用です。まず，専門化についてです。専門化とはある業務・分野に特化して，経験を積んでいくことです。ある事業・分野に特化することによって，その業務の効率を向上させたり，当該領域での知識を深めたりすることができます。このような，経験を有し，専門知識に優れた人材がいることで，他社製品・サービスよりも優れた特徴を有する製品を開発できたり，業務を効率的にこなすことができたりするため，業務・部門を専門化することは企業にとって欠かせません。

ただし，各人・各部門がバラバラに業務を進めていったのでは製品・サービスは完成しません。したがって，各メンバー・各部門の成果を製品・サービスの形にまとめ上げることが大切になります。最高の材料・部品を使ってコストが大きくなってしまえば，消費者には魅力的なものにならないかもしれません。最高の性能を求めた結果，大きな部品が必要となり，製品自体が大きくなってしまうことも考えられます。企業としてはこのような課題に対して，どこを重視するのかバランスを取りながら，顧客にとって望ましいものにしていくことが，イノベーションのカギとなります[19]。

このような専門化と統合のバランスを取るうえで，リーダーの役割が重要となります。そこで，プロジェクトを率いるリーダーに各部門よりも強い権限を与えてプロジェクトをリードしてもらうという方法で統合を図ることがありま

---

17 Amabile et al.（1996）参照。
18 3M ジャパングループ（2020）ウェブサイト参照。
19 以上，延岡（2006）参照。

す。そのようなリーダーを重量級プロダクト・マネージャーと呼びます。[20]このような重量級のリーダーにイノベーション・プロジェクトを任せることによって，専門性を高めながら，高い統合も達成することが可能となり，イノベーションの実現に寄与します。[21]

既存事業との関係性

イノベーション・プロジェクトは，先述の通り，既存事業からの影響を強く受けます。既存事業からの影響を受けることで，プロジェクト自体が失敗に終わってしまうこともあります。そのような状況においては，既存事業と新規事業を分割することが有用であると指摘されています。

これによって，既存事業からの影響力を抑えることができます。方法には，新規の事業部として組織を分割するものから，スピンオフやスピンアウトと呼ばれる新たに別会社を立ち上げるものまで存在します。前者の例として，富士フイルムは，フィルムカメラからデジタルカメラへの変化に際し，新事業部を立ち上げることで事業領域の移行を実現したといいます。また，後者の例として，富士通は，もともとは富士電機の通信部門であり，そこからスピンオフした企業でした。[22]両者の使い分けは，両事業の性質の違いや競合関係などを考慮しておこないます。[23]

3　イノベーション実現に向けた手配

イノベーション・プロジェクトにおける material の手配

イノベーション・プロジェクトは，モノの手配にも課題をもたらします。それは，そのプロジェクトの実際の需要を予測するのが難しいという課題です。ただ，そのように実際の需要が不明瞭な状態でも，企業は原材料の調達に取り組まねば製品・サービスを提供することができません。イノベーションは，そ

20　Clark & Fujimoto（1991）参照。
21　Chris tensen & Overdorf（2000）参照。
22　柴田ほか（2017）参照。
23　米倉（1991）など参照。

の新規性ゆえにリスクが高くなります。大ヒットする可能性がある一方で，まったく売れないという恐れもあります。

　原材料を少なめに発注してしまえば，もし需要が大きかったとしても製品・サービスを提供することができず，本来提供できるはずであった機会を逸してしまいます。一方で，多めに原材料を発注して，万が一売れなかった場合，発注した原材料は在庫としてずっと残ってしまう恐れがあります[24]。企業は，イノベーション・プロジェクトにおいては，この両者を天秤にかけて判断することがとくに求められるのです。

　イノベーション・プロジェクト実施時には，需要の不確実性が大きいため，とくに高い精度の需要予測が求められます。そのためには，販売部門・販売店といった，より顧客と近い部門と密接に連携することが有効であるといいます[25]。食品メーカーでいえば，スーパーやレストランと協力的な関係性を築くことで，販売の動向データを確認できるような状態にすれば，精度は大幅に向上させることができます。

　また，部品メーカーとの関係性も考慮する必要があります。新製品を開発するためには，新規の部品や材料を用いることが必要となるケースがあります。しかしながら，既存の部品メーカーは，不確実性が高い部品の開発に難色を示す恐れがあります[26]。製品を変更するには，そのような部品メーカーとの取引のための費用を払う必要があるのです（動態的取引費用と呼ばれます）。その費用を考慮に入れた際に，企業としては，垂直統合をして，自らその部品を手がけるほうが効率的な場合もあります。

イノベーション・プロジェクトにおける machine の手配

　イノベーション・プロジェクトにおいては，機械の手配にも課題が生じます。前述のように，イノベーションに対する需要は不確実です。そのため，導入初期から大量に生産することは在庫を抱えてしまう恐れがあり困難を伴います。そこで，イノベーション・プロジェクトにおいては少量生産をすることが一般的です。

　しかしながら，少量生産について専用の生産機械を準備することは，固定費

24　石田・濱田（佐藤）（2011）参照。
25　以上，永島（2021）参照。
26　Langlois & Robertson（1995）参照。

3　イノベーション実現に向けた手配 ● 209

用の観点からは合理的ではありません。そのため，手作業や汎用工作機械を活用して固定費用を小さくし，少量生産でも柔軟に対応できるようにすることがイノベーション・プロジェクトにおいては求められます。ただし，これらの作業形態は，既存製品で用いていた大量生産方式と比較すると，スピードやコストの面で劣ることとなります。[27] イノベーションを検討する際には，この点を考慮する必要があります。

┃ イノベーション・プロジェクトにおける money の手配 ┃

イノベーション・プロジェクトにおいては，資金の手配も課題となります。これまで繰り返し述べてきたように，イノベーション・プロジェクトは新規性の高いプロジェクトであればあるほど，失敗するリスクが高くなります。そのため，せっかくの投資がすべて無駄になってしまう恐れもあります。ただし，投資がなされなければ，プロジェクト自体が成り立ちません。

イノベーション・プロジェクトに対する手配を考えるうえでのポイントは，イノベーション・プロジェクトへの投資と，それを通常に運用した場合の割引現在価値との間での比較です。プロジェクト自体から得られる利益は，成功確率を加味して判断されることがあります。[28] 同じ 100 億円をイノベーション・プロジェクトの費用として利用した場合と，100 億円を 3％の利率で通常に運用した場合を比較してみましょう。

イノベーション・プロジェクトが 3 年後に成功に終わったときの利益を○，成功の確率を△とすると，イノベーション・プロジェクトの期待利益は○×△円となります。一方で，イノベーション・プロジェクトに投資せず，年利 3％で運用した際に企業が得る収入は 100 億×1.03^3（−100 億）＝9.2727 億円となります。イノベーション・プロジェクトから得られる利益は，この値よりも大きくなければ許容されることは難しいでしょう。イノベーション・プロジェクトの成功の確率が 10％であるとすれば，100 億円程度の利益が見込まれなければ期待利益が上回らないことになってしまいます。

ただし近年は，株主も長期的な投資に対して寛容になってきたとの指摘もなされるようになっています。[29] 失敗を許容しながら長期的な資金調達（カネの手

27　Woodward（1965）参照。
28　金間ほか（2019）および Cooper（2011）。
29　Govindarajan et al.（2021）参照。

210 ● CHAPTER **12** イノベーションとオペレーション経営

配）を考えることも，イノベーション・プロジェクトの手配には求められます。

▌資金の調達・配分方法▐

前述の通り，イノベーションの成功の確率は高くはありません。確率の算定自体が困難な場合もあります。失敗してもよいという姿勢自体は必要ですが，それに頼り切るのは企業として危険です。リスクを低減しつつ，イノベーション・プロジェクトを振興するための仕組みとして，クラウドファンディングやリアル・オプションの活用が考えられます。

第4章でも見てきたように，クラウドファンディングとは，インターネットを通じ多くの人々（群衆：クラウド）から投資を募る仕組みです[30]。一般的には，資金調達プラットフォームにプロジェクトの計画を記載したうえで，資金提供の募集をかけます。一定程度資金が集まった段階で，プロジェクトを実行に移すというものです。クラウドファンディングの特徴は，資金提供をした人への返礼方法にあります。株式投資の配当とは異なり，お礼のメッセージの掲載からプロジェクトの成果物を提供するというものまで，クラウドファンディングの返礼はさまざまな方法で実施されます。このように，クラウドファンディングは柔軟な運用が可能であるため，単純に資金を調達するという目的以外にも，製品・サービスへの需要の確認やファン作りなどに活用することも可能です。

また，リアル・オプションとは，金融のオプション理論を企業のプロジェクト運営に応用した考え方です[31]。リアル・オプションでは，まず小規模にプロジェクトを始めることで，本当に投資するかどうかについてのオプションを保持します。一定の期間で，そのプロジェクトが上手くいかない場合には取り止めて（オプションを放棄），上手くいきそうであれば投資を拡大させていくというものです。いきなり大規模な投資は難しい場合でも，まず小規模に試してみるという投資方法が可能となります。

▌イノベーション・プロジェクトにおける method の手配▐

イノベーション・プロジェクトにおける method（手法）の手配は，大別すると2つあります。1つ目は，プロジェクトを有効に進めるための手法や技術

30　中小企業庁（2014）参照。
31　Adner & Levinthal（2004）参照。

3　イノベーション実現に向けた手配　● 211

です。イノベーション・プロジェクトにおいては，部門間の関係性が重要です。その管理のために，さまざまな手法や技術が提唱されています。代表的な手法について学習していきましょう。

　イノベーションの効率性を高めるためには，プロジェクトをできるだけ速く，低コストで進めることが重要です。そのためにプロジェクトの仕組み自体を工夫することで，より効率性を追求することができます。そこで，いくつかの考え方を紹介します。

　コンカレント・エンジニアリングは，プロジェクトの複数の工程を同時並行的に進めていくことで，プロジェクト全体の時間を圧縮するという考え方です。この考え方を導入することで，プロジェクトを通常よりも速く進めることができる可能性が高まります。しかしながら，より効率的にプロジェクトを遂行していくことを考えれば，少ない人数で進めることができるように工夫することも求められます[32]。

　そのための考え方が「フロント・ローディング」です。この考え方は，新しい製品を開発する際に，事前に問題を解決しておくことで，効率的に物事を進めることができるというものです[33]。料理でいえば，メニューを考えると同時に作り方も検討しておくということになります。通常であれば，何を作るのかを考えてから作り方を考え出します。しかしながら，そのアイデアがどうしても実現できないとなると，再びアイデアを練り直す必要が生じます。これは時間的にも，人員的にも無駄を生じさせてしまいます。そこで，調理時，サービス提供時に起きうる問題を事前に考え，メニューを開発するのです。そのためには，開発と製造・サービス部門が互いの意見をすり合わせる必要があります。

　イノベーション・プロジェクトの遂行過程においては，予期せぬ出来事が生じることがあります。そのような場合にも柔軟に対応できる考え方として，以下のようなものがあります。1つは，部門間でやり取りをする**アジャイル型製品開発**です。アジャイル型開発とは，ソフトウェア開発で用いられている開発方法です。その特徴は，開発活動の繰り返しにあります。どのような要件が求められているかわからない際に，柔軟に前のプロセスに戻ることで，より品質のよいものにしようという活動です（第**5**章も参照）。イノベーション・プロ

---

32 延岡（2006）参照。
33 Thomke & Fujimoto（2000）参照。

212 ● CHAPTER **12** イノベーションとオペレーション経営

ジェクトにおいても同様の問題が生じえます。そのため，アジャイル型製品開発の考え方を取り入れ，部門間で反復的なやり取りをすることで，開発プロジェクトをより速く進めることの必要性が指摘されています。[34]

　市場にとりあえず出して，その後，お客さんからフィードバックを得て製品を改善していくという考え方も存在します。これは，プロトタイピングという考え方です。完全なものを作ることをはじめから目指すのではなく，お客さんからのフィードバックを含めて試行錯誤していくことによって，製品を改善していく。このようなアプローチは，ユーザーのニーズが複雑であったり，変化が激しく予想ができないといった状況下では，有効な考え方といえるでしょう。[35]

　そして，プロジェクト間での知見や技術の共有を検討することも有効です。1つのプロジェクトが成功した後に，その技術を展開していくということです。新技術を搭載したプラットフォームを確立しておき，そのプラットフォーム間で一部要素の移転などをすることで，製品の魅力を確保しながら，リスクやコストを削減することができます。[36]補足するとソニーのウォークマンについては，まず新機能を搭載したモデルを市場に投入し，その後，派生モデルを展開していったといいます。[37]

KEYWORD

イノベーション　　ラディカル・イノベーション　　インクリメンタル・イノベーション　　新規性への抵抗感　　創造性　　リアル・オプション　コンカレント・エンジニアリング　　フロント・ローディング　　アジャイル型製品開発

EXERCISE

　①　スパゲッティと何か別の具材を組み合わせて，これまでになかった新たなメ

34　平鍋ほか（2021）参照。
35　Brown（2008）参照。
36　延岡（1996）参照。
37　Sanderson & Uzumeri（1995）参照。

EXERCISE ● 213

ニューを考えてみましょう。

② 上記のメニューをスパゲッティチェーンで提案した際に，社内でどのような抵抗（反対意見）がありえるか想像してみましょう。こうした抵抗に対して，どのように対応すればよいか，考えてみましょう。

CHAPTER

第 13 章

危機管理と
オペレーション経営

SHORT STORY　グローバルに展開している巨大企業には，関係性のネットワークの総量が多い分だけ，危機に直面するリスクもある。海外拠点が多ければ多いほど，世界のどこかで起こった自然災害や戦争・紛争によって直接の影響を受ける確率は高まる。また，文化の異なる多数の人材を擁する強みは，一転して思わぬ文化的衝突による訴訟に発展する理由にもなりかねない。だからこそ，企業には普段から危機に対峙する意識が必要となる……。

この教科書では，ここまで持続的な価値創造の実現を阻むさまざまな障害を乗り越えるための 5M の手配について，1 つずつ学んできました。価値創造における第 1 の障害は，ビジネスモデルを思い付けないことでした。第 2 の障害は，ビジネスモデルの価値が顧客に理解されなかったり，競合他社に対する優位性がなかったりすることでした。第 3 の障害は，顧客から見ても価値があり，競争優位性もあるビジネスモデルを実現するために，5M を必要なときに必要なだけ揃えることでした。

　これらがすべて上手くいったとしても，価値創造を持続するには，この 5M の手配状況を測定したうえで，手配の改善を続ける必要があります。また，企業が成長していくなかで，新たなビジネスモデルや製品・サービスを生み出したり，価値創造の範囲を海外にまで拡大したりする必要も出てきました。このようにして，オペレーション経営における 5M の手配は複雑化していき，もはやグローバル企業といえる規模にまで達するわけです。

　こうして企業活動がグローバルに展開されるなかで，新たな経営課題も生まれてきます。その 1 つが，ストライキ，ネット炎上，スキャンダル，テロ，災害，疫病などさまざまな種類の**危機**に対応する必要性です[1]。すなわち，価値創造の障害は，危機という姿を取って，企業の前に突然姿を現すことがあるわけです。

　グローバル企業は，世界中の組織や個人と何らかの関係を保っています。たとえば，取引や雇用などといった契約関係などが考えられるでしょう。そして，グローバル企業はさまざまな主体との関係をグローバルに結んでいるからこそ，世界中のどこかで起こった一見すると自社とは関係がなさそうな出来事が，こうした複雑で巨大な**関係性のネットワーク**を通じて，自社のビジネスを脅かすような影響を与えることがあるのです。

　そのため，オペレーション経営においては，さまざまな種類の危機の影響で 5M の手配が滞り，事業そのものが立ち行かなくなる状況を上手に避ける必要があるでしょう。そこで本章では，オペレーション経営において危機と対峙するための基本的な考え方を学んでいきます。

---

note

　1　Mitroff & Anagnos（2001）および緒方・石丸（2012）参照。

216 ● CHAPTER 13 危機管理とオペレーション経営

1 危機対応の類型

多様に想定できる危機

　現代の企業はさまざまな危機と突然対峙することを余儀なくされます。たとえば地震・洪水・台風・噴火などの**自然災害**によって生産拠点を破壊されてしまうこともありえます。2020 年から 2023 年にかけて，新型コロナウイルス感染症の流行によって企業行動に多くの制限がかけられたのも，こうした危機の一例だといえるでしょう。さらには，2022 年に勃発したロシアとウクライナの戦争によって天然ガスや穀物の供給が世界的に滞ったことからもわかるように，**国際情勢**もまた経営に危機をもたらします。[2]

　企業経営に重大な影響を及ぼす危機について，この教科書で一貫して例として取り上げている飲食・食品業界を題材に考えてみましょう。もともとは個人が趣味で楽しんでいた料理から始まって，世界中に冷凍食品を製造・販売するサプライチェーンを構築するまでに至った，巨大グローバル企業を想像してみましょう。こうした企業においては，たとえば冷凍エビピラフ 1 つをとっても，さまざまな理由で突然オペレーションが止まってしまいます。

　冷凍エビピラフの生産に必要なのは作業者，レシピ，米，バター，エビ，タマネギ，ニンジン，ピーマン，グリーンピース，コンソメ，塩，コショウ，調理機械，といったところでしょうか。本社は日本にあり，レシピはフランス在住の料理人が公開しているものを参考にしており，材料を世界各国から仕入れ，アメリカ製の機械を使って日本で冷凍エビピラフを生産しているとしましょう。このとき，たとえばインドネシアを台風が襲ったとします。すると，自社がスパイス輸入業者を通じて調達していたインドネシア産のコショウが，突然手に入らなくなって生産が止まってしまうかもしれません。

　このオペレーションにおいては，上記以外にもさまざまな危機を想定できます。たとえば，日本国内の作業者が SNS に「ウチの冷凍エビピラフ工場は虫だらけです。虫入りのエビピラフを作っています。エビではなく虫のプリプリ

2　経済産業省（2021）および経済産業省（2022）参照。

感を売りにしているのでしょうか」と真偽不明の情報を投稿したことがネット炎上につながり，顧客に自社の工場の清潔さを証明するまでは供給をストップせざるをえなくなることもありえるでしょう。あるいは，何らかの理由で日本とアジア諸国の外交関係が悪化し，貿易が制限されることもありえます。すると，国内で消費するエビの実に約9割をアジア諸国から輸入する日本では，エビが手に入らなくなるかもしれません。他にも，突拍子もない思考実験ですが，フランスの法律が変わって料理のレシピに著作権と特許権が認められるようになり，レシピが権利侵害にあたるとして使用不可になるかもしれません。

このように，想像を膨らませていけば，企業のオペレーションを停止させるような危機はいくらでもあげることができます。ただし，こうして無数に想像しうる危機の多くは，実際にはほんの少数のカテゴリーに収まっているという指摘もあります。

危機のカテゴライズ

経営に重大な影響がある危機とその対応策をカテゴライズした分析枠組みとして，**クライシス・ファミリー**（図表13.1）と**予防行動のクラスター**（図表13.2）があります[3]。ここでは，経営における危機（＝産業災害）が，技術的・経済的なものか人的・社会的なものかという軸と，日常的なものか非日常的なものかという2つの軸から分析されます。

クライシス・ファミリーにおいては，たとえば日常的で技術的・経済的な危機のことを「外部の情報的攻撃」と分類し，そこには特許侵害，情報の喪失，類似製品，噂などが含まれるとしています。また，日常的で人的・社会的側面が強い危機にはいわゆるリコールと呼ばれる製品回収，製品欠陥，プラント事故，コンピュータの故障，業務上のミス，機密漏洩などの「中断」があるとされています。

これに対して，非日常的な危機が突然起こることもあります。また，上述の日常的な危機が原因となって非日常的な危機に発展してしまうこともありえるでしょう。たとえば，クライシス・ファミリーにおいては，技術的・経済的側面と人的・社会的側面を両方持つ非日常的な危機として自然災害などの「巨大な衝撃」があげられています。また，非日常的で技術的・経済的な危機として

3　ミトロフ = クーバー（1990）および Mitroff & Anagnos（2001）参照。

CHART | 図表 13.1　クライシス・ファミリー

```
                          技術的・経済的

        外部の経済的攻撃                    外部の情報的攻撃
        ● 強奪                           ● 特許侵害
        ● 贈収賄                         ● 情報の喪失
        ● ボイコット                      ● 類似製品
        ● 敵対的乗っ取り      結果    原因    ● 噂
                          ←─────
        巨大な衝撃                        中　断
非日常的  ● 自然災害        産業災害       ● 製品回収           日常的
                                        ● 製品欠陥
        精神病理                         ● プラント事故
        ● テロ                          ● コンピュータの
        ● 模造品                           故障
        ● サボタージュ                    ● 業務上のミス
        ● 業務の妨害                      ● 機密漏洩
        ● 経営者の誘拐
        ● 性的いやがらせ
        ● 噂

                          人的・社会的
```

出所：ミトロフ＝クーパー（1990）4 頁。

は「外部の経済的攻撃」，すなわち強奪，贈 収 賄，ボイコット，敵対的乗っ取
りなどが考えられます。最後に，非日常的で人的・社会的な危機にはテロ，模
造品，サボタージュ，業務の妨害，経営者の誘拐，性的いやがらせ，噂などの
「精神病理」があると指摘されています。クライシス・ファミリーは，内容に
重複があるなどの欠点もあるものの，次のような使い方ができます。

　クライシス・ファミリーの考え方は，企業が直面する多くの危機が，実際に
はこれらのどれかに分類されることがほとんどだという実証研究から出発して
います。そして，仮に，無数に想定しうる危機が実際にはほんの数種類の分類
からの派生であるならば，その数種類の危機対応の手続きをあらかじめ考えて
おくことが可能になるのです。

　冷凍エビピラフの例でいえば，具体的な危機の可能性は，それこそ無限にあ
げることができるため，一見すると事前の対策は不可能に思えます。しかし，
クライシス・ファミリーで提案されている 5 つの分類や，そこに自社独自の分
類を加えた数種類の分類に対してならば，事前の対策が可能でしょう。たとえ
ば，ネット炎上に対しては，ある程度共通した対策が打てるかもしれません。

1　危機対応の類型　● **219**

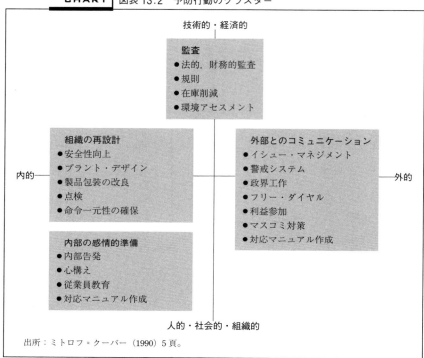

図表 13.2 予防行動のクラスター

出所：ミトロフ＝クーパー（1990）5 頁。

危機予防策のカテゴライズ

　実際に，**危機予防策**もまた，クライシス・ファミリーと同じ 2 軸で分類できるという指摘があります。こうした対策のなかには，「監査」「組織の再設計」「内部の感情的準備」「外部とのコミュニケーション」などがあるとされています。それらの具体的な内容は**図表 13.2** に列挙してあります。

　たとえば，技術的・経済的な危機を予防するには，規則を定めてその規則が守られているか監査を定期的におこなうこと，在庫を削減して問題を可視化しておくこと，環境アセスメントを実施することなどが提案されています。ただし，これらの予防行動は 1990 年時点で提案されたものであり，現代の企業が活用する際には「予防行動のクラスター」を眺めながら，自社に合った予防策を独自に策定していく必要があるでしょう。たとえば，近年では，防災訓練や SNS の活用のリスクの事前教育などは必須となってきています。

このように，危機をある程度は予測しておくことで，危機が生じた際の対応策を事前に練っておいたり，危機に備える訓練をおこなったりすることができます。なお近年では，こうした危機に備える計画のことをBCP（business continuity plan，事業継続計画）と呼んでいます。[4] 大規模な自然災害が発生したり，技術・経済環境の変動が激しくなったりしている昨今，危機対応の重要性は高まっているといえるでしょう。

　ただし，クライシス・ファミリーの時代にはあまり想定されていなかった種類の危機が近年では頻発している点には注意が必要です。それは，**地政学・地経学**的な危機です。昨今では，企業のサプライチェーンが政府の経済安全保障政策に組み込まれていくなかで，地政学・地経学的なリスクが経営に対して与える影響についても知見が蓄積されてきています。[5] たとえば，外交上の問題から突然にある国の企業との取引が不可能になることも考慮に入れておかなければならない時代になったといえるでしょう。

　そこで，以降の節では，危機に備えるための具体的なオペレーション経営手法と，地政学・地経学リスクへの対応について順次解説していきます。

危機対応のオペレーション経営手法

危機における5Mの手配

　企業や非営利組織などの組織・団体では，種々の危機的な要因によって，5Mの手配が中断されてしまうことがあります。本章第1節で取り上げている冷凍エビピラフの例で考えても，エビの入荷ができなくなったり，レシピの権利関係が紛争状態に陥ったり，自社の作業状態に対する疑義がSNS上で炎上してしまったりといった多様な理由から，ある日突然に5Mの手配が不可能になることが想定されました。そして，5Mの手配の経路が断絶する，つまりオペレーション経営が止まるということは，価値創造を持続できなくなることを意味します。価値創造活動が長期間途絶えてしまった場合，その組織・団体は

4　緒方・石丸（2012）参照。
5　船橋（2020），片田（2022），大矢（2022）参照。

CHART 図表 13.3　危機対応における手配の 4 分類

複線サプライチェーン

手配の予備確保

- 5M の手配経路を複数用意
- 物理的・政治的に離れた場所に 5M の手配経路を分散
- 規模の経済の喪失に注意
- ダイヤモンド型サプライチェーンに注意

手配の仮想複線化

- 普段の手配は単線で実施
- 5M 手配における重要部分を特定
- 危機における代替サプライヤー候補の選定
- 重要部品の生産知識を保持
- 手配複線化の戦略を策定

ハード面での対応　←　　　　　　　　　　　　→　ソフト面での対応

手配在庫の積み増し

- 危機の発生確率と平均持続期間から必要在庫を計算
- 普段の競争力を犠牲にして在庫を確保
- 最終的な製品に組み込まれる部分だけではなく 5M すべてに目を配る

手配復旧能力の向上

- 在庫ではなく手配からの復旧能力で対応
- レジリエンスを高める組織能力の構築
- 全体最適を目指してサプライチェーン全体での助け合い

単線サプライチェーン

出所：筆者ら作成。

もはや存在理由を失ってしまうでしょう。

　こうしたことから，営利・非営利に関係なく，企業や組織は危機に対して一定の準備をしておく必要があるわけです。

　危機への準備には，BCP の作成や防災訓練，ネット炎上対応の予行練習など，前述のクライシス・ファミリーを踏まえて各社で準備すべきものもあります。これらは，5M の手配とは別に各社で対応すべきものだといえるでしょう。一方，この節では，オペレーション経営の中核をなす 5M の手配に絞って，危機対応について考えていきます。

　危機を目の前にしても 5M の手配を途絶えさせない方法は，大きく分けて 4 つあります。単線のサプライチェーンを維持するか，サプライチェーンを**複線化**するかという軸と，追加投資して資源の確保を重視するハード面での対応をおこなうか，企業が持つ組織能力を活用したソフト面での対応をおこなうかと

222 ● CHAPTER **13**　危機管理とオペレーション経営

いう軸の 2 軸で，2×2 の 4 つの方法があるというわけです（図表13.3）。

このうち，単線のサプライチェーンを維持したままハード面での対応をおこなう手段としては「**手配在庫の積み増し**」がありえます。また，単線のサプライチェーンにおいてソフト面での対応をおこなう場合，「**手配復旧能力の向上**」が必要でしょう。さらに，サプライチェーンを複線化するハード面での対応として「**手配の予備確保**」があります。最後に，サプライチェーンを複線化するソフト面での対応には「**手配の仮想複線化**」が必要となります。

もちろん，実際にはこの 4 つのいくつかを組み合わせた（事前・事後の）危機対応を考えることも可能でしょう。また，これら 4 つの対応策にはそれぞれメリットとデメリットが存在します。これらについて，次項以降で，より詳しく見ていきましょう。

単線×ハード面での危機対応

災害，疫病，戦争といったさまざまな危機を前にして，単線のサプライチェーンを維持したまま 5M の手配と価値創造を継続するためのハード面での対応策としては，非常に単純ですが在庫を積み増すという手段がありえるでしょう。前項の例でいうと，冷凍エビピラフの完成品を，危機において 5M の手配が断絶すると予測される期間（たとえば 1 年間）の分だけ冷凍庫で保存しておいたり，とくに重要な材料・部品であるエビについてだけ，同じく一定期間（たとえば 1 年間）で使用する分を冷凍庫で保存しておくといった対策が考えられます。

この対応策は，どの企業でもすぐに可能になるという意味で，非常に簡単ではあります。実際に，企業が危機に見舞われるたびに，在庫を積み増すべきだという言説が流行するほどです。しかし，この対応策には「通常時における競争力を減じる」という大きなデメリットが存在します。冷凍エビピラフの場合，完成品や材料・部品の在庫を長期間にわたって保持するには，巨大な冷凍設備と倉庫，倉庫作業員が追加で必要になるでしょう。

在庫増加の影響はこれだけに留まりません。完成品であれ，材料・部品であれ，在庫を増加させることはキャッシュフローの悪化につながります[6]。前提として，企業は，5M の手配にあたって資金を投下しています。すなわち，企業

---

6 岩尾（2022a）参照。

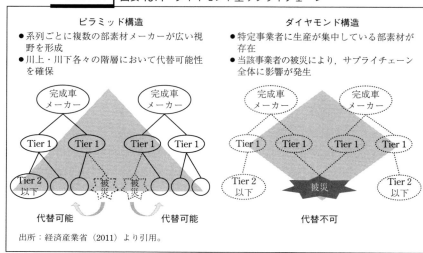

図表13.4　ダイヤモンド型サプライチェーン

出所：経済産業省 (2011) より引用。

は自己資金を5Mに変え，5Mを製品・サービスという価値に変え，価値を顧客に提供することで再び資金を得て，その資金を再び5Mに投下しています。このとき，在庫の状態は，資金が投下されたまま回収されていない状態と同じなのです。

　もちろん，危機が起こる確率と危機の平均的な持続期間を掛け算して期待値を計算すれば，どれくらいの在庫を持てば5Mの手配が滞らないかについて，ある程度合理的な計算をすることもできるでしょう。また，在庫を積み増すとしても，どうしても替えの利かない5Mや，影響が広範囲にわたる5Mのみに留めるという手段もありえます。とはいえ，いずれの場合も，普段の競争力を過度に落とし，危機を迎える前に企業が倒れてしまうという状況を避けるという視点が必要でしょう[7]。

　また，熟慮の結果として，在庫を積み増すという決断をしたとしても次のような点に注意が必要です。まず，製品・サービスの材料・部品 (material) に目が行きがちですが，その他の5Mの在庫が足りないことでオペレーションが不可能になることがある点です。たとえば，重要作業を担っている人材が欠ける，機械を動かすための動力源など最終的な製品・サービスには含まれないものが欠けるといった影響には，事前には気づきにくい傾向があります。

---

[7] 藤本 (2012) 参照。

とくに，たとえば一見すると関係がないかに思えた材料・部品の生産過程に共通して使用する 5M が隠れていた場合には注意が必要です。たとえば，冷凍エビピラフで使用するエビ，タマネギ，ニンジン，ピーマン，グリーンピースのすべてに共通して，それぞれ別の業者が，エビや野菜の皮をはがしやすくするために同じ溶剤を使っていたとします。すると，この溶剤の手配ができなくなるような危機が生じた場合には，使用するすべての材料の供給が止まることになります。こうした状況のことをダイヤモンド型サプライチェーンと表現したりします（図表13.4）。[8]

単線×ソフト面での危機対応

次に，単線のサプライチェーンを維持したまま在庫を積み増さずに危機に対応する方法を考えていきます。これは，普段から手配復旧能力を鍛えておくことで可能になると考えられます。

そもそも，さまざまな危機の影響で 5M の手配が途切れたとしても，早急にオペレーションを再開できれば問題はないわけです。そのため，手配復旧能力，すなわち危機からの回復能力を保持しておくことで，在庫に頼らない危機対応が可能になります。このとき，危機からの回復能力は個々人の能力の単なる集合ではなく，組織としての能力（＝組織能力）である点が重要です。危機から素早く回復する組織能力のことを，昨今では**レジリエンス**（resilience）といったりします。[9]

それでは，レジリエンスを発揮する組織能力はいかにして担保できるでしょうか。この問いへの答えのヒントは，組織を個々人の単なる集合以上にする経営上の工夫や知識（＝経営技術）にあります。すなわち，企業のレジリエンスを高めるような経営技術を蓄積することで，企業は危機から素早く回復できるようになるのです。

こうした経営技術のなかには，危機から復旧するためのスケジューリングの知識，復旧タスクの割り当てをおこなう際のサプライヤー関係マネジメントの知識，復旧に際しての地域住民との関わり方についての知識などがありえるでしょう。これらには，本書で学んだプロジェクト・マネジメントなどの知識が

8　藤本（2011）参照。
9　水野（2019）参照。

2　危機対応のオペレーション経営手法　● 225

役立ちます。以下で少しだけこの点について補足しておきます。

　危機によって5Mの手配が断絶した際に，重要なのは「断絶の原因となっている部分を復旧させなければ全体のサプライチェーンも停止したままだ」という点を理解することでしょう。当たり前のようですが，この点は実際に危機を前にすると忘れがちです。サプライチェーンの一部分が機能していなければサプライチェーン全体が機能しないため，「企業の枠を超えて，最も機能していない一部分の復旧をみんなで助ける」ことが全体最適になります。しかし，どうしても，企業はまずは自社の復旧を優先してしまいます。その結果，自社に問題はないのにオペレーションは止まったままになる場合が多いのです。

　たとえば，自社に材料・部品を納入しているサプライヤーが地震に見舞われて生産設備が激しく損壊したとします。自社もまた同じ地震で軽度の被害を受けたとしましょう。このとき，企業はどうしても目の前の自社の回復から手を付けてしまいがちです。そして，自社を完全に回復させた後に，遅々として進まないサプライヤーの復旧を急かすといった行動をとりがちです。

　もしここで，自社の人員や機材などを甚大な被害を受けたサプライヤーに派遣したら，どうなるでしょうか。そのサプライヤーは，豊富な資源によって素早く回復でき，サプライチェーン全体の急速な回復が見込めるかもしれません。そのため，常に，企業の枠を超えて「最も被害を受けたところはどこか」「サプライチェーン全体の復旧のボトルネックはどこか」「ボトルネックをみんなで助けるにはどうすればよいか」を考える必要があるわけです。

　もちろん，こうした企業の枠を超えた復旧活動を実現するには，普段から企業間の信頼（組織間関係）を構築しておく必要があります。

複線×ハード面での危機対応

　ここまでは，単線のサプライチェーンを維持したままで危機に対応するための方策を考えてきました。次に，サプライチェーンを複線化して危機に対応する方法を探っていきましょう。

　危機において5Mの手配の経路が1つ途絶えたとしても，はじめから手配の経路を2つ以上用意しておけば，被害を受けていないほうを使って5Mの手配を継続することができます。たとえば，同じことができる工場を2カ所以上に分散させておく，どの材料も必ず2カ所以上に発注する，といった対応が考えられるでしょう。5Mの手配の予備経路を用意しておくということです。

ただし，こうした対応においても注意しておく点があります。その1つは，手配の経路を複線化することは，在庫積み増しと同様に，普段の競争力を削ぐ可能性がある点です。たとえば材料や部品のサプライヤーを複数に分散化すると，サプライヤー1社から購入する材料・部品の量もその分だけ少なくなります。そうすると，大量購入のために受けられていた値引などは受けられなくなるでしょう（規模の経済の喪失）。また，工場や生産設備への投資額には，最低限必要な投資額（投資の一塊性，第4章参照）があるため，それぞれに損益分岐点が存在します。そのため，工場や生産設備を重複して持つことで，製品・サービスの需要が減少したときに赤字に陥りやすくなるといえるでしょう。

　もう1つの注意点として，そもそもオペレーションを複線化したとしても，1つの5Mの手配経路が断絶した際に，別の経路も止まってしまえば危機への対応になりえないということがあげられます。たとえば，5Mの手配が前述のダイヤモンド型サプライチェーンの形状を取っていた場合，重要サプライヤーが機能不全に陥ると，すべての手配経路が断絶してしまいます。また，複線化した部品・材料のサプライヤーが物理的・政治的・社会的に近いところに位置している場合，同じ自然災害や国際政治情勢の影響を受けてしまうということもありえるでしょう。

　こうした場合には，サプライチェーン複線化の意義そのものがなかったということになりかねません。

┃ 複線×ソフト面での危機対応 ┃

　最後に，サプライチェーンの複線化を志向しつつ，ハードを重複して持つことなくソフト面で危機対応する方法について解説していきます。それは，5Mの手配を仮想複線化（バーチャル・デュアル化）[10]することで達成可能になります。

　手配の仮想複線化とは，普段の5Mの手配を単線サプライチェーンで実施しておきつつ，いざというときには複線化できるよう準備しておくことを指します。単純な手段としては，5Mの手配における重要部分を特定しておいて，その部分と類似した5Mを提供できる業者を事前に見つけておくということが考えられます。あるいは，重要部品の**生産知識**を自社で保持しておいて，その部品の供給が滞ったときには自社で内製したり，別のサプライヤーにこの生産知

10　藤本（2012）参照。

識を移転したりといった対応も考えられるでしょう。

このように，普段から5Mの手配を複線化するとすれば何をすればよいかを考えておくことで，実際には単線のサプライチェーンを維持していたとしても，まるでサプライチェーンを複線化したかのような効果を得ることも可能です。これによって，**サプライチェーン単線化**による普段の競争力と，**サプライチェーン複線化**による安定性の両立も可能となります。

もちろん，手配の仮想複線化においても，これまで述べた4つの危機対応における注意点の多くは共通します。また，実際の危機対応においては，ここで述べた4つのどれか1つのみを実施するのではなく，自社に適した組み合わせを考える必要があるでしょう。

地経学時代の危機対応

グローバル化の終焉

ここまで，危機に対応するための方法を考えてきました。そのうえで，現代の企業が直面する危機として，これまであまり考えられてこなかった種類のものが台頭していることに注意が必要です。それは地政学（geopolitics）・地経学（geoeconomics）的な危機です。

現代は，数十年にわたって続いたグローバル化の時代でした。そこでは，品質とコストの両面において，世界中で最も「よい」5Mを手配して，製品・サービスという付加価値に変換し，それらを世界中に輸出するというオペレーション経営がおこなわれてきました。こうして，オペレーション経営における，国際的な**資源依存関係**[11]のネットワークができ上がることで，国際協調が経済的にも合理的な選択となっていました。企業にとって，平和と国際協調は，世界中に最適拠点配置をおこなう際の前提となっていたからです。そのため，経済が国際的な相互依存度を高めることで，世論は平和と国際協調に振れるという見通しが立っていたともいえるでしょう。

しかし，新型コロナウイルス感染症の流行とロシアのウクライナ侵攻という

---

11 Pfeffer & Salancik (1978) 参照。

出来事は，こうした見通しの甘さをわれわれに見せつけました。新型コロナウイルス感染症の流行にあたっては，マスクやワクチンといった医療関係用品から，食品，工業用製品に至るまで，各国は自国優先に生産・消費をおこなう姿勢を取り，必要な資源の輸入が滞る事態が発生しました。また，ロシアのウクライナ侵攻に関しては，経済活動における国際的な相互依存関係の高まりが，ロシアの政治的交渉力を強めました。資源大国のロシアは，天然ガスの輸出停止を外交上の武器として用いたのです。

　また，長年にわたって続いたグローバル化の時代そのものに対しての陰りも見えてきています。たとえば，米中関係の悪化はその１つの象徴と考えられます。[12] １国の経済規模と軍事力において，アメリカの覇権は中国に取って代わられつつあります。このように覇権国家の交代が現実性を増すと，もともとの覇権国家は新興の覇権国家に対する危機感を募らせ，大きな戦争に発展する可能性が高まるという「ツキジデスの罠[13]」の存在が指摘されています。

　こうしたことから，国際関係の先行きは不透明性を増しているといえます。過去数十年間も持続した「企業には国境がない」というグローバル化の時代は終わりを迎え，2020 年以降の世界においては，「結局のところ国そのものはグローバル化できない」という現実が明らかになりつつあるといえるでしょう。

オペレーション経営の地政学・地経学

　オペレーション経営においても，地政学・地経学の影響についての研究が蓄積され始めています。たとえば，2022 年には世界的なオペレーション経営の研究学術誌 *Journal of Operations Management* において「政治経済下における国際的なオペレーション経営とサプライチェーンマネジメント」特集が組まれました。[14]

　これらの研究は，大きな傾向として，地政学・地経学的なリスクが高まると，売上や利益といった経営成績，株価などに悪影響が及ぶ点を指摘しています。しかし，こうした研究から，少なくとも現時点では「地政学・地経学リスクに対して企業がいかに対応すべきか」についての知見はあまり得られていないといえそうです。

12　Dai & Tang（2022）参照。
13　Allison（2017）参照。
14　Fan et al.（2022）参照。

ただし，オペレーション経営の立場からいえば，目指すべき方向は明らかです。すなわち，「5M の手配と断絶させることなく価値創造を持続する」という究極の目標は，国際的な政治情勢がいかに変化しようとも不変・普遍だと考えられます。そして，危機にあたって 5M の手配を継続しつつ価値創造をおこなうための対応策には，本書で述べた「手配在庫の積み増し」「手配復旧能力の向上」「手配の予備確保」「手配の仮想複線化」という 4 つの手法が応用できるでしょう。

　実際に，地政学・地経学的なリスクが高まると，多くの企業は在庫を増やしていることが調査から明らかになっています[15]。ただし，繰り返しになりますが，安易に在庫積み増しという対策を取ることは，企業の資金繰りを悪化させます。そのため，競合他社に対する普段の競争力を保持したまま，地政学・地経学的な危機に対応するために「危機対応における手配の 4 分類」から各社ごとに必要な対策を練る必要があるでしょう。

　また，これからのオペレーション経営の担当者は，こうした地政学・地経学上のリスクと国際情勢の情報にキャッチアップし，いかなる国際情勢の変化が自社の 5M の手配のどこに影響を与えるのかについて知見を深めておく必要があると考えられます。さらには，こうした情報を収集し，適切な対策を打つために，企業間の外交活動も重要性を増していくでしょう。

KEYWORD

危機　　関係性のネットワーク　　自然災害　　国際情勢　　クライシス・ファミリー　　予防行動のクラスター　　産業災害　　危機予防策　　BCP　　地政学　　地経学　　複線化　　手配在庫の積み増し　　手配復旧能力の向上　　手配の予備確保　　手配の仮想複線化　　レジリエンス　　生産知識　　サプライチェーン単線化　　サプライチェーン複線化　　資源依存関係　　ツキジデスの罠

---

15 Darby et al.（2020）参照。

EXERCISE

① 明日からトウモロコシの輸入ができなくなったとしたら，どのような業態の企業がどんな影響を受けるか，予測してみましょう。

② 上述の影響に対して，企業はどのような対策を取ることができるか，考えてみましょう。

CHAPTER

第 14 章

社会・自然の持続可能性とオペレーション経営

SHORT STORY 　企業の社会における存在感が増せば増すほど，その企業に対して世の中から期待される責任の質と量も比例して大きくなっていく。現代のオペレーション経営は自然や社会に優しくなることが求められている。しかも，これは企業が価値創造をおこなううえである意味では当然の道でもあるといえよう。たとえば，無駄のない効率的なオペレーションは，無駄を出さない分，非効率なオペレーションよりも自然環境に優しい。創造的なオペレーションは，人間の創造性を最も価値あるものとみなすため，すべての人の尊重へとつながる。それは困難な道かもしれない。でも，人間はそうして世の中から1つずつ不幸をなくしていったのだ……。

ここまで，オペレーションにおける効率的・効果的な手配のあり方について検討を重ねてきました。生産や購買，開発などの各プロセスで適切な手配をすることによって，企業は高い収益・利益を獲得することができるのです。しかしながら，企業は自己の利益を追求するだけではなく，社会に対しても責任を負った存在です。そのため，自社のオペレーションを実行する際に生じるさまざまな問題に対処する必要があります。

　たとえば，地球環境問題について考えてみましょう。企業が自社の料理を作るためには，そのための食料を調達する必要があります。しかしながら，食料調達のため農地を拡大する目的で，森林が伐採されてしまう恐れがあります。それによって，その地域の生態系の破壊や二酸化炭素の吸収量の減少につながりかねません。また，需要の増大に応えるために魚介類を乱獲していけば，種が絶滅する可能性が生じ，海洋資源が枯渇します。

　また，企業が自社の活動を遂行するなかで，人権問題が生じる恐れもあります。安くて質のよい製品・サービスを提供することは，消費者にとっては魅力的です。しかしながら，それによって従業員やサプライヤーなどに負荷がかかってしまうことがあります。国内でいえば，過労死やブラックバイトの問題が指摘されています。当然ながら，労働者の権利を尊重したオペレーションの必要性が世界中で高まっていくでしょう。また，食料を低価格で調達しようと追求することには，発展途上国の就労条件を悪化させる恐れが伴うかもしれません。その結果として，発展途上国の貧困問題が固定され，児童労働など違法な活動が横行する恐れもあります。このように，5Mの手配が自然環境や社会環境に対する「搾取」になってしまっては，5Mの手配の社会的意義そのものに疑問符が付くことになるでしょう[1]。

1 社会と自然に優しい5Mの手配

　このような「何かを犠牲にして成り立つオペレーション経営」は，長期的に考えれば企業経営にとっても負の影響をもたらします。たとえば，海洋資源が枯渇してしまえば，水産業は成り立ちません。また，違法労働などの結果，人

note •
　1　斎藤（2020）参照。

材が疲弊・枯渇したり，それが社会問題化したりすれば，社会的な非難の対象となり，当該オペレーションを維持することはできなくなるでしょう。

一方で，ビジネス自体を悪として批判・非難しても，誰もが貧しくなってしまうだけです。だからこそ，われわれは，オペレーション経営の考え方を用いて，より「良い」ではなく，より「善い」価値創造を目指していかねばなりません。当然ながら，何が善で何が悪なのかという哲学的な問いにも果敢に挑戦していく必要があるでしょう。

たとえば，このような問題に関してスターバックスは，2004年にコーヒー豆の調達においてC.A.F.E. プラクティスという独自のガイドラインを策定しています。このガイドラインでは，単なる品質基準ではなく，「適正な価格が生産者に支払われていることを証明できること」が条件となっています。また，「生産者の労働条件を守り，生活向上に貢献すること」「生産地の環境への影響を抑えること」を基準として設定しているといいます。[2]

企業は単によい製品・サービスを効率的に提供することを考えていればよいわけではありません。企業には倫理的な正しさ，社会に対する誠実さが求められています。そのため，さまざまな社会の問題を考慮に入れ，配慮しながら自社のオペレーションを進めていくことが求められています。そのような問題意識のもと，近年では「持続可能なオペレーション」という考え方が注目されるようになっています。[3] 本章では，この持続可能なオペレーションについて学習していきましょう。

持続可能な社会への関心の高まり

これまで，われわれの人類社会は発展を続けてきました。狩猟や採集中心の生活から，多くの人工物に囲まれ，食べ物もすぐに購入できる生活へとシフトしてきました。その中心は，道具の使用や製造方法の変化，機械化など，「手配」方法の進歩にあるといっても過言ではないでしょう。今後もAIなどの活用によって，さらなる発展が予想されます。ただし，手配方法の進歩は，前節

---

2 スターバックス・ウェブサイト「C.A.F.E. プラクティス」参照。
3 Kleindorfer et al. (2005) 参照。

| CHART | 図表 14.1　SDGs17 の目標 |

1	貧困をなくそう
2	飢餓をゼロに
3	すべての人に健康と福祉を
4	質の高い教育をみんなに
5	ジェンダー平等を実現しよう
6	安全な水とトイレを世界中に
7	エネルギーをみんなにそしてクリーンに
8	働きがいも経済成長も
9	産業と技術革新の基盤をつくろう
10	人や国の不平等をなくそう
11	住み続けられるまちづくりを
12	つくる責任 つかう責任
13	気候変動に具体的な対策を
14	海の豊かさを守ろう
15	陸の豊かさも守ろう
16	平和と公正をすべての人に
17	パートナーシップで目標を達成しよう

出所：日本ユニセフ協会「SDGs17 の目標」。

で指摘したように，人権問題，環境問題など多くの問題も引き起こしています。それらを解決しながら，経営を進めていく必要があります。

　それでは企業として具体的にどのような問題に対応すればよいでしょうか。この教科書においては，2014 年に提案された 17 の持続可能な開発目標（SDGs）をもとに考えることにしてみましょう（図表 14.1）。もちろん，解決すべき問題はここにあげられている問題以外にも存在します。現状の SDGs は単なる「掛け声」以上の意味が乏しいかもしれませんし，ここであげられているすべての目標を同時に解決することは困難かもしれません。今後新たな社会課題が立ち現れる可能性は高く，SDGs に取り組めば十分というわけではないでしょう。

　しかしながら，何かしらの目標設定に基づくことが企業経営，オペレーションにとっても重要であることから，この教科書ではひとまずの出発点としてSDGs の考え方を紹介します。そのうえで，本書でオペレーション経営を学んだ個々人が，ここにはない新たな目的を自主的に設定していけばよいでしょう。

　SDGs であげられている目標を見ると，手配が関連している問題が数多く含まれていることがわかります。これらの目標について，この教科書で中心的に取り上げている飲食・食品業との関連性を考えてみましょう。たとえば man

236 ● CHAPTER 14 社会・自然の持続可能性とオペレーション経営

については，飲食や食品関連では，「貧困をなくそう」「ジェンダーを平等にしよう」「働きがいも経済成長も」といったテーマがとくに関連しています。

また，material については，「海の豊かさを守ろう」「陸の豊かさも守ろう」というテーマが関連します。たとえば，「海の豊かさを守ろう」というテーマについては，漁獲量の拡大に伴う海洋生物絶滅の危険性増大が関連します。蒲焼でおなじみのニホンウナギは土用の丑の日に食べるものとして人気があります。しかしながら，ニホンウナギは現在絶滅危惧種に指定されています。[4]たとえ，多くの消費者がニホンウナギを望んでいるとしても，それにすべて応えていくと，ニホンウナギは絶滅してしまう恐れがあるのです。

また，飲食や食品加工業には，「貧困をなくそう」「飢餓をゼロに」といったテーマも関連しています。現在，食料品が残飯となって廃棄されるフードロスの問題が提起されていますが，反対に世界では飢餓や貧困が問題になっています。日本のレストランやスーパーなどの事業所で廃棄されるフードロスは328万 t と推計されており，[5]飢餓で苦しんでいる人がいる一方で多くの食料が無駄になっています。これらの問題を，経済活動を持続しながら，価値創造の発想によって発展的に解決することが，企業には求められるようになっています。

machine においては，「産業と技術革新の基盤をつくろう」「つくる責任　つかう責任」が関わります。method の観点では「質の高い教育をみんなに」が，money についてはこれらの活動を実践するための投資，資金調達が該当するでしょう。このように，SDGs の実現には 5M すべてが関係しているのです。こうして見てみれば，社会の**持続可能性**は企業の手配のあり方にも影響していることがわかります。

③　持続可能なオペレーション

前節で見てきたように，企業がオペレーションを手配するうえで持続可能性を意識する必要性があります。しかも，その必要性は今後も高まっていくことが予想されます。そのようななかで，**持続可能なオペレーション**（sustainable

---

4　『日本経済新聞』（2014 年 6 月 12 日）。
5　消費者庁ウェブサイト参照。

③　持続可能なオペレーション　● 237

operation）という考え方が提案されています[6]。本節では，この考え方について学習していきましょう。

持続可能なオペレーションは，オペレーションに対して，内部や外部のステークホルダーへの影響を考慮するという考え方であるといわれています。基本的には環境面に対する議論が中心であり，人権や倫理面に関してはあまり議論がなされていませんが，大きく分けて3つの領域で研究が進められています。

1つ目は，環境に配慮した製品・サービス（グリーン・プロダクト）やプロセスの創出に関するものです。グリーンプロダクトにはさまざまな意味がありますが[7]，総じて環境に配慮した製品のことを指します。

なお，近年では，**エシカル消費**にも注目が集まっています。消費者自身も変化してきており，社会問題など倫理面にも配慮した消費がなされるようになっています[8]。環境に配慮するだけではなく，人権問題や社会問題にも配慮した製品・サービスの創出が重要となるといえるでしょう。

2つ目は，無駄のない環境配慮型のオペレーションについてです。第**9**章で改善活動について述べた節でも議論をしましたが，無駄をなくすということが改善活動の重要なポイントです。この考え方は環境問題にも応用することができます。たとえば，生産における不良品率が改善するということは結果的に，作り直しに伴う余分な材料を使わなくなるということを意味します。また，作業が効率的になり作業時間が短くなれば，工場に関わる電気や燃料といったエネルギー面でも貢献することができるでしょう（ただし，機械を多く回すようになっていればその限りではありません）。

3つ目は，リマニュファクチャリングとクローズドループ型サプライチェーンの確立です。**リマニュファクチャリング**とは製品や部品を回収・分解・洗浄・再組立・検査をして再販売する仕組みを指します[9]。たとえば，PETボトルは使用後に資源ごみとして回収され，再利用されています。一度企業が生産した製品を資源として回収して再利用することで，資源の節減を図り，持続可能なオペレーションを実現しようとしているのです。プラスチックのように使用後に再利用するためには，消費者の分別，回収を含めた構築の仕組みが必要

---

6 Kleindorfer et al.（2005）参照。
7 Tsai et al.（2012）参照。
8 経済産業省（2021）参照。
9 松本（2010）参照。

です。この仕組みが，**クローズドループ型**サプライチェーンです。原材料や部品の調達から生産，お客さんまでの物流を考えるという従来のサプライチェーンだけでなく，そこからの回収・リサイクルまで含んだ考え方です。理論上は生産したものを100％同じように再利用できれば，ごみが出ないことになります。このような完結型のサプライチェーンが求められているのです。

　たとえばPETボトルは，飲料水用のボトルとして製造，使用された後に資源ごみとして回収されています。理論上製造されたPETボトルがすべてPETボトルに再利用されれば，ごみも出ず，新たな資源も必要とならないということになります。PETボトルリサイクル推進協議会による2021年の報告書では，日本のPETボトルのうち，88.5％が食品用シートや繊維など何らかの形でリサイクルされており，15.7％がPETボトルに再利用されているといいます。いまだ不完全ではありますが，クローズドループなサプライチェーンが志向されているといえるでしょう。

4　持続可能なオペレーションを 実現するための包括的な仕組み

　ここまで，持続可能なイノベーションについて学習してきました。しかしながら，この取り組みを実現することは容易ではありません。なぜならば，環境問題や倫理的な問題はあらゆるプロセスで発生するからです。あるときには生産現場で，あるときには物流現場で発生するでしょう。もしかしたら，自分たちが購入した部品・原材料が原因かもしれません。問題が発生したタイミングですぐに対応できるようにする仕組み作りが求められます。

　また，環境問題や倫理的な問題に対して社会から求められる水準は価値観とともに変化するという点も忘れてはなりません。過去には問題なかったという対応も，現在においては問題であると認識されることは数多く存在します。このような価値観・水準の変化に対して，企業単体で取り組むことは非常に困難かつ，リスクが高いといえるでしょう。

10　Huang et al.（2013）参照。
11　中村（2021）参照。
12　PETボトルリサイクル推進協議会（2021）参照。

4　持続可能なオペレーションを実現するための包括的な仕組み　● **239**

企業がこれらの問題に適切に対応するためには，①自分たちのオペレーションに関わるさまざまな要素を把握しつつ，②自らの対応が適切であるということを何らかの形で担保することが求められるでしょう。[13]

┃ トレーサビリティ ┃

　ここまで学習したように，企業は，製品やサービスを製造する際に，その原材料の調達や廃棄のことまで考慮してオペレーションを実施し，その責任を負う必要性が指摘されています。そのために，企業は自社製品・サービスに用いている材料・部品がどのように生産，加工されているか，廃棄がどのようになされているのかまで「把握」することが必要となります。その際に大事なことは，製造した時間やどのような原材料を用いて，どのように製造して，いつ，どこで販売されたのかといった詳細な情報まで把握しておくことです。このような考え方は，**トレーサビリティ**（追跡可能性）と呼ばれます。

　このトレーサビリティについて食品を題材に学んでいきましょう。[14] トレーサビリティを食品に導入するための目的として，食品の安全確保への寄与，情報の信頼性の向上，業務の効率性の向上があげられます。**図表 14.2** のように，材料や製品に識別番号を付与して情報を管理できるようにすると，この番号を付与された材料や製品がどのように流通していったのかが把握できるようになります。誰が作ったのか，運んだのかという点が特定されるため，それらのプレイヤーもより注意して作業にあたるようになるでしょう。そうしたことが食品の安全確保に寄与します。誰がいつ作ったものかといったデータが一元的に管理され，インターネットなどで確認できるようになれば，最終消費者としても安心して購入することができるでしょう。このように，情報の信頼性の向上にも寄与します。

　そして，何か問題が生じた際に，どこの過程で問題が生じたのか，生産者や流通業者など責任の所在を明らかにすることで，改善につなげることができます。データ化されるということで，在庫の管理や発注もデータ化が可能となります。そのため，無駄をなくすことにも寄与し，効率性の向上も期待できます。

　もちろん，このように個別に情報を管理する一連の仕組みを構築するために

13　経済産業省（2019）では科学的・論理的に検証・評価する必要性を記載しています。
14　農林水産省（2008）参照。

240 ● CHAPTER 14　社会・自然の持続可能性とオペレーション経営

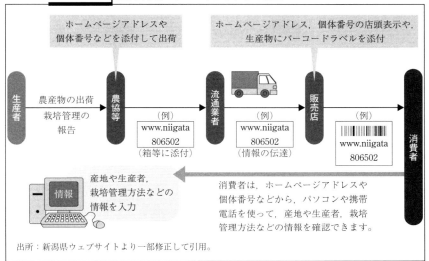

図表14.2 トレーサビリティの仕組み

出所：新潟県ウェブサイトより一部修正して引用。

は大きなコストがかかることが想定されます。コードを付けるためには，コンピュータ・システムが必要になりますし，そのコードを確認するためのセンサーを各工程に導入することも必要となります。しかしながら，このような仕組みから得られるメリットが近年大きくなる一方で，情報通信技術の発展により相対的に低コストで実現できるようになっているため，今後も拡大が期待できる取り組みといえるでしょう。

ライフサイクル・アセスメント

持続可能性を検討する際には，トレーサビリティに代表されるように，製品・サービスだけを見て評価するのではなく，材料・原料調達から廃棄に至るまでの一連のプロセスで評価しようという考え方が，一般的になってきています。これを**ライフサイクル・アセスメント**と呼びます。[15] ライフサイクル・アセスメントにおいては，材料から廃棄までのプロセスが，環境へどの程度影響するかを考えていきます。この影響には材料の栽培に関わる環境負荷まで含めます。

この考え方を畜産に当てはめて考えてみましょう。焼き肉店で牛肉が提供さ

---

15 国立環境研究所ウェブサイト参照。

れるまでには，さまざまなエネルギーを消費したり，環境負荷をもたらしたり
しています。そのプロセスをさかのぼってみます。まず，牛肉が店舗で提供さ
れるプロセスを考えてみると，店舗で使用される電気がもたらす環境負荷や焼
き肉用の炭火がもたらす二酸化炭素の発生を考慮する必要があります。使用後
の洗い物に伴う水の使用も考慮に入れねばなりません。流通段階でいえば，ト
ラックのガソリン使用がもたらす環境負荷を考慮する必要もあるでしょう。ま
た，牛を育てるには，飼料（えさ）が必要です。この飼料を育てるためにもエ
ネルギーがかかります。[16]このようにプロセスをさかのぼっていくと，普段何気
なく食べている牛肉にも多くのエネルギーが使用され，環境負荷がかかってい
ることがわかると思います。企業としては，ライフサイクル・アセスメントを
用いて把握したデータをもとに，さまざまな条件を比較して，より環境に負荷
がかからない方法を検討するようにします。

認証制度の活用

　持続的なオペレーションを実施するにあたって，次に大事なポイントは適切
な対応をしているか，外部に評価してもらうことです。外部からの評価には，
いくつかの意義があります。第1の意義は，自分たちの判断だけではないこと
が証明されるということです。適切な対応をしている企業であるということが
社会的に認知され，評価が得られます。

　外部評価を得る方法としては，①自社で独自基準を制定し，外部に評価して
もらうことや，②厳しい顧客からの評価を得ること，③外部の**認証制度**を活用
することが考えられます。①の，外部の関与・評価を受け入れれば，自分たち
が作成した基準の正当性を示すだけではなく，外部から知見を得ることも可能
となります。たとえばスターバックスは，自社で使用するコーヒー豆の調達に
関して，外部の NGO の助言をもとに基準を作成しているといいます。[17]

　②の顧客からの評価を得ることについていうと，顧客からの持続可能性に関
する要求は高まっています。サステナビリティ報告書を見ると，各社がサプラ
イヤーに求める原則や基準を定めていることがわかります。たとえば，キリン
ホールディングスのサプライヤー規範は，品質などの安全・安心，人権，安全

16　荻野（2008）参照。
17　スターバックス・ウェブサイト「コーヒーのサステナビリティ」参照。

242 ● CHAPTER 14　社会・自然の持続可能性とオペレーション経営

衛生・健康，環境，誠実なビジネスという 5 つの柱から構成されています。キ[18]
リンのサプライヤーは価格や品質以外にもこのような基準を順守することが求
められています。サプライヤーにとって持続可能性への関心がとくに強い企業
の基準を満たすことは難しいことかもしれません。しかしながら，このような
基準を設定している顧客とつながることができれば，持続可能性について一定
のレベルで実現できているという評価を得ることができます。[19]

③は，自分たちの取り組みを第三者によって認められた基準に沿っておこな
い，それを守っていることを第三者に認めてもらうということです。このよう
な制度を第三者適合性評価と呼びます。[20]基準に沿って行動し，自分でもなく，
取引相手でもなく，公的機関など第三者にそれを認めてもらうというものです。
第三者からの評価であるため，評価の信頼性が高まります。第三者適合性評価
を環境面に活用した事例として，ISO14001 および環境ラベルについて紹介し
ます。[21]

まず ISO14001 について検討していきましょう。ISO14001 は環境マネジメン
トに関する規格です。企業は，ISO14001 の要件に沿って自社のマネジメン
トシステムを構築し，そのシステムが要件を満たしているかを第三者機関が評
価します。その特徴は，PDCA サイクル（plan, do, check, act）の考え方が取り
入れられていることです。マネジメントシステムとして，しっかりと構築され
ているかどうかが判断されます。なお，ISO14001 において，目標やパフォー
マンスの設定などは第三者が設定した基準に沿っておこなうのではなく，実施
する組織自体が定めます。[22]手段としての正当性は割り引かれますが，環境問題
に取り組む姿勢，戦略，体制が整っているかを外部から判断できるようになる
点にメリットがあります。

次に，環境ラベルについてです。環境ラベルの 1 つに MSC「海のエコラベ
ル」があります。現在，水産資源の過剰漁獲の問題が深刻化しています。その
ような問題に対する取り組みが，水産資源の持続可能性や環境に配慮した漁業
に関する認証制度で，MSC「海のエコラベル」は MSC 漁業認証を取得した漁

---

18 キリンホールディングス（2021）参照。
19 このような先進的なニーズをもって対応している顧客をリードユーザーと呼びます（第 **12** 章参
　照）。
20 奈良（2015）参照。
21 なお，認証基準自体が妥当かどうかも判断されます。
22 大浜（2016）参照。

CHART 図表 14.3 MSC「海のエコラベル」

出所：画像は MSC ジャパン提供。

業で獲られた水産物であることを示すものです。MSC の規格は，国連食糧農業機関（FAO）などの国際的な要求事項を満たしており，水産業界，環境保護団体，学術研究機関などとの協議を経て策定されます。持続可能な漁業に対する MSC 漁業認証規格では，資源の持続可能性，生態系に与える影響，適切な管理システムの 3 原則に照らし，第三者の審査機関によって審査がおこなわれます。また，水産物の水揚げ以降のサプライチェーンに対する MSC CoC 認証規格では，MSC 漁業認証を取得した漁業で獲られた認証水産物と，そうでない水産物が混ざらないように適切に管理することが求められます。MSC CoC 認証を企業が取得し，図表 14.3 の MSC「海のエコラベル」を製品に付けることによって，お客さんに認証水産物を使用していることを示すことができます。[23]

5 持続可能なオペレーションの導入時の課題と対応

ここまで持続可能なオペレーションの必要性・トピックについて紹介してきました。これらに対し，「持続可能な取り組みは儲かっているからできるのではないか」という疑問も想定されます。つまり，収益に余裕があるため，社会性を配慮した対応ができるのではないかという疑問です。もちろん，企業の活動として社会性と経済性のバランスを取る必要はあります。社会性を考える際に，自社のオペレーションの効率性を度外視してしまえば，企業としての競争

---

23 MSC ウェブサイト参照。

力を失う恐れがあります。結果として従業員の雇用が失われてしまうということにもなりかねません。これでは本末転倒です。持続可能なオペレーションは，企業にとっても持続可能であることが求められるのです。そのためには，企業として社会問題に配慮しながら，効率性も向上させるというような手配のあり方を模索することが求められるでしょう。

　短期的に捉えれば，持続可能なオペレーションの実行は「コスト」として捉えられるかもしれません。自分たちのみならずサプライチェーン全体の情報を把握することは，やはり大きなコストがかかります。データを読み込んだり，記録するための情報システム構築やサプライヤーの協力などが求められたりするからです。クローズドループ型のサプライチェーンの確立のためには，製品回収のための仕組みの構築が必要となり，コストがかかります。認証制度の導入も同様です。自らの行動を外部に評価してもらうためには，その組織に審査費用を支払う必要があります。また，そのための手順の設定，報告のための情報の整理などにも，大きなコストがかかるでしょう。

　このように，持続可能性への対応には一定のコストがかかります。しかしながら，近年の指摘をもとにすれば，持続可能性への対応は企業にとっても利益が大きいことがわかります。たとえば，CSR（corporate social responsibility，企業の社会的責任）と企業のパフォーマンスとの関連性について検討した研究があります。その研究結果に基づけば，企業の社会的責任に関する活動によって，企業の評判の増大，ステークホルダーからのお返し，企業のリスクの低減，イノベーション能力の向上が期待できるといいます。そして，それらの要素が財務業績に影響を与えているのです[24]。このように長期的な観点から捉えると，持続的なオペレーションに取り組むことは，企業の業績という面にもポジティブであることがわかります。加えて，近年はESG投資（環境，社会，ガバナンスの頭文字を取ったもの）が注目されるようにもなっています[25]。こうしたESG投資に代表されるように，社会問題への対応自体からも収益を得ることができる可能性は高まっているといえましょう。

　また，戦略的な観点から経済性と社会性を同時に追求する考え方もあるでしょう[26]。SDGsなど環境や倫理性に配慮した製品・サービスへの関心が高まっ

24　Vishwanathan et al.（2020）参照。
25　中小企業庁（2021）参照。
26　黒柳（2021）参照。

5　持続可能なオペレーションの導入時の課題と対応　● 245

ているなかで，グリーン・プロダクトなどに関する事業を展開したり，それらに部品を提供したりするという機会が今後も増大していくでしょう。このように，従来の事業を持続可能なものにしていくという発想ではなく，環境や倫理的な問題に配慮した製品・サービスの提供をこれまでの手配の考え方を用いて効率的に実施していくことも，検討する必要があるでしょう。

　加えて，持続可能なオペレーションの実施のコストを下げるという方法もありうるでしょう。たとえば，ある製品を作る際に生じる副産物を活用するという方法があげられます。副産物をそのまま捨てると，無駄になってしまいますが，それを有効に活用することで，持続可能なオペレーションにつなげること[27]ができます。例として，アサヒ飲料はSDGsの取り組みの1つとして，「カルピス（株）特撰バター」という商品の提供を紹介しています（**図表14.4**）。これは「カルピス」を作るために生乳から取り除かれた脂肪分を利用してバターにしたものです。脂肪分を無駄にせず活用することで，コストを下げて持続可能なオペレーションを実施した取り組みといえるでしょう[28]。

　さらに，他社と協力して実施するという方法もありうるでしょう。たとえば，共同で物流を実施するという取り組みがあります。近年物流は，環境面・人材面双方にとって大きな問題として捉えられています。トラックはできるだけ搭載容量ギリギリまで荷物を詰め込むことが，燃料面・人材面で効率的といえるでしょう。ただし，それを1社で実現することは困難です。それを，複数の企業の製品を組み合わせることで実現しようというものです。A社・B社が，製品を5tずつ作り，それを10t搭載可能なトラックで別々に配送していたものを，取りまとめれば1台で済むようになります。事例としては，日清食品とアサヒ飲料（飲料），日本通運が協力して，関東〜九州間の共同運輸を実施することで，トラック稼働台数の削減を推進しているとのことです[29]。

---

27 Wada（2015）参照。
28 『日本経済新聞』（2017年9月22日）。
29 日清食品（2020）ウェブサイト参照。

CHART 図表14.4 カルピス(株) 特撰バター

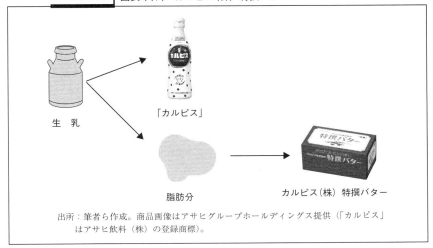

出所：筆者ら作成。商品画像はアサヒグループホールディングス提供（「カルピス」はアサヒ飲料（株）の登録商標）。

 おわりに
▶ すべての人がオペレーション経営の「現場」を持つ

　この教科書においては，価値創造を実現する5Mの手配という切り口から，企業のオペレーション経営を捉えてきました。価値創造を実現するには，ただの理想論や発想だけでなく，実際の業務を確立しなければなりません。こうした視点から，オペレーション経営に必要なフレームワーク，ツールも学習していきました。

　これらを実際に活用してみることはもちろん大切です。しかしながら，フレームワークやツールはその大本となる考え方（理論・原則）のうえに成り立っています。そのため，今後も多くのオペレーション経営のためのフレームワーク・ツールが登場するでしょう。また，本章で見てきたように，社会の価値観も変化していく可能性があります。しかし，社会にどのような価値観が生まれようと，第1章で見てきたように価値創造は無限に可能なのです。それは，人間が幸せ＝価値を求める生き物だからだといえるかもしれません。そして何よりも，価値創造が無限に可能だと考えて，一歩一歩現実のオペレーション経営を回していかないことには，社会の問題は何ひとつ解決できず，経済成長も

停滞する結果になるでしょう。

　われわれは現実の世界を生きています。そして，現実をよりよくしていくためには，誰もがオペレーション経営の「現場」を持っていると考えて，みんなで一歩一歩進んでいく必要があります。そのためには，理想（理論）だけでも，現実（実践）だけでも不十分でしょう。理想なくして進歩はなく，現実なくして実現はないからです。オペレーション経営の「現場」はどんな職場にも存在します。本教科書で学んだ内容が，日本と世界のみなさんのそれぞれの現場での価値創造実践に少しでも役立つならば，筆者一同望外の喜びです。

KEYWORD

SDGs　持続可能性　持続可能なオペレーション　グリーン・プロダクト　エシカル消費　リマニュファクチャリング　クローズドループ型　トレーサビリティ　ライフサイクル・アセスメント　認証制度　第三者適合性評価　ESG 投資

EXERCISE

① チョコレートの原材料の手配において，どのような社会環境・自然環境上の問題が起こりうるか，考えてみましょう。

② 日本の自動車がすべて電気自動車（EV）に変わった場合，どんな社会的問題・自然環境上の問題が起こりうるか，考えてみましょう。

参 考 文 献

Abernathy, W. J. (1978). *The Productivity Dilemma: Roadblock to Innovation in the Automobile Industry*. Baltimore: The Johns Hopkins University Press.

Abernathy, W. J., Clark, K., & Kantrow, A. M. (1983). *Industrial Renaissance*. New York: Basic books. (W. J. アバナシー＝K. クラーク＝A. M. カントロウ／望月嘉幸監訳『インダストリアルルネサンス』TBS ブリタニカ，1984 年)

Abernathy, W. J. & Clark, K. B. (1985). Innovation: Mapping the winds of creative destruction. *Research Policy, 14*(1), 3-22.

Adler, P. S., & Clark, K. B. (1991). Behind the learning curve: A sketch of the learning process. *Management Science, 37*(3), 267-281.

Adner, R., & Levinthal, D. A. (2004). What is not a real option: Considering boundaries for the application of real options to business strategy. *Academy of Management Review, 29*(1), 74-85.

Akiike, A., & Katsumata, S. (2016). Characteristics of dual product users: The case of mobile phone market. *Annals of Business Administrative Science, 15*(3), 149-161.

Akiike, A., & Park, Y. (2015). Quantitative analysis of the effects of dual integration on firm's competitiveness. *International Journal of Business Information Systems, 18*(4), 406-421.

Allison, G. (2017). *Destined for War: Can America and China Escape Thucydides's Trap?* Boston, MA: Houghton Mifflin Harcourt.

Amabile, T. M., Conti, R., Coon, H., Lazenby, J., & Herron, M. (1996). Assessing the work environment for creativity. *Academy of Management Journal, 39*(5), 1154-1184.

天野倫文・新宅純二郎・中川功一・大木清弘 (2015)『新興国市場戦略論：拡大する中間層市場へ・日本企業の新戦略』有斐閣。

網倉久永・新宅純二郎 (2011)『経営戦略入門』日本経済新聞出版社。

Arthur, W. B. (2009). *The Nature of Technology: What It Is and How It Evolves*. Free Press.

浅川和宏 (2003)『グローバル経営入門』日本経済新聞出版。

Bala, M., & Verma, D. (2018). A critical review of digital marketing. *International Journal of Management, IT & Engineering, 8*(10), 321-339.

Barney, J. B. (1991). Firm resources and sustained competitive advantage. *Journal of Management, 17*(1), 99-120.

Barney, J. B. (2002). *Gaining and Sustaining Competitive Advantage(2nd ed.)*. New Jersey: Pearson Education. (J. B. バーニー／岡田正大訳『企業戦略論：競争優位の構築と持続』上中下，ダイヤモンド社，2003 年)

Brown, T. (2008). Design thinking. *Harvard Business Review, 86*(6), 84-92.

Burns, T., & Stalker, G. M. (1961). *The Management of Innovation*. London: Tavistock Publication.

Camp, R. C. (1989). *Benchmarking: The Search for Industry Best Practices That Lead to Superior Performance*. ASQC Quality Press. (R. C. キャンプ／田尻正滋訳『ベンチマーキング』PHP 研究所，1995 年)

Caplan, R., & Norton, D. (1996). *The Balanced Scorecard: Translating Strategy into Action*.

Boston, MA: Harvard Business School Press.（R. S. キャプラン゠D. P. ノートン／吉川武男訳『バランス・スコアカード：新しい経営指標による企業変革』生産性出版，1997年）

Chandler, A. D., Jr.（1990）. *Strategy and Structure: Chapters in the History of the Industrial Enterprise (2nd ed.).* Boston, MA: MIT Press.（A. D. チャンドラー，Jr.／有賀裕子訳『組織は戦略に従う』ダイヤモンド社，2004 年）

Christensen, C. M.（1997）. *The Innovator's Dilemma: When New Technologies Cause Great Firms to Fail.* Boston : Harvard Business School Press.（C. M. クリステンセン／伊豆原弓訳『イノベーションのジレンマ（増補改訂版）：技術革新が巨大企業を滅ぼすとき』翔泳社，2001 年）

Christensen, C. M., & Overdorf, M.（2000）. Meeting the challenge of disruptive change. *Harvard Business Review, 78*(2), 66-77.

Churchill Jr, G. A., & Surprenant, C.（1982）. An investigation into the determinants of customer satisfaction. *Journal of Marketing Research, 19*(4), 491-504.

中小企業庁（2014）『中小企業白書』（https://www.chusho.meti.go.jp/pamflet/hakusyo/H26/h26/index.html，2024 年 6 月 20 日アクセス）。

中小企業庁（2021）『2021 年版 中小企業白書』。

Clark, K. B., & Fujimoto, T.（1991）. *Product Development Performance: Strategy, Organization, and Management in the World Auto Industry.* Boston, MA: Harvard Business School Press.（藤本隆宏゠K. B. クラーク／田村明比古訳『実証研究 製品開発力：日米欧自動車メーカー 20 社の詳細調査』ダイヤモンド社，1993 年）

Cooper, R. G.（2011）. *Winning at New Products: Creating Value through Innovation.* New York; Basic Books.（R. G. クーパー／浪江一公訳『ステージゲート法：製造業のためのイノベーション・マネジメント』英治出版，2012 年）

Cross, R. G.（1997）. *Revenue Management: Hard-core Tactics for Market Domination.* New York: Broadway Books.（R. G. クロス／水島温夫訳『RM（収益管理）のすべて：儲からない時代に利益を生み出す』日本実業出版社，1998 年）

Dai, T. L., & Tang, C. S.（2022）. It's the end of the global supply chain as we know it. *Newsweek*, 2022/4/19（https://www.newsweek.com/its-end-global-supply-chain-we-know-it-opinion-1698591，2024 年 7 月 1 日アクセス）.

Darby, J. L., Ketchen, D. J., Jr., Williams, B. D., & Tokar, T.（2020）. The implications of firm-specific policy risk, policy uncertainty, and industry factors for inventory: A resource dependence perspective. *Journal of Supply Chain Management, 56*(4), 3-24.

Davis, F. D.（1989）. Perceived usefulness, perceived ease of use, and user acceptance of information technology. *MIS Quarterly, 13*(3), 319-340.

Deci, E. L.（1975）. *Intrinsic Motivation.* New York: Plenum Press.

Deci, E. L., & Ryan, R. M.（1985）. *Instrinsic Motivation and Self-Determination in Human Behavior.* New York: Plenum Press.

『デジタル大辞泉』（https://japanknowledge.com/lib/display/?lid=2001004203300，2024 年 2 月 29 日アクセス）。

Deming, W. E.（1986）. *Out of the Crisis.* Cambridge, MA: Massachusetts Institute of Technology, Center for Advanced Engineering Study.

電通（2022）「調査レポート 2021 年 日本の広告費」（https://www.dentsu.co.jp/news/release/2022/0224-010496.html，2024 年 8 月 13 日アクセス）。

Doty, D. H., Glick, W. H., & Huber, G. P.（1993）. Fit, equifinality, and organizational effectiveness: A test of two configurational theories. *Academy of Management Journal, 36*(6), 1196-1250.

Drucker, P. F.（1954）. *The Practice of Management.* New York: Harper & Row.

Dyer, J., Gregersen, H., & Christensen, C. M.（2011）. *Innovator's DNA: Mastering the Five Skills of Disruptive Innovators.* Boston; Harvard Business School Press.（C. M. クリステンセン＝J. ダイアー＝H. グレガーソン／櫻井祐子訳『イノベーションの DNA：破壊的イノベータの 5 つのスキル』翔泳社，2012 年）

エムラ「ECD-703 型デジスラー」（https://www.emura.co.jp/product/slicer/ecd703.html，2022 年 3 月 24 日アクセス）。

Fan, D., Yeung, A. C., Tang, C. S., Lo, C. K., & Zhou, Y.（2022）. Global operations and supply-chain management under the political economy. *Journal of Operations Management, 68*(8), 816-823.

Fassin, Y.（2009）. The stakeholder model refined. *Journal of Business Ethics, 84*(1), 113-135.

ファーストリテイリング「服を変え，常識を変え世界を変えていく」『Sustainability Report 2022』（https://www.uniqlo.com/jp/ja/contents/sustainability/report/2022/fr-way/，2024 年 2 月 8 日アクセス）。

藤本隆宏（2001）『生産マネジメント入門 I・II』日本経済新聞社。

藤本隆宏（2004）『日本のもの造り哲学』日本経済新聞社。

藤本隆宏（2011）「サプライチェーンの競争力と頑健性：東日本大震災の教訓と供給の『バーチャル・デュアル化』」MMRC ディスカッションペーパー，354。

藤本隆宏（2012）「サプライチェーンの『バーチャル・デュアル化』：頑健性と競争力の両立へ向けて」『組織科学』45(4)，25-35 頁。

藤田英樹（2009）『ミクロ組織論』新世社。

船橋洋一（2020）『地経学とは何か』文藝春秋。

Gassmann, O., Frankenberger, K., & Csik, M.（2014）. *The Business Model Navigator: 55 Models That Will Revolutionise Your Business.* Harlow: Pearson UK.

Ghemawat, P.（2001）. Distance still matters: The hard reality of global expansion. *Harvard Business Review, 79*(8), 137-147.

Goldratt, E. M.（1997）. *Critical Chain.* Great Barrington: North River Press.（E. M. ゴールドラット／三本木亮訳『クリティカルチェーン：なぜ，プロジェクトは予定どおりに進まないのか？』ダイヤモンド社，2003 年）

Goldratt, E. M., & Cox, J.（1984）. *The Goal: Excellence in Manufacturing.* Croton-on-Hudson: North River Press.（原著改訂 2 版の訳：E. M. ゴールドラット／三本木亮訳『ザ・ゴール：企業の究極の目的とは何か』ダイヤモンド社，2001 年）

Govindarajan, V.（1988）. A contingency approach to strategy implementation at the business-unit level: Integrating administrative mechanisms with strategy. *Academy of Management Journal, 31*(4), 828-853.

Govindarajan, V., Sood, A., Srivastava, A., Enache, L., & Mishra, B.（2021）. A manager's dilemma: Sow or harvest. *Management and Business Review, 1*(1), 79-83.

Grand Seiko「機械式時計の聖地：グランドセイコースタジオ 雫石」（https://www.grand-seiko.com/jp-ja/worldofgrandseiko/Manufacture/studio-shizukuishi，2024 年 6 月 19 日アクセス）。

Grant, R. M.（2013）. *Contemporary Strategy Analysis: Text and Cases (8th ed.).* Sussex: Wiley.

Gupta, A. K., & Govindarajan, V.（1984）. Business unit strategy, managerial characteristics, and business unit effectiveness at strategy implementation. *Academy of Management Journal, 27*（1）, 25-41.

具承桓（2003）「自動車部品産業における 3 次元 CAD 技術の導入とその影響：3 次元 CAD 技術，企業間コミュニケーション，開発効率，その因果モデルの探索」『組織科学』*37*（1），68-81 頁。

Herzberg, F.I.（1966）. *Work and the Nature of Man.* Staples Press, London.

Herzberg, F.I., Mausner, B & Snyderman, B. B.（1959; 1993）. *The Motivation to Work.* John Wiley & Sons, New York. Reissued 1993 by Transaction Publishers, New Brunswick, New Jersey.

Hitt, M.A, Ireland, R. D. & Hoskissonn, R. E.（2014）. *Strategic Management: Competitiveness & Globalization: Concepts (11th ed.).* Boston: Cengage Learning.（M. A. ヒット = R. D. アイルランド = R. E. ホスキソン／久原正治・横山寛美監訳『戦略経営論：競争力とグローバリゼーション』センゲージラーニング，2014 年）

Hoeffler, S.（2003）. Measuring preferences for really new products. *Journal of Marketing Research, 40*（4）, 406-420.

平鍋健児・野中郁次郎・及部敬雄（2021）『アジャイル開発とスクラム：顧客・技術・経営をつなぐ協調的ソフトウェア開発マネジメント（第 2 版）』翔泳社。

Hounshell, D. A.（1984）. *From the American System to Mass Production, 1800-1932: The Development of Manufacturing Technology in the United States.* The Johns Hopkins University Press.（D. A. ハウンシェル／和田一夫・金井光太朗・藤原道夫訳『アメリカン・システムから大量生産へ』名古屋大学出版会，1998 年）

Huang, M., Song, M., Lee, L. H., & Ching, W. K.（2013）. Analysis for strategy of closed-loop supply chain with dual recycling channel. *International Journal of Production Economics, 144*（2）, 510-520.

一小路武安（2013）「新技術受容性の高い個人とは：革新性を中心とする個人属性と個人の組織との適合性の観点から」『組織科学』*47*（1），53-68 頁。

池尾恭一・青木幸弘・南知惠子・井上哲浩（2010）『マーケティング』有斐閣。

生稲史彦（2012）『開発生産性のディレンマ：デジタル化時代のイノベーション・パターン』有斐閣。

猪原正守（2011）『新 QC 七つ道具の基本と活用』日科技連出版社。

井上達彦（2019）『ゼロからつくるビジネスモデル』東洋経済新報社。

入山章栄（2015）『ビジネススクールでは学べない世界最先端の経営学』日経 BP 社。

石田健太・濱田（佐藤）奈保子（2011）「経営リスク回避のための日配品廃棄損失補填率の効果の検証」『日本リスク研究学会誌』*21*（1），15-22 頁。

石川馨（1984）『日本的品質管理：TQC とは何か（増補版）』日科技連出版社。

石川和幸（2014）『この 1 冊ですべてわかる在庫マネジメントの基本』日本実業出版社。

石川和幸（2017）『この 1 冊ですべてわかる SCM の基本』日本実業出版社。

伊丹敬之（2012）『経営戦略の論理（第4版）』日本経済新聞社。

岩尾俊兵（2016）「海外生産拠点へのダイナミック・ケイパビリティ移転・構築と経営者サービス：国際自動車プロジェクト（IMVP）調査による定量・定性分析」『国際ビジネス研究』*8*(2)，69-88頁。

岩尾俊兵（2019）『イノベーションを生む"改善"：自動車工場の改善活動と全社の組織設計』有斐閣。

Iwao, S.（2022）. Continuous improvement revisited: Organization design as the last step in gaining the full competitive advantage of Kaizen. *Management and Business Review*, *2*(1), 56-61.

岩尾俊兵（2022a）「トヨタ生産方式に残る謎の会計学的解明：なぜジャスト・イン・タイムと自働化がTPSの二本柱なのか？」『産業経理』*82*(1)，108-119頁。

岩尾俊兵（2022b）『13歳からの経営の教科書：「ビジネス」と「生き抜く力」を学べる青春物語』KADOKAWA。

岩尾俊兵（2023）『日本企業はなぜ「強み」を捨てるのか：増補改訂版『日本"式"経営の逆襲』』光文社。

岩尾俊兵（2024a）『世界は経営でできている』講談社。

岩尾俊兵（2024b）「ビジネスモデル再訪：研究不可能性問題と『ビジネスモデル囲碁』」『組織科学』*57*(3)，48-66頁。

Iwao, S., Park, Y. C., Park, Y. W., & Hong, P. C.（2022）. A new mathematical learning curve model based on the empirical analysis of Japanese sharing economy companies. *IEEE Access, 11*, 4944-4955.

岩崎剛幸（2012）『最新アパレル業界の動向とカラクリがよ～くわかる本』秀和システム。

『ジャパンナレッジLib』（https://japanknowledge.com/lib/display/?lid=2001004203300, 2024年9月3日アクセス）。

『J-Net21』（http://j-net21.smrj.go.jp/well/qa/entry/271.html，2023年5月1日アクセス）。

『J-Net21』「使い勝手のいいパッケージ：キッコーマンの生しょうゆ」（https://j-net21.smrj.go.jp/special/foods13/13.html，2024年9月4日アクセス）。

Johnson, M. W.（2010）. *Seizing the White Space: Business Model Innovation for Growth and Renewal.* Boston: Harvard Business Press.

加護野忠男・井上達彦（2004）『事業システム戦略：事業の仕組みと競争優位』有斐閣。

金間大介・山内勇・吉岡（小林）徹（2019）『イノベーション＆マーケティングの経済学』中央経済社。

狩野紀昭編著／日科技連QIP研究会編（1997）『現状打破・創造への道：マネジメントのための課題達成型QCストーリー』日科技連出版社。

Kaplan, R. S., & Norton, D. P.（1993）. Putting the balanced scorecard to work. *Harvard Business Review*, *71*(5), 134-147.

Kaplan, R. S., & Norton, D. P.（1996）. Linking the balanced scorecard to strategy. *California Management Review*, *39*(1), 53-79.

片田さおり／三浦秀之訳（2022）『日本の地経学戦略：アジア太平洋の新たな政治経済力学』日経BP。

経済産業省（2011）『2011年版 ものづくり白書』。

経済産業省（2019）「SDGs経営ガイド」（https://www.meti.go.jp/shingikai/economy/sdgs_

esg/pdf/sdgz_guide.pdf，2024 年 6 月 22 日アクセス）。

経済産業省（2021）『2021 年版 通商白書』。

経済産業省（2022）『2022 年版 通商白書』（https://www.meti.go.jp/report/tsuhaku2022/ whitepaper_2022.html，2024 年 6 月 20 日アクセス）。

菊池宏之（2013）「フリークエント・ショッパーズ・プログラム（FSP）」『imidas』（https://imidas.jp/genre/detail/A-129-0309.html，2024 年 1 月 19 日アクセス）。

Kim, W. C., & Mauborgne, R.（2015）. *Blue Ocean Strategy: How to Create Uncontested Market Space and Make the Competition Irrelevant (expanded ed.)*. Boston, MA: Harvard Business Review Press.

キリンホールディングス（2021）「キリングループ持続可能なサプライヤー規範」（https:// www.kirinholdings.com/jp/impact/files/pdf/kirin_groupsustainable_supplier_code_jp.pdf, 2024 年 6 月 21 日アクセス）。

Kirtley, J., & O'Mahony, S.（2020）. What is a pivot? Explaining when and how entrepreneurial firms decide to make strategic change and pivot. *Strategic Management Journal, 44*(1), 197-230.

Kleindorfer, P. R., Singhal, K., & VanWassenhove, L. N.（2005）. Sustainable operations management. *Production and Operations Management, 14*(4), 482-492.

小林明（2013）「世界で変身したカップヌードル，食文化の縮図」『NIKKEI STYLE』（https://www.nikkei.com/article/DGXBZO57431050X10C13A7000000/，2024 年 7 月 1 日アクセス）。

Kogut, B., & Zander, U.（1993）. Knowledge of the firm and the evolutionary theory of the multinational corporation. *Journal of International Business Studies, 24*(4), 625-645.

国府俊一郎（2009）「労働移動と OJT」『労務理論学会誌』*19*，179-190 頁。

国立環境研究所（2009）「ライフサイクルアセスメント（LCA）」『環境展望台』（https:// tenbou.nies.go.jp/science/description/detail.php?id=57，2023 年 5 月 9 日アクセス）。

國領二郎（1999）『オープン・アーキテクチャ戦略：ネットワーク時代の協働モデル』ダイヤモンド社。

近能善範（2002）「『戦略論』及び『企業間関係論』と『構造的埋め込み理論』(2)」『赤門マネジメント・レビュー』*1*(6)，497-520 頁。

近能善範・高井文子（2010）『イノベーション・マネジメント』新世社。

Kotlar, P., & Keller, K. L.（2006）. *Marketing Management (12th ed.)*. Boston, MA: Pritence Hall.（P. コトラー゠K. L. ケラー／恩藏直人監修／月谷真紀訳『コトラー & ケラーのマーケティング・マネジメント（第 12 版）』ピアソン・エデュケーション，2008 年）

『コトバンク』「機械」（https://kotobank.jp/word/%E6%A9%9F%E6%A2%B0%28machine%29-15 22455，2023 年 1 月 13 日アクセス）。

久保田進彦・澁谷覚・須永努（2013）『はじめてのマーケティング』有斐閣。

くら寿司「安心」（https://www.kurasushi.co.jp/quality/safe.php，2023 年 1 月 13 日アクセス）。

黒柳要次（2021）『SDGs を ISO14001/9001 で実践する：ケーススタディと事例に学ぶ SDGs と ISO』日本規格協会。

楠木建（2010）『ストーリーとしての競争戦略：優れた戦略の条件』東洋経済新報社。

Langlois, R. N., & Robertson, P. L.（1995）. *Firms, Markets and Economic Change: A Dynamic*

Theory of Business Institutions. London: Routledge.

Leonard-Barton, D.（1992）. Core capabilities and core rigidities: A paradox in managing new product development. *Strategic Management Journal, 13*（S1）, 111-125.

前川製作所ウェブサイト「チキン骨付きもも肉全自動脱骨ロボット　トリダス　マークⅢ」（https://www.mayekawa.co.jp/ja/products/detail/deboning_machine/01/，2024年6月19日アクセス）。

Magretta, J.（2002）. Why business models matter. *Harvard Business Review, 80*（5）, 86-92.

March, J. G.（1991）. Exploration and exploitation in organizational learning. *Organization Science, 2*（1）, 71-87.

Massa, L., & Tucci, C. L.（2013）. Business Model Innovation. In Dodgson, M., Gann, D. M., & Phillips, N. eds., *The Oxford Handbook of Innovation Management*. Oxford: Oxford University Press, 420-441.

松本光崇（2010）「リマニュファクチャリングの成立要件と事例」『精密工学会誌』*76*（3），261-263頁。

南千惠子（2009）「ザラのSPA戦略とグローバル化」向山雅夫・崔相鐵編『小売企業の国際展開』中央経済社，181-204頁。

Mitroff, I. I., & Anagnos, G.（2001）. *Managing Crises before They Happen: What Every Executive and Manager Needs to Know about Crisis Management*. New York: AMACOM.

ミトロフ，I. I.＝クーパー，S.（1990）「クライシス・マネジメントに進展は見られるか：アメリカ企業が習得したことと習得していないこと」『組織科学』*23*（3），2-8頁。

三菱UFJリサーチ＆コンサルティング（2018）「ものづくり分野における人工知能技術の活用に関する調査報告書」（https://www.google.com/url?sa=t&source=web&rct=j&opi=89978449&url=https://dl.ndl.go.jp/view/prepareDownload%3FitemId%3Dinfo%253Andljp%252Fpid%252F11222580%26contentNo%3D1&ved=2ahUKEwj38Y-3s-mGAxXtrVYBHZGhBCMQFnoECBUQAQ&usg=AOvVaw0AqWBoHsuRFDIkkRK31Y5n，2024年6月20日アクセス）。

水野由香里（2019）『レジリエンスと経営戦略：レジリエンス研究の系譜と経営学的意義』白桃書房。

毛利直博・田村隆善（1999）「部品表（BOM）の設計に関する一考察」『生産管理』*6*（2），25-30頁。

森田宗一郎（2018）「ロボットは食品工場を救えるか："橋渡し役"の育成が必須」（https://toyokeizai.net/articles/-/566010，2024年6月20日アクセス）。

MSCウェブサイト（https://www.msc.org/jp，2024年8月12日アクセス）。

永島正康（2021）『グローバル・サプライチェーンにおける新しい製販協働のかたち：見えない需要を見える需要に』丸善プラネット。

永田貴成・川瀬邦彦（1972）「受入れ検査の現状について」『圧力技術』*10*（6），43-49頁。

中川功一（2019）『戦略硬直化のスパイラル：どうして企業は変われなくなるのか』有斐閣。

中村真悟（2021）「PETボトルリサイクルシステムの新展開：官民連携での回収・リサイクルループ形成の意義」『人間と環境』*47*（3），23-44頁。

奈良広一（2015）「適合性評価活動の現状と課題」『計測と制御』*54*（10），709-718頁。

NECソリューションイノベータ（2021）「POSデータとは？その定義やデータの種類からPOSデータの活用例を解説」（https://www.nec-solutioninnovators.co.jp/ss/retail/topics

/pos-data/，2024 年 6 月 20 日アクセス）。

Nelson, R. R., & Winter, S. G. (1982). *An Evolutionary Theory of Economic Change*. Cambridge, MA: The Belknap Press of Harvard University Press.

日本経営工学会編（2002）『生産管理用語辞典』日本規格協会。

『日本経済新聞』2014 年 6 月 12 日，「ニホンウナギ，絶滅危惧種に指定」（https://www.nikkei.com/article/DGXNASGM1104C_S4A610C1000000/，2023 年 1 月 11 日アクセス）。

『日本経済新聞』2017 年 9 月 22 日，「カルピス，『カルピス（株）特撰バター』の品揃えを強化」（https://www.nikkei.com/article/DGXLRSP458023_S7A920C1000000/，2023 年 1 月 11 日アクセス）。

『日本経済新聞』2018 年 12 月 20 日，「驚異のマニュアル マクドナルド 14 万人を動かす」（https://www.nikkei.com/article/DGXMZO38794120R11C18A2000000/，2023 年 1 月 13 日アクセス）。

日本経済新聞社「日経の POS データ」（https://nkpos.nikkei.co.jp/，2024 年 6 月 20 日アクセス）。

日本プロジェクトマネジメント協会編著（2014）『P2M プログラム＆プロジェクトマネジメント標準ガイドブック（改訂 3 版）』日本能率協会マネジメントセンター。

日本政策金融公庫総合研究所（2020）「2020 年度新規開業実態調査」（https://www.jfc.go.jp/n/findings/pdf/topics_201119_1.pdf，2024 年 7 月 1 日アクセス）。

日本ユニセフ協会「SDGs17 の目標」（https://www.unicef.or.jp/kodomo/sdgs/17goals/，2022 年 3 月 24 日アクセス）。

新潟県「にいがた食の安全インフォメーション」（食品のトレーサビリティについて，http://www.fureaikan.net/syokuinfo/01consumer/con07/con07.html，2022 年 11 月 21 日アクセス）。

『日経ビッグデータ』2015 年 6 月号，4-9 頁，「儲かる会社の KPI」。

NIKKEI STYLE（2019）「マニュアル 10 分の 1　余計な仕事削減　ファミマ社長：ファミリーマート　沢田貴司社長（上）」（https://www.nikkei.com/article/DGXMZO43941630Z10C19A4000000/，2024 年 6 月 19 日アクセス）。

西田正規（1986）『定住革命：遊動と定住の人類史』新曜社。

日清食品（2020）「日清食品，アサヒ飲料，日本通運が関東〜九州間における共同輸送を 2020 年 9 月 11 日（金）から開始」（https://www.nissin.com/jp/news/8907，2023 年 1 月 11 日アクセス）。

延岡健太郎（1996）『マルチプロジェクト戦略：ポストリーンの製品開発マネジメント』有斐閣。

延岡健太郎（2006）『MOT 技術経営入門』日本経済新聞社。

野中郁次郎（2014）『組織と市場：組織の環境適合理論（増補新装版）』千倉書房。

野中郁次郎・竹内弘高（1996）『知識創造企業』東洋経済新報社。

農林水産省（2008）「食品トレーサビリティシステム導入の手引き（食品トレーサビリティガイドライン）（第 2 版第 2 刷）」（https://www.maff.go.jp/j/syouan/seisaku/trace/attach/pdf/index-54.pdf，2024 年 6 月 21 日アクセス）。

沼上幹（2009）『経営戦略の思考法：時間展開・相互作用・ダイナミクス』日本経済新聞出版社。

Ogami, M.（2015）. The false S-curve shaped by licensing agreements. *Annals of Business*

Administrative Science, 14(6), 351-364.

緒方順一・石丸英治（2012）『BCP〈事業継続計画〉入門』日本経済新聞出版社。

小川孔輔（2009）『マーケティング入門』日本経済新聞出版社。

小川正樹（2009）『よくわかる「品質改善」の本』日刊工業新聞社。

荻野暁史（2008）「畜産におけるライフサイクルアセスメント研究」『日本 LCA 学会誌』*4*
（2），119-123 頁。

大浜庄司（2016）『2015 年改訂対応 ISO14001 の基礎知識 150』日刊工業新聞社。

大木清弘（2014）『多国籍企業の量産知識：海外子会社の能力構築と本国量産活動のダイナ
ミクス』有斐閣。

大木清弘（2017）『国際経営』新世社。

大野耐一（1978）『トヨタ生産方式：脱規模の経営をめざして』ダイヤモンド社。

Osterwalder, A., & Pigneur, Y.（2010）. *Business Model Generation: A Handbook for Visionaries,
Game Changers, and Challengers*. Hoboken: John Wiley & Sons.

大塚久雄／小野塚知二編（2021）『共同体の基礎理論 他六篇』岩波書店。

Oxford Learner's Dictionaries, "know-how"（https://www.oxfordlearnersdictionaries.com/
definition/english/know-how，2024 年 6 月 21 日アクセス）。

大矢伸（2022）『地経学の時代』実業之日本社。

Parthasarthy, R., & Sethi, S. P.（1992）. The impact of flexible automation on business strategy
and organizational structure. *Academy of Management Review, 17*(1), 86-111.

PET ボトルリサイクル推進協議会（2021）「PET ボトルリサイクル年次報告書 2021」
（https://www.petbottle-rec.gr.jp/nenji/2021/，2024 年 8 月 13 日アクセス）。

Pfeffer, J., & Salancik, G. R.（1978）. *The External Control of Organizations: A Resource
Dependence Perspective*. New York: Harper & Row.

Polanyi, M.（1966）. *The Tacit Dimension*. London: Routledge & Kegan Paul.（M. ポラニー／
佐藤敬三訳『暗黙知の次元：言語から非言語へ』紀伊國屋書店，1980 年）

Porter, M. E.（1980）. *Competitive Strategy: Techniques for Analyzing Industries and Competitor*.
New York: Free Press.（M. E. ポーター／土岐坤・中辻萬治・服部照夫訳『競争の戦略
（新訂版）』ダイヤモンド社，1995 年）

Porter, M. E.（1985）. *Competitive Advantage: Creating and Sustaining Superior Performance*.
New York; Free Press.（M. E. ポーター／土岐坤・中辻萬治・小野寺武夫訳『競争優位
の戦略：いかに高業績を持続させるか』ダイヤモンド社，1985 年）

Porter, M. E., ed.（1986）. *Competition in Global Industries*. Boston, MA: Harvard Business
Press.（M. E. ポーター／土岐坤・中辻萬治・小野寺武夫訳『グローバル企業の競争戦
略』ダイヤモンド社，1989 年）

Porter, M. E.（1990）. *The Competitive Advantage of Nations*. New York: Free Press.（M. E.
ポーター／土岐坤・中辻萬治・小野寺武夫・戸成富美子訳『国の競争優位』上下，ダイ
ヤモンド社，1992 年）

Porter, M. E.（1996）. What is strategy? *Harvard Business Review, 74*(6), 61–78.

Prahalad, C. K., & Doz, Y. L.（1987）. *The Multinational Mission: Balancing Local Demands and
Global Vision*. New York: Free Press.

Project Management Institute（2021）. *A Guide to the Project Management Body of Knowledge
(PMBOK® Guide) and the Standard for Project Management (7th ed.)*. Newton Square,

PA: Project Management Institute.（PMI 日本支部監訳『プロジェクト・マネジメント知識体系ガイド（PMBOK ガイド）＋プロジェクト・マネジメント標準（第 7 版）』PMI 日本支部，2021 年）

QC サークル本部編（1990）『QC サークル綱領（改訂版）』日本科学技術連盟。

Rautela, D.（2018）. Characteristics of successful online marketing strategies in small and medium sized enterprises: A multiple case study. Master's thesis.

Rugman, A. M., & Verbeke, A.（2004）. A perspective on regional and global strategies of multinational enterprises. *Journal of International Business Studies, 35*（1）, 3-18.

斎藤幸平（2020）『人新世の「資本論」』集英社。

櫻井通晴（2019）『管理会計（第 7 版）』同文舘出版。

Sanderson, S., & Uzumeri, M.（1995）. Managing product families: The case of the Sony Walkman. *Research Policy, 24*（5）, 761-782.

佐々木久・糸久正人（2010）「『7M＋R&D アプローチ』によるものづくり企業の組織能力測定と企業収益性の関係」『赤門マネジメント・レビュー』9（8），559-598 頁。

Schumpeter, J.（1926）. *Theorie der Wirtschaftlochen Entwicklung.* München und Leipzig: Duncker & Humblot.（J. シュムペーター／塩野谷祐一・東畑精一・中山伊知郎訳『経済発展の理論』上下，岩波書店，1977 年）

Schumpeter, J.（1934）. *The Theory of Economic Development : An Inquiry into Profits, Capital, Credit, Interest, and the Business Cycle.* Cambridge, MA: Harvard University Press.

セブン＆アイホールディングス「今週の新商品」（https://www.sej.co.jp/products/a/thisweek/，2024 年 2 月 17 日アクセス）。

セブン＆アイホールディングス（2010）「［対談］　イノベーションの視点」（https://www.7andi.com/company/conversation/108/1.html，2024 年 2 月 10 日アクセス）。

セブン＆アイホールディングス（2018）「セブン＆アイの挑戦」（https://www.7andi.com/company/challenge/2989/2.html，2024 年 2 月 17 日アクセス）。

シャープ「製品動画ライブラリー」（https://jp.sharp/movie/，2023 年 6 月 12 日アクセス）。

柴田友厚・児玉充・鈴木潤（2017）「二刀流組織からみた富士フイルムの企業変貌プロセス」『赤門マネジメント・レビュー』16（1），1-22 頁。

新郷重夫（2023）『現場力が高まるひらめき：新郷重夫語録』日刊工業新聞社。

新宅純二郎・天野倫文編（2009）『ものづくりの国際経営戦略：アジアの産業地理学』有斐閣。

消費者庁「食品ロスについて知ってますか？」（https://www.no-foodloss.caa.go.jp/nofoodloss-month.html，2023 年 1 月 11 日アクセス）。

Simon, H. A.（1969）. *The Science of the Artificial.* Cambridge, MA: MIT Press.

Slack, N. & Brandon-Jones, A.（2019）. *Operations Management (9th ed.).* Harlow: Pearson.

Sorauren, I. F.（2000）. Non-monetary incentives: Do people work only for money? *Business Ethics Quarterly, 10*（4）, 925-944.

Sousa, R., & Voss, C. A.（2008）. Contingency research in operations management practices. *Journal of Operations Management, 26*（6）, 697-713.

スターバックス「C.A.F.E. プラクティス」（https://nestle.jp/Starbucksathome/story/cafe-practices.html，2022 年 1 月 11 日アクセス）。

スターバックス「コーヒーのサステナビリティ」（https://nestle.jp/Starbucksathome/story/

sustainability.html，2022 年 1 月 11 日アクセス）。

徐寧教（2021）『多国籍企業の知識マネジメント：トヨタと現代に見る知識ネットワークの形成』有斐閣。

鈴木康二（2015）「アジア合弁事業における制度化による外資側出資者の撤退」『アジア経営研究』*21*，29-42 頁。

鈴茂器工ウェブサイト「小型シャリ玉ロボット + シャリ玉移載装置 SSN-JLA+TRS-JLA」（https://suzumo.co.jp/products/shop/cat38/sn-jlatrs-jla/，2024 年 6 月 19 日アクセス）。

高橋伸夫（2001）「学習曲線の基礎」『経済学論集』（東京大学）*66*(4)，2-23 頁。

高橋伸夫（2004）『虚妄の成果主義：日本型年功制復活のススメ』日経 BP 社。

高橋伸夫（2007）『経営学入門』新世社。

高橋伸夫（2016）『大学 4 年間の経営学が 10 時間でざっと学べる』KADOKAWA。

高橋伸夫・大川洋史・稲水伸行・秋池篤（2013）「組織の打診調査法」『組織科学』*47*(2)，4-14 頁。

高市清治（2023）「進化する自動搬送システム：レベル 4 の自動運転の EV も導入」『日経ビジネス』2023 年 8 月 21 日号，56-58 頁。

田島悟（2017）『ポイント図解 生産管理の基本が面白いほどわかる本』KADOKAWA。

高松朋史・具承桓（2009）『経営管理』新世社。

武石彰・青島矢一・軽部大（2008）「イノベーションの理由：大河内賞受賞事例にみる革新への資源動員の正当化」『組織科学』*42*(1)，4-14 頁。

Teece, D. J., Pisano, G., & Shuen, A.（1997）. Dynamic capabilities and strategic management. *Strategic management journal*, *18*(7), 509-533.

Thomke, S., & Fujimoto, T.（2000）. The effect of "front-loading" problem-solving on product development performance. *Journal of Product Innovation Management, 17*(2), 128-142.

3M ジャパングループ（2020）「会社案内」（https://multimedia.3m.com/mws/media/174836 4O/2019-3mcompany2019-spread.pdf，2022 年 1 月 12 日アクセス）。

東京商工会議所（2022）「『創業・スタートアップ実態調査』報告書」（https://www.tokyo-cci.or.jp/file.jsp?id=1030024，2024 年 7 月 1 日アクセス）。

トヨタ自動車「1. トヨタ生産方式とは」（https://www.toyota.co.jp/jpn/company/history/ 75years/data/automotive_business/production/system/explanation.html，2024 年 6 月 20 日アクセス）。

Tsai, W. H., Lin, W. R., Fan, Y. W., Lee, P. L., Lin, S. J., & Hsu, J. L.（2012）. Applying a mathematical programming approach for a green product mix decision. *International Journal of Production Research*, *50*(4), 1171-1184.

土屋守章（1994）『現代経営学入門』新世社。

辻調理専門学校「あなたのやる気をさまざまな方法でバックアップ」（https://www.tsuji.ac. jp/tsushin/pc/learning/materials.html，2024 年 6 月 21 日アクセス）。

Vargo, S. L., & Lusch, R. F.（2008）. Service-dominant logic: Continuing the evolution. *Journal of the Academy of Marketing Science*, *36*(1), 1-10.

Vishwanathan, P., van Oosterhout, H., Heugens, P. P., Duran, P., & Van Essen, M.（2020）. Strategic CSR: A concept building meta-analysis. *Journal of Management Studies*, *57*(2), 314-350.

Von Hippel, E.（1986）. Lead users: A source of novel product concepts. *Management Science*,

$32(7)$, 791-805.

Von Hippel, E., & Tyre, M. J. (1995). How learning by doing is done: Problem identification in novel process equipment. *Research Policy, 24*(1), 1-12.

和田一夫（2009）『ものづくりの寓話：フォードからトヨタへ』名古屋大学出版会。

和田剛明（2007）「家庭用ゲームソフト市場における流通段階での新製品の市場機会遺失」『組織科学』*40*(3), 93-102頁。

Wada, T. (2015). Mottainai Innovation. *Annals of Business Administrative Science, 14*(1), 53-66.

若井吉樹（2009）『世界一わかりやすい在庫削減の授業』サンマーク出版。

Walker, G., & Weber, D. (1987). Supplier competition, uncertainty, and make-or-buy decisions. *Academy of Management Journal, 30*(3), 589-596.

Wallmeroth, J., Wirtz, P., & Groh, A. P. (2018). Venture capital, angel financing, and crowdfunding of entrepreneurial ventures: A literature review. *Foundations and Trends® in Entrepreneurship, 14*(1), 1-129.

Wang, X., & Disney, S. M. (2016). The bullwhip effect: Progress, trends and directions. *European Journal of Operational Research, 250*(3), 691-701.

Weihrich, H. (1982). The TOWS matrix: A tool for situational analysis. *Long Range Planning, 15*(2), 54-66.

Woodward, J. (1965). *Industrial Organization: Theory and Practice*. London: Oxford University Press. (J. ウッドワード／矢島鈞次・中村壽雄訳『新しい企業組織：原点回帰の経営学』日本能率協会，1970年)

山田耕嗣・佐藤秀典（2014）『マクロ組織論』新世社。

山本紀夫（2016）『トウガラシの世界史：辛くて熱い「食卓革命」』中央公論新社。

山本泰三・中島和夫（2012）『よくわかる VA/VE の本』日刊工業新聞社。

Yee, R. W., Yeung, A. C., & Cheng, T. E. (2008). The impact of employee satisfaction on quality and profitability in high-contact service industries. *Journal of Operations Management, 26*(5), 651-668.

米倉誠一郎（1991）「企業革新と組織外部化戦略：富士電機・富士通・ファナック」『一橋論叢』*106*(5)，472-495頁。

索　引

● アルファベット

Airbnb　　21
Amazon　　21, 179
Apple　　186
BASE　　179
BCP〔事業継続計画〕　　221
BOM〔部品表〕　　61
CAGE フレームワーク　　184
CEO〔最高経営責任者〕　　29
COO〔最高執行責任者〕　　3
CPA〔顧客獲得単価〕　　52
CSR〔企業の社会的責任〕　　245
e コマースプラットフォーム　　179
EC　　179
ESG 投資　　245
FAO〔国連食糧農業機関〕　　244
FSP〔フリークエント・ショッパーズ・プロ
　　グラム〕　　176
GAP　　179
GU　　179
H&M　　179
IBM　　106
Inditex　　179
ISO14001　　243
JIT システム　　106
KPI〔重要業績評価指標〕　　51
machine〔機械；人工物〕　　5, 9, 20, 98, 105
　　——の手配　　103
make or buy の意思決定　　62, 63
man〔人的資源；ヒト〕　　5, 20
material〔原材料；モノ〕　　5, 20
method〔手法；情報〕　　5, 20
　　——の手配　　103
money〔カネ；資金〕　　5, 20
MSC　　243
NGO　　242

Off-JT〔オフ・ザ・ジョブ・トレーニング〕
　　102
OJT〔オン・ザ・ジョブ・トレーニング〕
　　8, 102
P2M〔プログラム・アンド・プロジェク
　　ト・マネジメント〕　→プロジェクト・
　　マネジメント
PDCA サイクル　　243
PET ボトルリサイクル推進協議会　　239
place　　48
POS データ　　175
price　　48
product　　48
promotion　　48
QC7 つ道具　　159
QCDF　　132, 137
ROA〔総資産利益率〕　　139
ROAS〔広告費用対効果〕　　52
ROE〔自己資本利益率〕　　139
SDGs〔17 の持続可能な開発目標〕　　236
Shopify　　179
SPA　　179
SWOT 分析　　44
TOC〔制約条件の理論〕　　6
TOWS マトリクス　　44
Uber　　21
VC〔ベンチャー・キャピタル〕　　73
WBS〔ワーク・ブレイクダウン・ストラク
　　チャ〕　　30, 84
Yahoo! ショッピング　　179
ZARA　　179
ZD〔ゼロ・ディフェクト〕運動　　158

● あ　行

アウトプット　　135
アサヒ飲料　　246
アジャイル（型製品）開発　　90, 212

● 261

アロー・ダイアグラム 85
暗黙知 100, 109
イオン 176
イノベーション 11, 137, 198
　——の種 201, 205
　——のプロセス 201
イノベーション・プロジェクト 202
イノベーター 206
　——のジレンマ 155
インクリメンタル・イノベーション 199
インセンティブ 67
インターネット販売 179
インプット 135
ウォーターフォール型 90
受入検査 65
裏の競争力 139
売上高営業利益率 139
売り手 42
衛生要因　→不満足要因
エシカル消費 238
エンジェル〔エンジェル・ファイナンス〕
　73
オフ・ザ・ジョブ・トレーニング　→ Off-JT
オペレーション 4, 82
　1 回限りの—— 82
　環境配慮型の—— 238
　持続可能な—— 235, 238
　属人化した—— 117
　脱属人化の—— 117
オペレーション改善 146, 162
オペレーション経営 3, 5
オペレーションズ・マネジメント 4, 5
オペレーションズ・リサーチ 4
表の競争力 139
オン・ザ・ジョブ・トレーニング　→ OJT

● か　行

海外進出 188
海外直接投資 190
外観検査 65
解決の三角形 35

改善〔カイゼン〕 151
　——活動 238
階　層 121
買い手 42
外的報酬 68
開発コスト 109
開発生産性 137
外発的動機づけ 68
　——理論 68
開発リードタイム 137
外部とのコミュニケーション 220
外部の経済的攻撃 219
外部の情報的攻撃 218
外部不良（率） 133, 157
外部要因 42
価格決定 74
学習効果 116
過剰在庫 175
仮想複線化〔バーチャル・デュアル化〕
　227
価値創造 2, 13
　——のシステム 21
活動システム・マッピング 30
カニバリゼーション 204
カ　ネ　→ money
狩野モデル 153
カリスマ 92
環境ラベル 243
関係性のネットワーク 216
監　査 220
観察力 206
間接輸出 188
ガントチャート 86
管理会計 134
関連付け思考 206
機　械　→ machine
　——の発明 116
機械化 106, 108
機械型組織 53
機会損失 167, 168
危　機 216

262

技術的・経済的な―― 218
人的・社会的な―― 219
地政学・地経学的な―― 228
日常的な―― 218
非日常的な―― 218
起業家金融市場 73
企業の社会的責任 → CSR
危機予防策 220
技　術 99
――進歩 201
――流出 189
機　能 2
機能設計 153
機能（設計）品質 153
機能戦略 46
機能的分業の強化 116
機能別組織 93, 121
規模の経済 46, 193
――の喪失 227
規模の不経済 64
キャッシュフロー 223
業界構造分析 →構造分析
競合企業 33, 42
競争優位 42
競争要因 23
共同運輸 246
業務管理 5
巨大な衝撃 218
許容誤差 161
キリンホールディングス 242
グッチ 179
クライシス・ファミリー 218
クラウドファンディング 73, 211
グラフ・管理図 159
繰り返し性 82
クリティカル・チェーン 89
クリティカル・パス 88
グリーン・フィールド 190
グリーン・プロダクト 238
クローズドループ型（サプライチェーン）
　239

グローバル化 228
グローバル企業 185, 216
グローバル統合 186
経営技術 225
経営工学 4
経営資源 5
経営人材 125
経営戦略 36, 40, 41
――論 4
経営組織論 4
経験（曲線）効果 46, 55
経済安全保障政策 221
経済的隔たり 185
経済的要件 32
形式知 101, 109
ゲマワット〔Ghemawat, P.〕 184
研究開発部門 126
研究・技術開発活動 201
権限移譲 121
権限と責任の範囲 121
検　査 156
原材料 → material
現地生産 189
現地適応 187
現場レベルのパフォーマンス 132
コア・コンピタンス 190
交　易 10
貢献利益 32
高効率化 146, 151
広告費用対効果 → ROAS
構造設計 153, 155
構造設計品質 153
構造分析〔業界構造分析；産業構造分析〕
　42
工　程 115
高品質化 146, 151
合弁〔ジョイント・ベンチャー〕 190
5M 5
コカ・コーラ 186
顧客獲得単価 → CPA
顧客ニーズ 125

索　引 ● 263

顧客のセグメント　124
顧客満足度　139, 141
国際協調　228
国際経営　185
国際情勢　217
国連食糧農業機関　→ FAO
コスト　134, 151
コストリーダーシップ戦略　46
国家間の隔たり　184
固定費　32, 74
コモディティ　47
コロンブス〔Columbus, C.〕　12
コンカレント・エンジニアリング　212
コンティンジェンシー理論　53

● さ 行

災　害　193
サイクルタイム　135
最高経営責任者　→ CEO
最高執行責任者　→ COO
在庫管理　171
　販売網全体の──　171
在庫販売　171
最適拠点配置　182, 192
財務業績　139
採用計画　93
魚の骨図　→特性要因図
サステナビリティ報告書　242
サービス・ドミナント・ロジック　104
サービス・マネジメント　4
サプライチェーン　169
　──単線化　228
　──複線化　228
サプライチェーン・マネジメント　166
サプライヤー規範　242
差別化戦略　47
サポート業務　126
サミット　176
産業革命　13
産業構造分析　→構造分析
産業災害　218

産業用機械　12
散布図　159
仕掛品　→中間品
時間の在庫　87
事業家活動　201
事業継続計画　→ BCP
事業戦略　45
事業部制組織　123
　製品別の──　124
　地域別の──　124
資　金　→ money
資金調達　71
　長期的な──　210
資源依存関係　228
自己資金　72
自己資本利益率　→ ROE
仕事の設計者　93
市場ニーズ　201
システム化〔システム作り〕　29, 32
自然災害　217
持続可能性　92, 132, 237
持続可能なオペレーション　235, 237
　──のコスト　245
実現可能性　203
実験力　206
質問力　206
自働化　111
社会的要件　32
社会問題　245
シャネル　179
シャープ　55, 105
従業員満足度　132, 137
17 の持続可能な開発目標　→ SDGs
柔軟性〔フレキシビリティ〕　109, 136
重要業績評価指標　→ KPI
重量級プロダクト・マネージャー　208
熟練形成の効率化　116
受注加工組立　172
受注組立　172
受注購買発注　172
受注設計生産　173

出　資　73
手　法　→ method
需要予測　209
準分解可能性　8
ジョイント・ベンチャー　→合弁
情　報　→ method
情報的資源　98, 99
正味作業時間　115
少量生産　209
新規性　203
　　──への抵抗感　203
人件費　74
人権問題　234
人工物　→ machine
人　事　93
人的資源　→ man
浸透価格戦略　47
信頼性　136
垂直的国際分業　193
垂直統合　209
水平的国際分業　194
SWOT 分析　44
スケジューリング　86
鈴茂器工　106
スターバックス　235, 242
ステークホルダー　→利害関係者
ストーリー作り　27
スピード　135
スピンアウト　208
スピンオフ　208
3M　207
3D-CAD　111
寸法検査　65
セイコー　54
生　産　→プロダクション
生産管理　4
生産工学　4
生産性　135
　　──のジレンマ　55
生産知識　227
生産の 5 要素　159

精神病理　219
製造コスト　74, 192
製造品質　133, 156
　　──の改善　156
　　──の作り込み　157
制度的・政治的隔たり　185
製品開発活動　201
制約条件の理論　→ TOC
設計情報の転写　156
設計品質　133
セブン-イレブン　177, 202
潜在的新規参入者　42
全社戦略　45
全体最適　126, 142, 148
専門化　207
専門機械　109
専門性　126
戦略硬直化のスパイラル　55
戦略変化　54
相互作用　29
総資産利益率　→ ROA
創造性　203, 206
想定外の問題　89
想定内のリスク　89
層　別　159
組　織　121
　　──作り　114
　　──の再設計　220
組織間関係　226
組織構造　121, 126
組織的な抵抗　203
組織デザイン　121
組織能力　225
ソニー　213
ソフト面での対応　222
損益分岐点分析　32, 227

● た 行

大航海時代　12
第三者適合性評価　243
代替品　42

索　引　● 265

ダイヤモンド型サプライチェーン〔ダイヤモンド構造〕 224
大量生産 46
多国籍企業 186
ダブルビン方式〔ツーボックス方式〕 169, 170
段取り換え 115
段取り換え時間 137
チェックシート 159
地球環境問題 234
地経学 221
知識の専門化 116
地政学 221
チーム・組織のマネジメント 91
中央集権的な意思決定 120
中間成果物〔モジュール〕 85
中間品〔仕掛品〕 172
直接輸出 189
直販店 179
地理的隔たり 185
追跡可能性 →トレーサビリティ
ツキジデスの罠 229
ツーボス・システム →マトリックス組織
ツーボックス方式 →ダブルビン方式
定期発注方式 →予測方式
定住革命 9
デカップリング・ポイント 171
手配 2, 4, 5
　──の仮想複線化 223
　──の高品質化・効率化 16
　──の複雑化・高度化 10, 12
　──の予備確保 223
　お金の── 71
　繰り返しの5Mの── 114
　5Mの── 36
　材料・部品の── 60
　人の── 67
手配在庫の積み増し 223
手配復旧能力の向上 223
デリバリー 135
電子商取引プラットフォーマー 21

動機づけ・衛生理論 69
動機づけ要因 →満足要因
統合 207
投資の一塊性 41, 64, 227
動態的取引費用 209
特性要因図〔魚の骨図；フィッシュボーン図〕 159
トヨタ自動車 106, 111, 120
トレーサビリティ〔追跡可能性〕 240
トレードオフ 140, 168

● な　行

内的報酬 69
内発的動機づけ 69
　──理論 69
内部の感情的準備 220
内部不良（率） 133, 157
内部要因 42, 44
なぜなぜ分析 161
日清食品 246
　──ホールディングス 188
日本通運 246
人・時〔人・日，人・月〕 87, 135, 137
認証制度 242
人間と機械の組み合わせ 111
ネットワーク・ダイアグラム 85
ネットワーク力 206
納期遅れ発生比率 136
ノウハウ 99

● は　行

廃棄損失 167, 168
買収 190
ハイブリッド構造 126
ハーズバーグ〔Herzberg, F.〕 69
バーチャル・デュアル化 →仮想複線化
発注点方式 →ボーダーライン方式
ハード面での対応 222
パナソニック 124
パフォーマンス指標間の関係性 140
パフォーマンス測定 130

早すぎる移行問題　56
バランスト・スコアカード　50, 131
バリュー・アナリシス　162
バリュー・エンジニアリング　162
パレート図　159
汎用性　109
ビジネスモデル　20, 21
　──論　4
ビジネスモデル囲碁　13, 22
ビジネスモデル・ジェネレーション　22
ビジネスモデル・ナビゲーター　22
ヒストグラム　159
ヒト　→ man
ピラミッド構造　224
品　質　132, 151
　──作り　140
　──とコストのトレードオフ　158
　狭義の──　152
　広義の──　152
品質管理　158
ファーストリテイリング　66, 179
ファミリーマート　119, 190
フィッシュボーン図　→特性要因図
フィードバック・ループ　90
フォーチュン 500　185
フォード　55, 64
付加価値　151
複雑性　81
副産物　246
複線化　222, 226
富士通　208
富士電機　208
富士フイルム　208
フードロス　237
部品在庫　167
部品（展開）表　→ BOM
　サマリー型の──　62
　ストラクチャ型の──　62
部品の切り替え　109
部分最適　141, 148
不満足要因〔衛生要因〕　69

部門間の連携　122
フリークエント・ショッパーズ・プログラム
　→ FSP
ブルウィップ効果　175
ブルーオーシャン〔ホワイトスペース〕
　25, 27
　──戦略　22
フレキシビリティ　→柔軟性
プレシデンス・ダイアグラム　85
プログラム　82
プログラム・アンド・プロジェクト・マネジ
　メント　→プロジェクト・マネジメント
プロジェクト　36, 82
　──の細分化　84
　──の正当化　205
　──の品質マネジメント　90
プロジェクト憲章　92
プロジェクトチーム組織　94
プロジェクト・マネジメント〔P2M；プロ
　グラム・アンド・プロジェクト・マネジ
　メント〕　4, 15, 31, 82
プロダクション〔生産〕　15, 36, 82
プロダクション・マネジメント　4, 82
プロトタイピング　213
フロント・ローディング　212
文化的隔たり　185
分　業　114
ベストプラクティス　131
ベルベッカ〔Verbeke, A.〕　185
変化への対応　142
ベンチ・マーキング　131
ベンチャー・キャピタル　→ VC
変動費　32, 74
報酬制度　93
法制度　193
ボーダーライン方式〔発注点方式〕　169,
　170
ボトルネック　149, 226
ホワイトスペース　→ブルーオーシャン

索　引　● 267

● ま 行

前川製作所　106
マクドナルド　48, 99
マーケティング　5
マーケティング戦略　48
マーケティング・ミックス〔4P〕　24, 48,
　138
マトリックス組織〔ツーボス・システム〕
　94
マニュアル　118
　──の改訂　118
マネージャー　122
丸　紅　190
満足要因〔動機づけ要因〕　69
見込み生産　172
メジャー・イノベーション　199
目　的　83
目的・手段分析　30, 83, 147
目　標　83
モジュール　→中間成果物
モチベーション　68
問題解決の三角形　34, 148
問題の三角形　35

● や 行

柳井正　66
有機型組織　53
融　資　72
輸　出　188
輸送コスト　192
ユニー　176
ユニクロ　66, 179
要員計画　93
要件定義　84
吉野家　31

予測方式〔定期発注方式〕　169
予防行動のクラスター　218
4P〔4つのP〕　→マーケティング・ミック
　ス

● ら 行

ライセンス契約　189
ライフサイクル・アセスメント　241
楽　天　179
ラグマン〔Rugman, A. M.〕　185
ラディカル・イノベーション　199
リアル・オプション　211
利害関係者〔ステークホルダー〕　33
　──一覧表　34
リコール　158
離職率　138
リスク要因　89
リーダー　207
リーダーシップ　91, 92
リードタイム　135, 171, 192
リードユーザー　206
リマニュファクチャリング　238
リーン（・スタートアップ型）開発　90,
　91
ルイ・ヴィトン　179
ルーティン　117
例外的な問題　100
レジリエンス　225
レベニュー・マネジメント　76
ロイヤルティプログラム　139
労働生産性　135

● わ 行

ワーク・ブレイクダウン・ストラクチャ
　→ WBS
割引現在価値　210

【有斐閣ストゥディア】

はじめてのオペレーション経営
A Textbook of Value Creation Management

2024 年 10 月 20 日 初版第 1 刷発行

著　者	岩尾 俊兵・秋池 篤・加藤木綿美
発行者	江草貞治
発行所	株式会社有斐閣
	〒101-0051 東京都千代田区神田神保町 2-17
	https://www.yuhikaku.co.jp/
本文イラスト	有留ハルカ
装　丁	キタダデザイン
印　刷	萩原印刷株式会社
製　本	牧製本印刷株式会社
装丁印刷	株式会社亨有堂印刷所

落丁・乱丁本はお取替えいたします。定価はカバーに表示してあります。
©2024, Shumpei Iwao, Atsushi Akiike, Yumi Kato.
Printed in Japan. ISBN 978-4-641-15125-3

本書のコピー，スキャン，デジタル化等の無断複製は著作権法上での例外を除き禁じられています。本書を代行業者等の第三者に依頼してスキャンやデジタル化することは，たとえ個人や家庭内の利用でも著作権法違反です。

JCOPY　本書の無断複写(コピー)は，著作権法上での例外を除き，禁じられています。複写される場合は，そのつど事前に，(一社)出版者著作権管理機構(電話 03-5244-5088, FAX 03-5244-5089, e-mail:info@jcopy.or.jp)の許諾を得てください。